邵文实 著

青山烂，黄河枯：敦煌文书里的纸短情长

QING SHAN LAN

HUANG HE KU

DUN HUANG WEN SHU LI DE

ZHI DUAN QING CHANG

青海出版传媒集团

青海人民出版社

图书在版编目（CIP）数据

青山烂，黄河枯：敦煌文书里的纸短情长 / 邵文实
著 . -- 西宁：青海人民出版社，2025. 6. -- ISBN 978-
7-225-06870-1

Ⅰ . K870.64

中国国家版本馆 CIP 数据核字第 20253K0V56 号

青山烂，黄河枯
——敦煌文书里的纸短情长

邵文实　著

出　版　人	樊原成	

出版发行　青海人民出版社有限责任公司

西宁市五四西路 71 号　邮政编码：810023　电话：（0971）6143426（总编室）

发行热线　（0971）6143516 / 6137730

网　　址　http://www.qhrmcbs.com

印　　刷　陕西龙山海天艺术印务有限公司

经　　销　新华书店

开　　本　890 mm × 1240 mm　1/32

印　　张　9.25

字　　数　220 千

版　　次　2025 年 6 月第 1 版　2025 年 6 月第 1 次印刷

书　　号　ISBN 978-7-225-06870-1

定　　价　46.00 元

序　言

　　1939 年纽约世博会前夕，一个装着包括爱因斯坦为 5000 年后的人们写下的《致后人书》在内的特制容器被埋入地下，这个容器被称为时间胶囊，是一种穿越时空的交流介质，是埋下它的人们对未来之人的一种交待，也是未来揭它的后人们发现前人生活、思想的一个契机。敦煌藏经洞在某种意义上说也是一种时间胶囊，有关它的封闭原因虽众说纷纭，但当它在无意间被发现时，无异于为后人打开了一粒时间胶囊，将千余年以前的那个曾经的世界的一部分呈现在人们面前。我们不知道 5000 年后的人们打开爱因斯坦的信时会作何感想，但是，当我们阅读敦煌藏经洞中的文献时，看到那些普通人留下的书信、诗词、说唱故事乃至契约文书时，不禁会感叹，虽然时间相隔千年，虽然古往今来的人们在思想观念方面会有一些差异或碰撞，但在情感方面，依旧是人同此心，心同此理，甚至有时我们竟会觉得，相比于一切都处于快节奏中的现代人，遵循着日出而作、日落而息的自然规律的古人的情感表达往往更纯真、更诚挚，甚至更浪漫，令人生出无限的怀想。这也正是本书写作的原因：选择一些敦煌文献中的优秀短章来加以品读，让沉浸于快餐文化中的现代人得以去体味《菩萨蛮》中"要休且待青山烂"的那种奔放与热烈;《放妻书》中"一别两宽,各生欢喜"的那种释然与豁达;《米薇的信》中的"我宁愿嫁给猪狗,也不愿当你的妻子"的那种无奈与决绝;以及《长安辞》中"愿身死作中华鬼,来生得见五台山"的那种向往与祈愿……

因此,本书选篇的主要原则是注重作品的情感表达。虽然敦煌文学作品中的情感表达的复杂性远非我们这样一本小书可以囊括尽的,但为了便于操作和解读,我们把所选篇目大致归为"爱情篇""亲情篇"和"世情篇"。

"爱情篇"选入的作品大致依照爱情发展的一般轨迹来展开:《学郎情诗四首》展现的是少年学子对爱情的憧憬与向往;《菩萨蛮》(枕前发尽千般愿)表达的是爱情处于最高潮时的海誓山盟;《南歌子》二首传达了婚后小别的夫妻间的爱与猜忌;《云谣集·凤归云》其一、其二,《鹊踏枝》(叵耐灵雀多谩语),《送征衣》(今世共你如鱼水)等表现的是妻子在与丈夫分别后的无尽相思;《云谣集·凤归云》其三、其四两首联章词描绘了"锦衣公子"这个第三者对一位已婚女子的追求以及该女子"徒劳公子肝肠断,谩生心"的拒绝和"妾身如松柏,守志强过,鲁女坚贞"的坚贞形象;《云谣集·抛球乐》记录的是遭到男子无情抛弃的女子的失恋情绪与对其爱情的重新审视;《放妻书》是好聚好散的夫妻的和平分手契约,体现了古人面对情感不得不终结时的温柔与敦厚;《米薇的信》记述了一位粟特女子对不负责任的丈夫的爱与恨;《亡文二篇》是相爱的夫妻中活着的一方对死去的另一方的祭悼,同时展现出一种"逝者已矣,生者如斯"的生活观;《韩朋赋》则以极其浪漫的手法,讲述了韩朋夫妇的爱情悲剧。我们发现,古人的爱情表达多为夫妻之间的情感表达,且往往出自女性视角,看似题材选择有些狭隘，实则是大空间、大视域下的大书写，传达了爱情这一永恒主题的共相和真谛。虽然所选篇目有限，但笔者希望它们多少能起到管中窥豹的作用，让我们对古人的爱情以及爱情观大致有些了解。

"亲情篇"所选篇目涉及古人家庭关系的各个方面：《父母恩重经讲经文》（节选）借父母对儿女的养育之恩的讲解，体现了父母对子女无条件的爱；《白侍郎作十二时行孝文》假托白居易之口劝导子女对父母要有当有的孝心与孝行；《鹊踏枝》（他邦客）中，离家在外的游子传达了对父母的无限思念，是子女对父母的爱的真诚表达；《王梵志诗五首》则为不孝子画像，借此来声讨忘记父母恩情的人；《崔氏夫人训女文》是一位母亲对即将出嫁的女儿的殷殷嘱咐，为了女儿能在夫家获得安稳的生活，她将自己掌握的幸福密码无所保留地交付到了女儿手中；《二娘子家书》是身在异乡的女儿写给母亲的信，将一个女儿对母亲的思念与关心以极淳朴的方式表达出来，被后人称作"奇品"；《慈父遗书一道》是一位父亲在弥留之际对其家庭的最后守护，为了避免自己死后子女们因争夺财产而失去亲情，他一方面公平地分配了自己的遗产，一方面又对可能出现的不堪情景预先发出警告与诅咒。除了父母与子女的相互关系外，兄弟姐妹之间也存在亲密的手足之情。《忆北府弟妹二首》中，诗人殷济在吐蕃的统治下苦苦思念着位于北庭的弟弟和妹妹，传达出比杜甫的《月夜忆舍弟》更沉痛的心情；《分书》则是三个兄弟与叔叔的分家契约，向我们呈现了古人维护兄弟亲情和大家庭之和睦的智慧，让人们认识到，分家并非不讲情义，通过分家，使家人间的疑虑和误解得到了断，不再相互怨恨，反倒是更加有情的做法。通过这些篇目的阅读我们发现，古人为维护亲情所做的努力是多方面的：他们既肯定父母子女之爱的发乎自然，又强调"立身之本须行孝"的道德准则，还坚守"分析为定，更无休悔"的契约精神；他们打破了我们对于古代父亲这一角色的刻板印象，以"慈父"的面目处理身后之事；他们甚至没有我们想象中的那么重男轻女，而是常常对儿女一视同仁，如崔氏夫人教育女儿要"男女彼此共恩怜"，"慈父"在分配家产时，也没有将女儿排除在外。总之，古人在处理家庭关系时，往往既务实又浪漫，有着许多现代人需要学习的智慧。

　　"世情篇"中传达的情感相较于前面两个部分要更为复杂，基本上除爱情与亲情之外的感情篇章都被放在了这里，而且一篇作品里往往又包含着多种情感。《白云歌》是沦为吐蕃的阶下囚的作者的自我反思与个人情绪表达，他面对白云的变幻而产生了对人生的顿悟："世人迁变比白云，白云无心但氤氲。白云生灭比世人，世人有心多苦辛。旋生旋灭何穷已，有心无心只如此。"所以他解脱了自我，不再纠结于对自身行为的是非对错的判断，但是，即使如此，他最终还是无法摆脱"既悲出塞复入塞，应亦有时还帝乡"的思乡之情。王梵志的《撩乱失精神》是另一种人生态度或认知，它讨论的是面对财富是应该当一个守财奴，还是以一种更关照自我的方式加以处理。它看似在为吝啬鬼画像，实则是在探讨人该如何度过自己的一生这一重大问题。《放良书》是主人解放奴仆的契约，我们从中可以看到原本处于奴役与被奴役关系中的两个不同阶层的人，在面对外敌入侵这一突发情况下，因共同保卫家园而产生的深情厚谊。《死马赋》和《祭驴文》都是以动物为咏，体现了人与动物之间相互信任、相互依赖的情感，同时，文中的马和驴又是作者本人生活的镜子，他们在动物身上照见了自己的怀才不遇和寒酸塞促，也照见了社会的不公与世态炎凉。《长安辞四首》的作者以一个外国人的身份，表达了对强大的唐王朝辉煌灿烂的文化的无比向往，让我们从另外一个视角认识了古代中国对周边国家的影响力，从而生发出强烈的民族自豪感与文化自信心。实际上，可纳入"世情篇"的作品还有很多，限于篇幅，在此只能抛砖引玉，希望由此能引起读者以后对敦煌文学作品自行探索的兴趣。

虽然本书选篇的重点是"纸短情长"，但在选篇时仍考虑了文体的多样性。敦煌文学题材丰富，体裁多样，特别是说唱作品别具一格，所以利用有限的作品选择来反映这些特点也十分必要。本书中涉及的文体既包括诗（如《学郎情诗四首》《白云歌》《忆北府弟妹二首》以及王梵志诗五首等）、词（如《云谣集》诸首曲子词等）、赋（如《死马赋》）等传统韵文类作品，也涉及各种民间文学类型，如歌谣（如《白侍郎作十二时行孝文》）、讲经文（如《父母恩重经讲经文》节选）、故事赋（如《韩朋赋》）等，这些都是特别能够反映敦煌文学之特色的说唱类作品。文书类作品，有《放妻书》《亡夫文》《亡妻文》《放良书》《二娘子家书》《分书》《祭驴文》等，它们有的是真实的契约文书，有的是某类文书的样文，体现了文学作品的现实作用。本书还选入了《米薇的信》这一经过转译的粟特文书信，从而突出了敦煌文学中多样的语言风格。

本书篇目的选择也考虑了一些敦煌文学作品在时下的流行性。如纪录片《书简阅中国》第一季第一期中就在"那奈德，收到请回信"这一片段中对《米薇的信》作了介绍，《放妻书》中"一别两宽，各生欢喜"的语句也因某明星夫妻的离婚小作文和某带货主播的讲解而风靡一时。将这些作品选入本书，无疑会增加读者的兴趣。不过，值得说明的是，本书对这些流行作品的选择更考虑了作品的完整性与真实性，而非人云亦云地简单复制。如纪录片中的《米薇的信》只是浮光掠影地提及了信中的几句话，在网络上乃至相关的研究论著中也都只能找到各种节选，几乎没有一篇是完整的。本书作者则设法搜寻到了由学者 Ursula Sims-Williams（乌苏拉·辛维廉）从粟特文翻译为英文的完整书信，在参考了一些相关研究的基础上，将之译为中文，从而使其全貌得以呈现。而时下在各网络平台流传的《放妻书》，则是将数篇敦煌《放妻书》杂糅在一起的再创作，并非真实的原作。本书作者一方面选择其中一篇作为范文，一方面在品读时又引用了其他的《放妻书》，尽力使读者能够在了解敦煌文学作品的原貌的同时，又能体味其情感之深与文字之美。当然，能在网络上流传的敦煌文书中的文学作品数量极少，本书作者也想借此机会，能让一些不大为人所知的作品能被读者所熟悉。如《长安辞四首》，甚至在敦煌学界都只有抄录而无研究，更不用说让大众有所了解了，本书对它进行了带有研究性质的解读，希望那位"愿身死作中华鬼"的籍籍无名的异邦人，也能够走进人们的视野。

本书虽然以作品品读为主，但笔者也有一些研究性的发现。如《长安辞四首》，历来学界研究寥寥，唯任半塘先生提出过"此组四辞内容涉及梵僧斀经来唐求学，欲瞻礼五台山"[1]的推测。本书作者则通过对唐代外国留学生的考察，提出其作者可能为日本留学僧的新假设。次如 S.5706《放良书》，历来无人专门对其进行过研究，而笔者则根据文中"复遇犬戎大举，凌暴城池，攻围数重，战争非一。汝等皆亡躯徇节，供奉命输诚，能继头须之忠，不夺斐豹之勇"的语句，对比《新唐书·吐蕃传》中有关吐蕃围攻敦煌的记载，作出此文作者为敦煌守将的推断。再如，唐代盛

[1] 任半塘：《敦煌歌辞总编》卷三，上海：上海古籍出版社，1987年，中册，第885页。

行驴鞠之风，有学者认为驴鞠是专为唐代贵妇而设[1]，而笔者根据《祭驴文》中"莫生军将家，打球力虽摊"的语句指出，在唐代行伍之人骑驴打球乃是常事，故驴鞠并非仅限于妇女。这些小小的推测或发现虽然可能尚欠充分和成熟，但于笔者而言，仍有一种敝帚自珍的喜悦。

最后，感谢青海人民出版社的李兵兵先生为本书的写作提供的最初灵感，也感谢他对我的信任，将此书交由我撰写。还要感谢南京大学的王爱松教授，他是我每一篇品读文章的第一位读者和批评者，为本书贡献了许多可贵的想法和建议。

邵文实

2024 年 6 月 5 日

---

[1] 胡耀武、胡松梅、杨军凯：《驴鞠：唐代贵妇打球骑的是驴》，《光明日报》，2021 年 02月 28 日，第 12 版。

目录

爱情篇

亲情篇

世情篇

爱情篇

学郎情诗四首[1]

可连（怜）学生郎[2]，其（骑）马上天唐（堂）[3]。
谁家有好女，嫁以（与）学生郎。

那日兜头见[4]，当初便有心。
数度门前过，何曾见一人。

寸步难相见，同街似隔山。
苑（怨）天作河（何）罪，交（教）见不交连（教怜）。

日日常相望，苑（宛）转不离心[5]。
见君行坐处，一似火烧身。

白话译文

可爱可羡的年轻学子啊，骑着马走向那威威大唐。谁家有漂亮贤淑的女儿啊，请把她嫁给这（前程远大的）学生郎。

---

[1] 四首诗的写卷编号分别为：P.3305《论语序》后题诗；北京玉字 91（BD04291）《七阶佛名经》背；P.2622《吉凶书仪》卷后附诗；S.2418《受十戒文》背。此处"学郎"为敦煌地方学校及寺院学生的统称。录文参见李正宇：《敦煌学郎题记辑注》，《敦煌学辑刊》，1987年第1期，第26—40页；项楚：《敦煌诗歌导论》，台北：新文丰出版公司，1993年，第218—219页。
[2] 可怜：可爱、可羡。
[3] 天堂：此处当指唐朝都城长安。
[4] 兜头：劈面，迎头。
[5] 宛转：依依缠绵的样子。

那日与她劈面相逢，便对她一见倾心。可后来三番五次地从她家门前走过，却再也没见过她的身影。

我与她近在咫尺，却难以相见，虽然同住在一条街上，却好似远隔万重山峦。不由我心怀怨气责问老天，我是犯下了何种罪愆，让你一点也不可怜我，好让我与她见上一面。

我每天都眼巴巴地盼望着你，你那依依缠绵的身影片刻不曾离开我的心头。只要看见你的一举一动，便让我身似火燎，情动不禁。

品　读

歌德在其《少年维特之烦恼》中写道：哪个少年不多情，哪个少女不怀春。青春年少的男女彼此倾慕爱恋是种再自然不过的情感。在唐五代宋初的敦煌，也有这样一些维特式的少年，他们将自己对爱情的追求与由此带来的烦恼，用简单朴素的语言记录了下来，让后世的我们得以一窥其内心世界的丰富与单纯。这些少年就是所谓的"学郎"或"学生郎""学仕郎"，即在敦煌各类学校乃至寺院读书的学生，他们中既有敦煌世家大族的子弟，亦有家境清贫的寒门学子，甚至还包括已遁入空门的小沙弥。他们虽出身不同，求学的目的不同，却都怀有着少年人对爱情的憧憬与向往，体味着爱而不得带给他们的相思与烦恼，品尝着初觉的情欲带给他们的焦躁与折磨。只是他们尚且有限的学识使其无法用优雅华丽的语言去含蓄婉转地表达这种种情感与情绪，只能用白描和直抒胸臆的手法，偷偷地将这些微妙的心事写在老师布置的抄写作业或阅读文献的空白处或背面，用掩藏不住的少年人的火热爱情，让那些原本平平无奇的故纸堆变得可爱与有趣起来。

《可怜学生郎》一诗在敦煌流传甚广，各版本文字略有不同。如 S.3713《大宝积经》卷背《金刚经疏》卷末所抄为："今日好风光，骑马上天堂。须（谁）家有好女，家（嫁）如（与）学士郎。"P.4787 诗二首其一："今朝好光景，骑马上天堂。须（谁）家好女子，嫁娶何家儿。"这两首诗都以风和日丽的"好风光""好光景"为背景，推出骑在马上的翩翩少年郎。相较之下，"可怜学生郎"这一版本，最能见出学郎们自我形象的建构。在学郎的心目中，正在读书的自己是"可怜"的，亦即让人一望而生怜爱与倾慕之心的，你看他身骑高头大马，意态洋洋地去往"天唐"。有学者分析，诸版本诗中所谓的"天堂"或"天唐"，当为"大唐"之误，[1] 这意味着学郎们在学成之后，大都会前往大唐长安去考取功名，进而为官为宦，所以等待他们的，似乎是似锦的前程与无限的可能，真可谓鲜衣怒马、公子无双。他们以"春风得意马蹄疾，一日看尽长安花"（孟郊《登科后》）的自信预支未来，向有女儿的人家发出婚姻邀约："谁家有好女，嫁与学生郎。"在自我想象中，他们是炙手可热的佳婿人选，只有"好女"才能与之相匹配。的确，中国人自古以来就对读书的青年人抱以美好的想象，所以自《诗经》以来，他们就成为"好女"心中的佳偶，这才有了"青青子衿，悠悠我心"的低吟，才有了"一日不见，如三月兮"的怅叹。但"谁家有好女，嫁与学生郎"这一句看似在

---

[1]　郑阿财、朱凤玉：《开蒙养正：敦煌的学校教育》，兰州：甘肃教育出版社，2007年，第 140 页。

征婚，实则在表现其对爱情婚姻的憧憬。学生郎按捺不住内心对爱情的无限向往，急切地想要获得美丽女子的青睐，于是像求偶的雄孔雀一样向别人展示着自己的美丽羽毛。这样看来，这两句算得上是《诗经·关雎》中"窈窕淑女，君子好逑"的另一种表达。

"那日兜头见"一诗写的是一见钟情的爱情。我们可以试想这样的场景：放学归来的学生郎漫不经心地走在街上，兀地在一个人家的门前瞥见了一位年轻美貌的"好女"，她善睐的明眸在学生身上略一停顿，便勾去了他全部的心魂。"那日"是回忆中最难忘的一天，"兜头见"是不期而遇带来的灵魂震颤，"当初"是从第一眼便陷入的沉沦，"便有心"是从此以后的魂牵梦萦。此后这位学生郎一再刻意地从这条路上走过，心心念念地想再次复现"那日"的偶遇，只是天不遂人愿，他"数度门前过，何曾见一人"，每一次都是怀着希望而来，每一次都抱着失望归去。这首诗的诗眼无疑在"有心"二字上，它既表明了学郎对所见女子的一见倾心，也披露了他故意从她家门前走过的小小心机。他就这样初尝了爱情的滋味，只不过这显然是种单相思，带有"山有木兮木有枝，心悦君兮君不知"（《越人歌》）的无奈，又充溢着"平生不会相思，才会相思，便害相思"（徐再思《蟾宫曲·春情》）的深情。

"寸步难相见"一诗与上一首诗有异曲同工之妙，但又有些许不同。上一首是一个人的单相思，而这一首中的爱情似乎进入了两情相悦的阶段，只是纵然对方已芳心暗许，作者却仍难与之相见，这只能使人更觉痛苦。"寸步难相见，同街似隔山"，说明两人居住在同一街巷，甚至还是邻居，似乎只要迈出小小的一步，就能与对方紧紧相拥，以解相思之苦，可偏偏这"寸步"的距离根本难以逾越，就仿佛有重重大山隔在两人中间。我们不知道是什么造成了这种寸步难相见的局面，但显然这是种外来的阻力，也许缘自于男女授受不亲的封建桎梏，也许缘自于双方家庭的反对，也许缘自于其他未知的原因。无论怎样，这种阻力造成了诗中的咫尺天涯之感，它无疑较前诗的"数度门前过，何曾见一人"尤甚，因此痛苦也更为深切。在这种痛苦之中，作者不禁发出呐喊："怨天作何罪，教见不教怜。"他抱怨上天的不公，让两个清清白白、坦坦荡荡的相爱之人无法受其垂怜，从而得偿所愿地彼此相见。这让人想到了《诗经·鄘风·柏舟》中的诗句："泛彼柏舟，在彼中河。髧彼两髦，实维我仪。之死矢靡它。母也天只！不谅人只！"诗中的女子虽有了心上人，却遭到了母亲的反对，所以她呼天抢地，怪罪母亲与上天不体谅她的一片真情。"寸步难相见"一诗亦是如此，它的"怨天作何罪"，分明在辩白自己的无辜，于是"教见不教怜"就显得如此不公，诗中的反抗精神也由此得到烘托。

如果说前面的诗歌还只是较为单纯地表达爱恋的话，那么"日日常相望"一诗则传达了因爱而生的欲望。"日日常相望，宛转不离心"是爱：终日悬想，爱人的身影始终萦绕于心，不曾有片刻的离去。由这种深挚的爱，更生出火热的欲："见君行坐处，一似火烧身。"即使见不到真实的人，哪怕是看到伊人坐过、走过的地方，都能使沉迷于爱恋中的学郎情不自禁，如火焚身。这是种真实而健康的欲望，因为爱与性往往是密不可分的，也是发乎自然的。《礼记》云："饮食男女，人之大欲存焉。"《孟子》云："食、色，性也。"这都说明即使是传统的儒家经典，也能坦荡地面对人类的性欲问题，而没有像许多后人那样遮遮掩掩地唯恐避之不及。作为六经之一的《诗经》亦是如此。顾颉刚《史迹俗辨》云："我们可以说，一切的诗歌的出发点是性爱。这是天地间的正气，宝爱之不暇，何所用其惭怍。所以中国第一部乐诗集——《诗经》——里包含的情诗很多，作者老实地歌唱，编者老实地收录，他们只觉得这是人类应有的情感，而这些诗，是忠于情感的产品。"[1] 如《召南·野有死麕》言："野有死麕，白茅包之。有女怀春，吉士诱之。……舒而脱脱兮，无感我帨兮，无使尨也吠。"诗歌写了男女因情而性的过程，其中充满了爱欲的温馨。汉司马相如《凤求凰》诗更直接表达对倾慕之人的欲求："有艳淑女在闺房，室迩人遐毒我肠。何缘交颈为鸳鸯，胡颉颃兮共翱翔。"敦煌这首爱情诗，也是天真坦荡地表达了类似的爱欲，情感热烈而真挚，文字直接而大胆，令人想见青年男子对自己所爱女子所怀有的火热激情。不过，由于这首诗抄在《受十戒文》的背面，也有人认为这是一首五言偈，宣扬的是大乘佛教"心性本净"的思想，要求人效法天道自然，以提升自己的境界。在笔者看来，这种解说似过于牵强，也是不肯承认民间存在健康的情爱表达的一种托词。

敦煌的这四首学郎诗，虽然出自不同的写卷，其作者和创作时间也俱不相同，但在某种程度上，它们构成了一组涵盖爱情各阶段的情诗，成为敦煌青少年爱情书写之佳作。敦煌学郎像任何时代的学生一样，有着青少年人特有的天真烂漫，他们有的勤奋向学，如 P.2498 题记为"学郎李幸思书记"的诗歌曰："幸思比是老生儿，投师习业弃无知。父母偏怜昔（惜）爱子，日讽万幸（行）不滞迟。"这是老成持重的李幸思自白要发奋学习以报答父母养育之恩的诗作；有的顽皮活泼，如 S.728《社司转贴》后的题诗："学郎大歌（哥）张富千，一下趁到《孝经》边。《太公家教》

---

[1] 顾颉刚著，钱小柏编：《史迹俗辨》，上海：上海文艺出版社，1997年，第182页。

多不残，喽啰儿口实乡偏。"诗后有"李再昌"题字，说明此诗是李再昌调侃同学张富千之作，并拿他们的课本《孝经》《太公家教》来打趣；还有的身在曹营心在汉，一心盼望着早日放学回家，如写下"寸步难相见"这首情诗的学郎，还写了"竹长林青郁郁，之伯鸟取天飞。今照（朝）是我〔假〕日，且放学生郎归"这样盼望放假的诗作。所以敦煌学郎是一群性格多样、喜好不一的青少年，他们于课业之余在课本或功课上的信笔涂鸦，反倒成了不亚于文人矫揉之作的珍贵作品。

值得特别一提的是，这些学郎之中，有一些是沙弥，即小和尚。项楚先生在论及学郎诗时指出："敦煌的学校教育，自吐蕃占领时期便转入了寺院。归义军时期又恢复了官学和私学，但寺学仍占有十分重要的地位。在这些学校里就学的学郎，有儿童、少年和青年，有的兼充书手，有的自身就是沙弥。"[1]正因如此，在我们选择的这几首学郎情诗中，就有两首是抄在佛教相关文献之后的。佛教提倡戒除色欲，以达到内心的平静与自我提升，因而戒色成了一种重要的修行，也是要求特别严格的戒律。这便与学郎们对爱情的向往与追求形成了对立，似乎有些水火不容。可偏偏就是在抄写有"尽形寿不淫欲是沙弥戒"的《受十戒文》的背后，赫然出现了"见君行坐处，一似火烧身"的爱欲表达，而且它很可能出自一位沙弥之手。这说明，即使是佛教的清规戒律，也无法遏制少年天性中的爱恨情仇。这不由让人想起当代作家汪曾祺在《受戒》中描写的小和尚明海对少女小英子的情动时刻：

她挎着一篮子荸荠回去了，在柔软的田埂上留了

---

[1]　项楚：《敦煌诗歌导论》，台北：新文丰出版公司，1993年，第210页。

一串脚印。明海看着她的脚印，傻了。五个小小的趾头，脚掌平平的，脚跟细细的，脚弓部分缺了一块。明海身上有一种从来没有过的感觉，他觉得心里痒痒的。这一串美丽的脚印把小和尚的心搞乱了。

　　明海与小英子的纯真爱情，并没有因为明海是和尚而画上休止符，反而是在小英子趴在小和尚的耳边问"我给你当老婆，你要不要"和小和尚先大声后小声地说"要——"中结束。这看似荒唐的结局，却带给人纯净和唯美的体验。而这不正是敦煌学郎情诗带给我们的阅读体验吗？

菩萨蛮（枕前发尽千般愿）[1]

枕前发尽千般愿，要休且待青山烂[2]。水面上秤锤浮，直待黄河彻底枯。　　白日参辰现[3]，北斗回南面[4]。休即未能休[5]，且待三更见日头。

白话译文

在枕上一遍遍地发尽誓愿：要让我们分手除非等到青山朽烂。除非铁秤锤浮上了水面，直等到黄河水也彻底枯干。　　参星和辰星一同出现在白日的天空，北斗七星指向了南边。要让我们分离是办不到的，除非半夜三更有大太阳出现。

品　读

此词写的是热烈相爱的男女间的海誓山盟。

读这首词，让人不禁产生普遍的疑问："问世间情为何物，直教人生死相许？"（元好问《摸鱼儿·雁丘词》）而似乎也有人对此做出过回答："情不知所起，一往而深。生者可以死，死可以生。生而不可与死，死而不可复生者，皆非情之至也。"（汤显祖《牡

---

[1]　此词写卷编号为 S.4332，录文见王重民：《敦煌曲子词集》（修订本），上海：商务印书馆，1956 年，第 25 页。

[2]　休：罢休，指断绝关系。

[3]　参辰：星宿名。参星在西方，辰星（即商星）在东方，此出彼灭，不能并见。

[4]　北斗：北斗星，位置在北，形状如斗。

[5]　即：同"则"。

丹亭记题词》）所以用"至情"二字来解读这首敦煌词，可说是再恰当不过了。

所谓"至情"，是说情达于极致[1]，但极致的情感表达会到何种程度？我们首先会想到汉朝乐府民歌中那首著名的《上邪》："上邪！我欲与君相知，长命无绝衰。山无陵，江水为竭，冬雷震震，夏雨雪，天地合，乃敢与君绝。"而创作于近千年之后的唐代的这首《菩萨蛮》，显然与《上邪》异曲同工，或可说有过之而无不及。

热恋中的青年男女往往天真而疯狂。"枕前发尽千般愿"，写迷醉中的痴狂，"发尽"，是发到不能再发了，"千般"，则是难以计数的一遍又一遍，充溢的激情由此得以体现。"要休且待青山烂"，即《上邪》中的"山无陵"，但"山无陵"还是有些含蓄，仍需想一想才明白它的意思，而"青山烂"则更具体，更口语化，也更符合当事人的口吻。"水面上秤锤浮"，较《上邪》中的誓言要具体而微，完全取自日常生活常识，却因此更显生动和真实。"直待黄河彻底枯"，即《上邪》中的"江水为竭"，却因"彻底"二字而显得更加决绝，不留余地。下片继上片而来，完全无需过渡。"白日参辰现，北斗回南面"，写两种不可能出现的天文现象。参星在西，辰星在东，此出彼灭，在夜间都不可能并见，遑论在大白天同时出现；北斗星自然在北方，若"回南面"，将绝对违背其运行规律。这两者已经显得荒谬，谁知词作者更推出一句："休即未能休，且待三更见日头。"若星辰尚有变化的可能，那么太阳在半夜出现则意味着极致的不可能。相较于《上邪》中的"冬雷震震，夏雨雪"这两种仍有可能出现的自然现象，本词中的太阳、

---

[1]《六韬·文师》："言语应对者，情之饰也。言至情者，事之极也。"

星辰之变化似乎更显荒诞。

两相比较，这首《菩萨蛮》与《上邪》的同工之处在于，两者都以自然界或时人的认知范围中不可能发生的事件作为起誓对象，连续使用具有奇幻色彩的比喻，来突显爱情的坚贞不渝。两者的情感都热烈奔放，追求极致，以朴素的语言表现深情。只是与《上邪》相比，这首《菩萨蛮》词"俗"得更加彻底些。它使用了"水面上秤锤浮""三更见日头"之类的更贴近日常生活的比喻，且更口语化。"要休且待青山烂""直待黄河彻底枯""休即未能休，且待三更见日头"等句中，"休"与"待"反复出现，有种冲口而出的不遑思考之感，也有种以有涯之生命去冲击无涯之永恒的大无畏感。由此来看，《菩萨蛮》中的这种"俗"，虽然在语言使用上似乎是种缺憾，但在某种程度上取得了极尽情感表达之能的效果。

这首敦煌词的"至情"，还体现在词作主人公那纯然的赤子之心上。他们怀着孩童般的天真，对自己爱情的永恒充满信心，这信心既来自于自身的热烈情感，也来自于对对方情感的无限信任，所以将之付诸文字时，便有种奋不顾身的决绝。此处可以拿西方爱情经典《罗密欧与朱丽叶》中月夜阳台的著名台词来作一对比：

> 罗密欧：姑娘，凭着这一轮皎洁的月亮，它的银光涂
> 染着这些果树的梢端，我发誓——
> 朱丽叶：啊！不要指着月亮起誓，它是变化无常的，
> 每个月都有盈亏圆缺；你要是指着它起誓，也许你的
> 爱情也会像它一样无常。
> 罗密欧：那么我指着什么起誓呢？

朱丽叶：不用起誓吧；或者要是你愿意的话，就凭着你优美的自身起誓，那是我所崇拜的偶像，我一定会相信你的。

同样是爱情誓言，似乎年轻的朱丽叶已早早明白了"人有悲欢离合，月有阴晴圆缺，此事古难全"的道理，因而否定了罗密欧以月亮起誓的行为，宁愿把视线投射在个体的人的身上，在某种程度上，也是对一个人的爱情是否能够长久持续缺乏信心，同时暗示了人物的悲剧命运。而这首敦煌《菩萨蛮》词，心境明朗，全无算计，一味投入。正是这样的天真烂漫，让它显得尤其纯粹，也使它对爱情永恒的期待，成为了所有读者的期待。

那么，这首《菩萨蛮》中的"至情"表达，在当代社会还有意义吗？ 2021 年 11 月 29 日的《澎湃新闻》发表了《2021 年中国青年爱情观调查报告》[1]，调查共收回了 2628 份问卷，其中 90 后、95 后、00 后占了样本数的 92.3%。报告发现，当代年轻人不仅恐婚，而且开始质疑婚姻制度，不过他们并没有对爱情失望，只是对自己的爱情充满悲观。如果拿这种现状去对比《菩萨蛮》中的爱情，无疑后者是不合时宜的，甚至会被嗤笑为恋爱脑、零智商。但是，同一篇调查也发现，"在社交媒体上，关于亲密关系的讨论，存在一个非常简单、单一的标准：'忠诚'。……毫无意外地，'不专一'是超过八成的年轻人的分手线，远高于其他理由。人们已经能接受三四十岁的晚婚、离婚女性、不婚主义、丁克，甚至开始尝试开放式关系，对爱情的开放程度似乎更高，但对于'不忠诚'的态度，只比以往更加严苛。"从这个意义上说，

[1] https://www.thepaper.cn/newsDetail_forward_15602186，访问日期：2024 年 3 月 14 日。

菩萨蛮（枕前发尽千般愿）

《菩萨蛮》中那以星日山河为凭的毫无保留的忠诚誓言，无疑是与当代年轻人的爱情标准相契合的，或者说，它代表了当代年轻人的爱情理想。爱情是不会过时的，对爱情的渴望也是不会过时的，在一个对爱情缺乏信心的时代，这种对专一、永恒的爱情的热烈表达，在某种程度上，可以成为人们的一种精神慰藉，一种虽千万人吾往矣的坚持，一种有例在前的希望。

南歌子（二首）[1]

斜影朱帘立[2]，情事共谁亲？分明面上指痕新[3]。罗带同心谁绾[4]？甚人踏缀裙？　蝉鬓因何乱[5]？金钗为甚分？红妆垂泪忆何君？分明殿前实说，莫沉吟[6]。

自从君去后，无心恋别人，梦中面上指痕新。罗带同心自绾，被猁儿踏裰（缀）裙[7]。　蝉鬓朱帘乱，金钗旧股分[8]。红妆垂泪哭郎君[9]。信是南山松柏[10]，无心恋别人。

白话译文

太阳刚刚偏西，你就站在朱帘底下，是不是与谁有了私情？你的脸上明明留着手指抓搔的新痕。你罗带上的同心结是由谁打成？是什么人踩破了你的衣裙？　你蝉翼般的云鬓为什么乱蓬

---

[1]　这两首词的写本编号为 P.3836，录文据王重民：《敦煌曲子词集》（修订本），上海：商务印书馆，1956 年，第 63—64 页。

[2]　斜影：太阳偏西时的影子，指黄昏时刻。

[3]　指痕：手指的痕迹。

[4]　同心：同心结。绾：盘起来打结。

[5]　蝉鬓：古代妇女的发饰之一，其鬓发薄如蝉翼，黑如蝉身，故称。

[6]　沉吟：迟疑，犹豫。

[7]　猁儿：胡猁，猞猁的一种。此处也可能是泛指家中的宠物。

[8]　旧股：因为钗是由两股簪子交叉组合成的首饰，所以这里的旧股即旧的钗子。

[9]　郎君：唐代女子称丈夫为"郎君"。

[10]　信：信誓，发誓。

蓬？发间的金钗为什么是两股相分？梳妆之后的美丽面容上泪流不止，你是在想念哪个有情人？你给我在堂前老实说清楚，不要迟迟疑疑不吭声。

自从郎君你离开我之后，我便无心再去爱别人，脸上的指痕是在梦中刚刚自己抓破的。罗带上的同心结由我自己打成，家养的宠物踩破了我的衣裙。　　蝉翼般的云鬓被朱帘挂乱，金钗是因为太旧了所以才自然两分。我梳妆之后的面容上泪流不止，是在为郎君你哭个不停。我发誓，我的心就像南山的松柏那样坚贞，根本不会爱上别人。

品　读

这两首词以刚刚团聚的夫妻间的联章问答形式呈现，具有民间对歌之遗韵。

夫妻久别，再度重逢时，丈夫突然发现妻子身上有种种可疑的迹象，于是疑窦顿生，忍不住加以盘问，而妻子则一一为自己辩护，这在日常生活中应当是再正常不过的事，但将这样的盘问和辩护放在词里，就变得新鲜而有趣起来。

第一首词是丈夫咄咄逼人的盘问。丈夫第一问："斜影朱帘立，情事共谁亲？"词虽没有任何前情的交待和过渡，此句却是一切疑问的基础。显然丈夫并没有告诉妻子他今日还家，可居然发现妻子早早站在帘下，像是在等待着什么人。依照古代女性的行为规范，丈夫不在家，妻子就当闭户谢客，而非如此抛头露面，所以丈夫看到黄昏时站在帘下的妻子，自然会不安地产生某些联想。

仿佛看到妻子要开口辩护，他紧接着指出证据："分明面上指痕新。"女子脸上有手指留下的痕迹，至于这种痕迹是怎么留下的，着实令人起疑。正因为妻子行为的不正常，导致长期离家后刚刚返回的丈夫的猜疑，于是他更仔细地打量起妻子来，结果发现了更多的问题。丈夫的第二问："罗带同心谁绾？"你身上的罗带怎么打着同心结？是什么人给你打的？显然丈夫离去时，妻子的罗带并非同心结的样子，现在这样，分明有些不正常。再顺眼看下去："甚人踏缕裙？"你的裙子怎么被踩破了，是什么人竟能踩到你的裙子？罗带、衣裙，在某种程度上是古代女性身体的象征，秦观《满庭芳》中的"香囊暗解，罗带轻分"，便带有明显的性暗示，此处妻子的罗带结了同心，连裙子也被踩破了，丈夫的怀疑也便显得合情合理。上片词中，丈夫看到的是三个明显令人怀疑的地方，下片词中，丈夫开始注意一些细小的环节。"蝉鬓因何乱？金钗为甚分？红妆垂泪忆何君？"三个问题一一相递（涉"3W"的问题：What；Why；Who）：先是看到妻子的鬓发是乱的；继而发现她的金钗分成了两股，说明有人碰过；然后发现妻子美丽的脸上有泪痕。为什么如此？这些都需要解释。最后丈夫说："分明殿前实说，莫沉吟。"一副命令的口气，不容妻子有片刻的犹豫。丈夫这连珠炮似的发问，是顺着视线的推移而展开的，并非毫无条理的乱问，说明丈夫并不鲁莽，而是十分细心，正因为如此，其言辞更令人深深地感受到了丈夫内心的不安和隐隐的怒火。

第二首词是妻子的回答。她显然问心无愧，所以显得不急不忙，娓娓道来。她先表明自己的心迹："自从君去后，无心恋别人"，所以我并不曾与他人有过亲密的举动，至于你提到的我脸上的痕迹，那是"梦中面上指痕新"，是我在梦中自己挠破的，这也说明，我在梦里都在想念着你，所以才会有不安之举。至于我罗带上的同心结，那是我自己结的啊，因为我太想念你了，所以才会将罗带结为同心，以示我对你的忠诚和思念之情。裙子破了，可不是人踩破的，是调皮的家养宠物干的。"狨"一般指猢狨，即猴子。唐代有养猴子为宠物的例子。据《幕府燕闲录》载，黄巢军队进入长安后，唐昭宗李晔在逃难时还带着一个耍猴的艺人。这猴子居然能跟皇帝随朝站班，可见驯养得很好。唐昭宗很高兴，便赏赐耍猴人五品官职，身穿红袍，并赐其"孙供奉"的称号。罗隐对此有感而发，写下《感弄猴人赐朱绂》："十二三年就试期，五湖烟月奈相违。何如买取胡孙弄，一笑君王便著绯。"上行下效，民间养猴为宠物也是可能的。但此处的"狨儿"也有可能指兔狨，即一种形似家猫的动物。无论这只宠物是什么，都只能说明，因为丈夫不在身边，妻子只能与宠物玩耍逗乐，所以才会被宠物踩破裙子，这倒从一个侧面反映了妻子孤独寂寞的生活。词的下片回答了丈夫的另三个问题："蝉鬓朱帘乱，金钗旧股分。红妆垂泪哭郎君。"蝉鬓乱了，是掀起朱帘时，不小心被帘子挂到了；金钗分了股，是因为它太旧了，自己就分开了，也说明妻子在丈夫离去之后无心更换首饰，也不注重梳妆打扮，暗示了其对丈夫的一片思念之心。至于脸上的泪痕，那是因为思念你啊，你怎么会怀疑到别人头上去呢。最后，妻子发誓说："信是南山松柏，无心恋别人。"南山松柏，是坚贞品性的象征，连孔子都说："岁寒，然后知松柏之后凋也。"此处妻子发誓说自己像南山松柏般对丈夫忠贞不渝，不会爱上别人。"无心恋别人"的句子，分别在上片的开头和下片的结尾处两次出现，可见妻子是多么急于剖白自己，她清楚地知道，只有这样才能让丈夫放下心来。与丈夫的急切盘问相比，妻子的回答显得从容而无"沉吟"，她的解释也都合情合理，足以令丈夫放下心来，且从侧面暗示了自己对丈夫的思念之情。由此可见，妻子是位聪慧而冷静的人。

《南歌子》二首中这种一问一答的形式带给读者的阅读体验是，丈夫和妻子进行的是相对平等的对话：丈夫心细如发，目光如炬，因为嫉妒导致的怀疑而不由想要深究一切；妻子心地坦然，言语如和风细雨，条分缕析，却又掷地有声，对丈夫起到了很好的安抚作用。这种也许在家庭生活中非常见的日常情形，经过艺术化的处理，变得充满戏剧的张力，足可引起读者的兴趣。

这两首词让我们看到了一个嫉妒的丈夫，而在相爱的人之间，嫉妒也算是人之常情。正如培根在《论嫉妒》中所说："在人类的一切情欲中，嫉妒之情恐怕要算作最顽强，最持久的。"嫉妒会令人对对方产生怀疑，有了怀疑，那么对方的举手投足都会让怀疑者觉得有问题，从而变得特别敏感与脆弱。尤其是在中国古代，妻子的不忠更是婚姻的大忌，如果解决不好，必将导致悲剧的婚姻。《诗经·郑风·扬之水》也是被丈夫怀疑的妻子的自我辩白：

> 扬之水，不流束楚。终鲜兄弟，维予与女。
>
> 无信人之言，人实诳女。
>
> 扬之水，不流束薪。终鲜兄弟，维予二人。
>
> 无信人之言，人实不信。

诗中的这位女子的丈夫，显然听到了别人关于妻子的风言风语，于是前来质问妻子，妻子用示弱、撒娇、恳求的语气来为自己辩白，更直接要求丈夫不要相信他人之言。在某种程度上，《南歌子》二首是对《扬之水》中的这一情景的具体展现，特别是在《扬之水》中没有露面的丈夫走到了前台，而"人之言"则变成了"夫之言"。两位妻子的形象也颇相似：头脑相对冷静，理解丈夫的心情，能用真诚的言语进行自我剖白，强调自己对爱情的忠诚。只是《扬之水》中的妻子似乎更柔弱，她不断强调自己没有兄弟的孤苦，将丈夫作为自己唯一的伴侣来依恋，请他不要相信别人的挑唆，但并没有对丈夫可能的怀疑做实质性的解释。相较之下，《南歌子》二首中的妻子则更沉稳，更独立，更不卑不亢，对自己情感的表达也更清晰鲜明，决不拖泥带水，在上片一开始便说自己"无心恋别人"，然后逐一解释丈夫的疑问，最后又以松柏来比喻自己的坚贞，并再次重复自己"无心恋别人"，这种态度无疑会让丈夫感到更加安心。

值得注意的是，在中国古代一夫多妻的传统制度下，我们经常看到的是关于女子善妒的描写。如《世说新语》中便有不少关于妒妇的条目，如贾充之妻郭槐、桓温之妻南康长公主、谢玄之妻刘夫人等，但关于男子嫉妒妻子的条目却很难见到。这显然与男权社会对男子体面的维护有关。即使如唐传奇《霍小玉传》中写了李益对妻妾的嫉妒，但他的"心怀疑恶，猜忌万端，夫妻之间，无聊生矣"，其实是霍小玉诅咒之附带结果。文学描写中的古代男子，即使面对妻子的出轨，也并不是出于嫉妒的心理，而是出于遭到背叛的心理来采取行动，如《水浒传》中的宋江之于阎婆惜、杨雄之于潘巧云等。相较之下，西方文学中关于男子由妒生疑的故事则甚为常见，如莎士比亚笔下的奥塞罗，妻子苔丝狄蒙娜的一块手绢便让他起了疑心；莫里哀的《斯嘎纳耐勒》中，妻子在地上拾起的一张画像成为了点燃主人公妒火的导火索；托尔斯泰的《克莱采奏鸣曲》中，波兹内谢夫敏锐地从钢琴和乐曲中捕捉到了妻子与另一个男人间的情感传递。这种中西文学形象刻画上的差异，更让我们感觉到敦煌《南歌子》二首的难能可贵，因为它是出自真情实感，而没有被传统的男性话语表达所压抑，从而也更加符合人性。

联章体通常以两首或更多的诗词描写同一内容，从而扩大诗词容量，丰富诗词内涵。这种文学表现形式在唐五代的民间文学中时有发现，宋以后则得到文人的继承和发展。《云谣集·凤归云》（其三、其四）也采用的是这种形式。用两首词来一问一答，很容易令人想到中国西南少数民族的盘歌或对歌。敦煌曲子词本身就有歌唱的功能，说明早在唐代，类似的歌唱形式就已经在民间存在了。这两首《南歌子》在形式上具有对歌的那种即兴性，问答的展开跟随目之所及——相递，且直截了当，没有丝毫的遮遮掩掩，显得爽利坦诚。其语言通俗易懂，如"甚人踏缀裙"的质问和"无心恋别人"的辩解，都十分口语化。这些都是敦煌词的普遍特征。不过"红妆垂泪""南山松柏"之类的语言，也带有一丝文人气息，说明它们有可能是文人再创作的产物。

南歌子（二首）

征夫数载，萍寄他邦[2]。去便无消息，累换星霜[3]。月下愁听砧杵[4]，拟塞雁行[5]。孤眠鸾帐里[6]，枉劳魂梦[7]，夜夜飞扬。　　想君薄行[8]，更不思量。谁为传书与，表妾衷肠[9]？倚牖无言垂血泪[10]，暗祝三光[11]。万般无那处[12]，一炉香尽，又更添香。

白话译文

　　当兵的丈夫一去数年，像浮萍般漂泊在异乡他邦。自从离去后便没有了消息，已经过好多次的年来岁往。明月之下，我哀愁地听着砧杵声声，揣度着一行行边塞飞来的大雁的前进方向。独自睡在绣花描鸾的床帐之中，梦魂徒劳地在每个夜晚神游八荒。想想你真是薄情，一点也不把我挂在心上。谁能够替我寄信给你，倾诉我的一番衷肠。倚靠着窗户，默默无言地流下眼泪千行，只

---

[1]　《云谣集》写卷见 S.1441 和 P.2838。本词以及下文《云谣集》选词均由笔者在陈人之、颜廷亮所编《〈云谣集〉研究汇录》（上海：上海古籍出版社，1998 年）中的录文基础上校辑而成。

[2]　萍寄：像浮萍一样漂泊无定。他邦：他乡。

[3]　累：累次。星霜：星辰一年一周转，霜每年遇寒而降，故以星霜代指年岁。

[4]　砧杵：捣衣用具。

[5]　拟：揣度，推测。

[6]　鸾帐：夫妻所共用的床帐，上面绣有鸾鸟。

[7]　枉劳：徒劳。

[8]　薄行：薄情，负心。

[9]　衷肠：深情。

[10]　牖：窗。

[11]　祝：祷告，向鬼神求福。三光：日、月、星。

[12]　无那：犹无奈。

能悄悄向日、月和星辰祈祷，想象你归来时的模样。万般无奈的情况下，只能是一炉香烧尽，又添上一炉香。

品　读

　　《凤归云》（其一）以思妇视角，写其对征夫的怨思之情，情深意切，婉转动人，是比较典型的"征妇怨"体裁作品。

　　词的上片写征妇之思。一起句即落在"征夫"二字上，若非整天思念着他，怎么会如此没有遮拦地冲口而出。"数载"，写时间之长；"萍寄他邦"，写地点的不固定，这既是在怜惜征夫的人如漂萍，也是在叹息自己的无可奈何，因为这位主人公尽管长久思念，却并不知道思念的对象他人在何方，所以连个可以念想的地点都没有。"去便无消息"句，令人有些心惊胆战。征夫的没有消息，有几种情况：一是征夫战事频繁，转战无定，没有时间或条件往家中传信；一是征夫薄情，完全忘记了在家苦苦等待他的妻子，所以想不起来给她传送任何消息；一是征夫已死，根本不可能再传消息回来。这几种情况中，除了第一种外，其他两种，都会令妻子的思念和等待变得可悲可叹，而它们又是最可能发生的情况。可是，作为妻子，她一定相信是第一种吧，所以前面说他"萍寄他邦"，也是在给他的"去便无消息"找借口。可是，这种无消息的情况为时已久，"累换星霜"是在说岁月的更替，如白居易《岁晚旅望》诗所云："朝来暮去星霜换，阴惨阳舒气序牵。"这句"累换星霜"与首句中的"数载"形成呼应，只是多了掰着手指数日子的焦灼感。"月下愁听砧杵，拟塞雁行"仍写时间，只不过将时间具体到了秋天：砧、杵分别是捣衣用的工具，而捣衣多于秋夜进行，为的是给远戍在外的征人赶制冬衣。如北朝温子昇《捣衣诗》："长安城中秋夜长，佳人锦石捣流黄。香杵纹砧知近远，传声递响何凄凉。"李白《子夜吴歌》之三："长安一片月，万户捣衣声。秋风吹不尽，总是玉关情。"也正是因为如此，"月下愁听砧杵"便意味深长：一方面，听到砧杵之声，知道岁月再次转换，带来了时间上的紧迫感；一方面，只听不做，坐实了"去便无消息"之说，因为即使制成征衣，都不知该送往何方；更有甚者，作者说"月下愁听"，也不知是砧杵声引得人睡不着，还是因为睡不着而听到了砧杵声，可有一点是确定的，即听着听着，哀愁渐深。"拟塞雁行"句历来有不同的解说。潘重规先生在《〈云谣集〉校笺》中说："'拟'有度义、过义……'拟雁'即'过雁'之意。"[1]孙其芳《〈云谣集杂曲子〉校注》则校"拟"为"凝"，"谓凝眸、凝伫。原作'拟'，为形误字。"[2]笔者认为，此处的"拟"当理解为其本义之揣度、推测意。"拟塞雁行"，即推想塞雁飞行的里程与地点，以此来揣度征夫的踪迹，或是寄希望于鸿雁传书之说，盼望它们能带来征夫的消息。"孤眠鸾帐里"，诉说孤独之状。独眠已是难耐，更何况是睡在夫妻共用的床帐中，昔日的双宿双飞，对比今日的孤枕难眠，使得寂寞更加深了一倍。"枉劳魂梦，夜夜飞扬。"如果能够入睡，在梦中与征夫相见也是好的，所以魂梦夜夜上天入地四处寻找，期盼梦中相见的时刻，可词句偏又说"枉劳"，也就是连梦中也寻他不到，这真是让人绝望。

下片写征妇的心理活动。"想君薄行，更不思量。"对比征妇夜夜飞扬的魂梦，征夫的"去便无消息"显得那么无情，所以她禁不住地怨恨起来，说他薄情寡义，完全不知想念自己。尽管如

---

[1] 陈人之、颜廷亮编：《〈云谣集〉研究汇录》，上海：上海古籍出版社，1998年，第197页。
[2] 陈人之、颜廷亮编：《〈云谣集〉研究汇录》，上海：上海古籍出版社，1998年，第270页。

此，她还是会"想"，揣测，思虑，悬念。他的薄情，也许是因为他不知道我对他的一番深情吧？如果我写信给他，将此番深情向他表白，也许就能唤回他那颗冷漠的心吧？可是，"谁为传书与，表妾衷肠？"这个疑问句实际上是否定句，也就是说，没有人能够为我传书，我的衷肠无以得到表达。收不到征人的音信，得不到他对情感的肯定，已是令人非常痛苦的事，但自身的深情也无由得诉，无法使他知道，更是一种残酷的折磨。在这种情况下，思妇只能"倚牖无言垂血泪"，倚着窗户，默默无言，暗垂泪滴，三个动作，分别代表了等待、孤独与绝望。可是，征妇并不愿意真的绝望下去，所以她"暗祝三光"，悄悄地向日、月、星三光祈祷。她在祈祷什么？第一当然是征人早日归来，夫妻重新团聚。如果这个愿望实现不了，退一步，是希望征人有消息传来，以慰征妇的思念之情。再不济，也希望征夫能护住性命，不要客死异乡。可这祈祷有用吗？似乎没有，因为征妇说："万般无那处，一炉香尽，又更添香。"她已用尽心思，却对解决现状感到无能为力，这种无奈之感是如此地深重，令人愁肠百结，她唯一能够做的，就是徒劳地看着炉香的青烟袅袅而逝，一遍遍地添加香料，不让炉香灭却，就如同守望着那留不住的时光，守望着那令人绝望的希望。

　　此词的上片将重点放在无法确定的空间和不断变化的时间之上，使思妇的相思既无空间上的限定，也无时间上的终止，是"枉劳"相思，最终只换来一个"愁"字。下片以征夫之"薄行"与征妇之深情加以对比，写了征妇的"万般无奈"之举，令人对之生出无限的怜惜之情。

　　这首词是征妇对征夫的寄语，但又仿佛是对第三人即读者的倾诉，可引发读者强烈的共鸣感。如上片结句："孤眠鸾帐里，枉劳魂梦，夜夜飞扬。"读者当即进入征妇的梦中，与其梦魂一起上天入地地百般搜寻，希望找到征夫的哪怕蛛丝马迹，以告慰征妇的一番深情，与此同时，也感受到了她那"枉劳"的痛苦与绝望。当作者最后写出"万般无那处，一炉香尽，又更添香"的词句时，作为读者的我们也生出了极端的无力感，陷入沉默之中，无言地注视着征妇呆呆地凝望炉香和为香炉添香的举动，感受到了等待时那似乎停滞不动的时间的漫长以及蓦然间惊悟到的时间的快速流逝。值得注意的是，作为一首典型的征妇怨词，词中并没有直接提及"怨"字，但"枉劳""谁为""无那"等词语的使用，准确地捕捉到了征妇的幽怨之情。

绿窗独坐[1]，修得为君书[2]。征衣裁缝了[3]，远寄边隅[4]。想得为君贪苦战[5]，不惮崎岖[6]。终朝沙碛里[7]，只凭三尺[8]，勇战奸愚[9]。　岂知红脸[10]，泪滴如珠。枉把金钗卜[11]，卦卦皆虚[12]。魂梦天涯无暂歇，枕上长嘘。待卿回归日[13]，容颜憔悴，彼此何如？

白话译文

独自坐在室内的绿纱窗下，写下一封要寄给你的书信。你的征衣已经裁剪缝制完毕，即将寄往遥远的边塞之地。思量你为了国君苦战不休，不畏惧一切艰难困厄。整天都在黄沙漫天的大漠之中，只凭借一把三尺宝剑，与狡诈愚昧的敌人奋勇作战。你哪里知道，我美丽的脸颊上，眼泪正如珍珠般串串滴落。徒劳地用金钗占卜，可是每一卦都不得应验。我的神魂在梦中寻遍天

---

[1]　绿窗：绿色纱窗，指女子的居室。韦庄《菩萨蛮》："劝我早归家，绿窗人似花。"
[2]　修得：写成。为君书：给你的信。
[3]　征衣：征人所穿之衣。
[4]　边隅：边塞。
[5]　想得：想。为君：为国君。贪苦战：苦战不休。
[6]　崎岖：困厄，险阻。
[7]　终朝：整天。沙碛：沙漠。
[8]　三尺：剑。剑长约三尺，故云。
[9]　奸愚：狡诈和愚昧的敌人。
[10]　红脸：指女子。
[11]　金钗卜：用金钗占卜。
[12]　虚：未应验。
[13]　卿：古时夫妻的互称。

涯，没有片刻停歇的时候，而我本人则只能在枕上长吁短叹。等到你回来的那一天，我们的容颜都已憔悴不堪，彼此相对，当会作何感慨？

品　读

这首《凤归云》与前一首《凤归云》一样，同时收录于 S.1441 和 P.2838，且同为征妇怨题材类作品。但这首《凤归云》与前一首不同。前一首写征人一去无消息，也无人为寄书信，征妇的思念之情甚至无所寄托。这首词则是有的放矢，可以看作是写给征人的一封情书。

上片以征人为主体而展开。"绿窗独坐"句，勾勒出绿纱窗下的孤独身影，令人想及韦庄《菩萨蛮》中的"劝我早还家，绿窗人似花"的词句。伊人独坐，原来是"修得为君书"，"为君"二字，表明女子诉说的对象是自己的丈夫。那么她在书信中交代了什么呢？首先，"征衣裁缝了，远寄边隅。"我给你的征衣已经缝好了，现在寄给远在边陲的你，希望你不至于忍受寒冷。其次，"想得为君贪苦战，不惮崎岖。"我清楚地知道，你在为国家出战，有许多艰苦的战役要打，有许多困难要去战胜，而你在面对这一切时，毫无畏惧之心。"终朝沙碛里，只凭三尺，勇战奸愚。"在我的想象中，你整日驰骋于大漠之中，只凭着一把宝剑，与敌对阵，无论对方是奸是愚，都勇敢面对，一往无前。所以，你是我心目中的英雄，我为你感到骄傲！从词的内容来看，妻子完全理解丈夫在外征战的意义所在，也能设身处地地想象他所面对的一切，显得深明大义，充满自豪，有着一般女子所没有的开阔胸襟。

可是，深明大义就可以不思念了吗？胸襟开阔就可以不怨艾了吗？说到底她还是一个热爱丈夫的女子，怎么会不盼望丈夫能够陪在自己的身边？词的下片是书信的第三部分内容：诉说思念之情。"岂知红脸，泪滴如珠。"你在杀敌卫国之时，可曾想到过，我是怎样地思念你，以致泪水如串串珠子般在脸颊上滑落？你知道吗，我常常用金钗占卜，可即使我卜到好卦也毫无用处，因为它们没有一次应验过，而是"卦卦皆虚"，只能徒增我的烦恼。这里的卜金钗之举，在唐代甚为流行，如唐刘采春《啰唝曲》六首中的第三首即云："莫作商人妇，金钗当卜钱。"有研究者认为，"'金钗卜'是当时民间流行的'金钱卜'的衍化，是闺中少妇思念征人情切下，权宜变通的产物"[1]。无论怎样，这种卜金钗的方式都是征妇暗中祝祷的形式之一，构成了闺阁中独特的行为方式。"魂梦天涯无暂歇，枕上长嘘。"我的灵魂是自由的，它常在梦里奔向天涯，只为寻找你，不敢有片刻的歇息；可是我的身体是不自由的，它只能躺在床上，发出长吁短叹。《凤归云》（其一）也写到过相似的场景："孤眠鸾帐里，枉劳魂梦，夜夜飞扬。"即使梦中相见，也是徒劳的，因为在现实中，我孤单依旧，无人陪伴，梦中愈是欢娱，现实便愈令人痛苦。"待卿回归日，容颜憔悴，彼此何如？"也许你终有一天会回来，可到那时，我已年老色衰，青春不再，那么我们还能想些什么、做些什么呢？"彼此何如"，似乎是在询问，但答案早已知晓，这样的明知故问，正是痛楚之所在，青春虚度之遗憾、生命消磨之苦痛，尽在这举重若轻的一问之中了。

---

[1] 郑阿财：《〈云谣集·凤归云〉中"金钗卜"民俗初探》，载于项楚：《中国俗文化研究》第一辑，成都：巴蜀书社，2003年，第161页。

古人的情书，往往既浪漫又淳朴，或者说，他们的浪漫是以淳朴为底色的，有时，所有的爱都藏在一餐饭、一袭衣之中。如汉代乐府民歌《饮马长城窟行》："客从远方来，遗我双鲤鱼。呼儿烹鲤鱼，中有尺素书。长跪读素书，书中竟何如？上言加餐饭，下言长相忆。"《古诗十九首·行行重行行》："思君令人老，岁月忽已晚。弃捐勿复道，努力加餐饭。"唐代陈玉兰《寄外征衣》："夫戍边关妾在吴，西风吹妾妾忧夫。一行书信千行泪，寒到君边衣到无。"他们说"长相忆"，说"思君"，说"忧夫"，都是不加掩饰的爱的表达，而其具体体现，则是"加餐饭"的嘱咐、寄征衣时的担忧。《凤归云》（其二）也是如此。它是淳朴的，一起笔交待的不过是"征衣裁缝了，远寄边隅"这种再普通不过的日常；可它又是浪漫的，因为在思妇的想象中，丈夫在一望无垠的大漠之中"勇战奸愚"的身姿是那么高大威武，若非发自内心地爱着丈夫，她是说不出这样充满理解与自豪的话语的。它是淳朴的，淳朴到去描写用金钗占卜这种几近无聊的行为；可它又是浪漫的，因为思妇会说"魂梦天涯无暂歇"，说自己的灵魂无时无刻不在上天入地地寻找，只为能够在梦中见上丈夫一面，若非对丈夫的刻骨相思，她又怎么会有梦醒之后的"枕上长嘘"？而最终，对征夫回归后的情景的想象，又让她令人痛心地回归了现实，流露出对未来的迷茫之情。

这首词与《凤归云》（其一）既可分开阅读，也可作为联章词作来加以理解。与《凤归云》（其一）相比，这首词中的思妇知道自己丈夫的踪迹，可以寄书信给他，而且丈夫的形象也非常具体，是个纵横沙场英勇杀敌的英雄，而不是一个捉摸不定的幻影。但本词中的征人依旧是薄情的，"岂知红脸"句就是证明，因为他完全不知道妻子的痛苦和烦恼。上首词中的思妇曾"暗祝三光"，这首词中的思妇则是"枉把金钗卜"，两者都寄希望于外力的作用，寄希望于命运的突然转折，但前者的结果是"万般无奈"，后者的结果是"卦卦皆虚"。两人也都试图在梦中追寻征人，但也不过是枉自嗟叹，徒劳无益，换来的是，一个"倚牖无言垂血泪"，一个"泪滴如珠"。前一位最终是守着一炉香，不计结果地等候着，后一位则清楚地把那结果翻出来看：即使征人有一天真的回来了，恐怕一切也都改变了。整首词最终落在"彼此何如"四字之上，此时无声胜有声，有情似无情，与前词的结尾相比，更令人感到绝望。

幸因今日，得睹娇娥[1]。眉如初月[2]，目引横波[3]。酥胸未消残雪[4]，透轻罗[5]。朱含碎玉[6]，云髻婆娑[7]。　东邻有女[8]，相料实难过[9]。罗衣掩袂[10]，行步逶迤[11]，逢人问语羞无力，娇态多。锦衣公子见，垂鞭立马[12]，肠断知么[13]？

儿家本是[14]，累代簪缨[15]，父兄皆是，佐国良臣。幼年生于闺阁，洞房深[16]。训习礼仪足[17]，三从四

---

[1]　娇娥：美人。

[2]　初月：初生之月，即月牙儿。

[3]　引，转动。横波：横流的水波，比喻女子眼神流动，如水横流。

[4]　酥胸：胸脯如酥油般洁白滑腻。未消残雪：如没有融化的白雪。

[5]　轻罗：质地柔软纤薄的丝织物。

[6]　朱：朱唇。碎玉：如碎玉般的牙齿。

[7]　云髻：高耸的发髻。婆娑：盘旋舞动的样子，此处指发髻摇摇的样子。

[8]　东邻有女：借指美女。典出宋玉《登徒子好色赋》："天下之佳人，莫若楚国。楚国之丽者，莫若臣里。臣里之美者，莫若臣东家之子。"

[9]　相料：料想。难过：难以胜过。

[10]　罗衣：用轻软的丝织品制成的衣物。掩袂：以衣袖遮面。

[11]　行步逶迤：走路时身姿婀娜优美。

[12]　垂鞭：把鞭子垂下来，指不再打马前进。

[13]　断肠：指爱慕之至。如白居易《井底引银瓶》："墙头马上遥相顾，一见知君即断肠。"

[14]　儿：古时女子自称。《木兰诗》："愿借明驼千里足，送儿还故乡。"

[15]　簪缨：古代达官贵人的冠饰，其中簪为文饰，缨为武饰，后遂借以指高官显宦。

[16]　洞房：深邃的内室。

[17]　训习：训练教习。

德[1]，针指分明[2]。　　聘得良人[3]，为国远长征。争名定难[4]，未有归程。徒劳公子肝肠断，谩生心[5]。妾身如松柏，守志强过[6]，鲁女坚贞[7]。

白话译文

（男：）今天何其幸运，遇见了一个娇媚的美人。她的眉毛如初生的新月般弯而细长，她的眼眸转动时，恰如水波荡漾，顾盼生辉。她酥油般的胸脯像没有融化的白雪那般洁白细腻，在轻薄的罗衣之下若隐若现。她朱唇中含着碎玉般的牙齿，发髻高如云朵，似颤欲坠。　　宋玉赋中的东家女子料想也美不过她。她以罗衣的长袖遮掩着面容，走起路来摇曳生姿，遇到有人问话，是那么娇羞怯怯，有说不尽的妩媚风流。我这身穿锦罗衣服的富家公子见了她，不由垂下鞭子，停住马儿，爱慕之心无以复加，从此而生的思念之情令我肝肠寸断。这心情，她可知道么？

（女：）我家本是鼎盛之族，世代官宦，父亲和兄弟都是辅佐国君的栋梁之臣。我从小生长于闺阁之中，内室深邃，从不见

---

[1]　三从四德：古时女子的行为规范。《仪礼·丧服》："妇人有三从之义，无专用之道。故未嫁从父，既嫁从夫，夫死从子。"四德指妇德、妇言、妇容、妇功。《周礼》郑注："妇德，谓贞顺；妇言，谓辞令；妇容，谓婉娩；妇功，谓丝枲。"

[2]　针指：针线活。分明：人所共睹。

[3]　聘：订亲，此指出嫁。良人：古时女子对丈夫的称呼。

[4]　争名定难：争取功名，平定患难。

[5]　谩：徒，空。

[6]　强过：胜过。

[7]　鲁女：诸本多校作"曾女"，现从孙其芳之校，指鲁秋胡之妻。

外人。我接受了礼仪方面的充分教习和规训，遵从三从四德的女子规范，一手好针线活儿也有目共睹，勿须自明。　我已嫁给一位出色的男子，他为了保家卫国而长途远征，争夺功名，平定祸乱，不知道什么时候才会踏上归程。公子你的倾心爱慕乃是徒劳，是枉自生出那没有结果的恋情。我就如松柏那样，谨守贞洁之身，比那秋胡之妻还要坚贞。

品　读

　　任二北《敦煌曲校录》云："此二首演故事，亦联章。"也就是说，这两首词的内容是相互关联的，把它们放在一起读，才能明白故事的来龙去脉，也才能充分理解其内涵。《凤归云》其三吟咏女子的无双美貌和公子的枉自多情，其四则道出女子出身，表明其坚贞之志。两者并读，方是集外在美与内在美于一身的美人之画像。

　　《凤归云》其三以第一叙述人的角度描画了一位美"娇娥"，从中可见唐代女性之审美标准。第一个标准是"眉如初月"。眉毛的涂饰是唐代妇女特别注重的化妆术。唐玄宗的画工画有《十眉图》，述及盛唐流行的眉样："一曰鸳鸯眉，又名八字眉；二曰小山眉，又名远山眉；三曰五岳眉；四曰三峰眉；五曰垂珠眉；六曰月眉，又曰却月眉；七曰分梢眉；八曰涵烟眉；九曰拂云眉，又名横烟眉；十曰倒晕眉。"这其中，月眉或却月眉，即是本词中"眉如初月"之状。却月眉在初唐时期最为流行，骆宾王就有"水下看妆影，眉头画月新"的诗句。与后来流行的阔眉相比，却月眉更能突出女性妩媚柔美的特征，所以盛唐时期仍为十样眉妆之一，而且到了晚唐又重新流行起来，如李贺《昌谷诗》："泉樽陶宰酒，月眉谢郎妓。"杜牧的《闺情》："娟娟却月眉，新鬐学鸦飞。"罗虬《比红儿》之十："诏下人间觅好花，月眉云髻尽名家。"词中之"娇娥""眉如初月"，完全符合唐代眉妆标准。

唐代美人的第二个标准："目引横波"，即女子的美目要如水波般流转生动。《文选·傅毅＜舞赋＞》："眉连娟以增绕兮，目流睇而横波。"李善注："横波，言目邪视，如水之横流也。"韩偓《偶见背面是夕兼梦》诗："眼波向我无端艳，心火因君特地燃。"写女子潋滟的目光无意间看向诗人时，诗人心中便点燃了爱情的火焰。王实甫《西厢记》写张生初见崔莺莺："怎当他临去秋波那一转，便是铁石人也意惹情牵。"也将莺莺一回眸间的明媚动人描写出来。可见，女子眼睛之美在可以眉目传情，而非目光呆滞如死水一潭。

唐代美人的第三个标准："酥胸未消残雪，透轻罗。"胸部的肌肤洁白如雪，在轻薄的织物之下若隐若现。从唐诗的描述来看，唐朝的贵族女性、歌妓确实流行这种半遮半掩的低胸装束。中晚唐诗人方干《赠美人》之一："粉胸半掩疑晴雪，醉眼斜回小样刀。"李群玉《同郑相并歌姬小饮戏赠》："胸前瑞雪灯斜照，眼底桃花酒半醺。"周濆《逢邻女》："日高邻女笑相逢，慢束罗裙半露胸。"欧阳炯《浣溪沙》："绮罗纤缕见肌肤。"这些诗句都反映了唐代女子装束之大胆。我们在周昉的《簪花仕女图》中也可以直观地看到这种流行装扮。由此可知，《凤归云》中的这位女子，在穿衣打扮方面是十分时尚的。

唐代美人的第四个标准："朱含碎玉"，即朱唇明艳，牙齿细密整齐，洁白如玉。唐代女子非常看重唇妆，喜用胭脂等化妆品点抹嘴唇，称为点唇。唐末点唇名目繁多，宇文士及所辑《妆台记》

载："唐末点唇，有胭脂晕品：石榴娇、大红春、小红春、嫩吴香、半边娇、万金红、圣檀心、露珠儿、内家圆、天宫巧、恪儿殷、淡红心、猩猩晕、小朱龙、格双唐、眉花奴。"想象一下，经过精心装点的红唇微启、露出洁白的牙齿的巧笑倩兮的模样，该是多么迷人。

唐代美人的第五个标准："云髻婆娑"。云髻是种高耸的发式，曹植《洛神赋》："云髻峨峨，修眉联娟。"李善注："峨峨，高如云也。"唐代十分流行高髻。《妆台记》："唐武德中，宫中梳半翻髻，又梳反绾髻、乐游髻。""开元中，梳双鬟、望仙髻及回鹘髻。"这几种发髻大多属于高髻。元稹《李娃行》中有云："城中皆一尺，非妾髻鬟高。"李贺也曾以"峨髻愁暮云"等来形容当时高髻之高度。由此可见，云髻在唐代是多么流行。但单纯地高显然不行，还必须"婆娑"。"婆娑"本义为盘旋舞动的样子，具有飘逸的美感，此处用来形容"云髻"，令人想见美人之高髻在头上轻轻颤动、将堕未堕的动感之美。

总之，这首《凤归云》上片所勾勒的这位女子是位标准美人，也就是说，有关其身体各部分的描写皆可一一对应唐代流行式样，浑身上下都符合唐代特定时期的审美标准。符合标准的美是静态的，是易于描述的，但还有一些无标准可言的美该怎么来形容呢？词的下片便描写了女子那动态的、抽象的美。

"东邻有女，相料实难过。"宋玉在《登徒子好色赋》中说："东家之子，增之一分则太长，减之一分则太短；著粉则太白，施朱则太赤；眉如翠羽，肌如白雪；腰如束素，齿如含贝；嫣然一笑，惑阳城，迷下蔡。"而词中女子与之相比，却有过之而无不及。如此，词作者不费笔墨，便将女子之美、之魅道出。"罗衣掩袂，行步逶迤"，写女子步态。曹植《美女篇》云："罗衣何飘飘，轻裾随风还。"以罗衣写女子轻盈的身姿。白居易《琵琶行》写女子"犹抱琵琶半遮面",以朦胧之状写女子魅态。"罗衣掩袂"则兼而有之,写了罗衣飘飘的她以衣袖遮面而行的模样。上片写女子时说"酥胸未消残雪,透轻罗",是露,此番"罗衣掩袂"则是遮,两相对照,女子的妩媚娇羞之态呼之欲出。"行步逶迤"写女子走动时摇曳生姿的婀娜之态。"逢人问语羞无力,娇态多",写其娇羞的样子。此前词句写美人酥胸半透,行步风流,颇具成熟风韵,这里却说,当有人向她问话时,她竟羞得抬不起头来,完全是副少女模样。这种看似有冲突的描写,更加深了其特有的魅力。"娇态多"之"多"字,令人想见其各种不同的娇美神态,真是怎么看也看不够。最后一句:"锦衣公子见,垂鞭立马,肠断知么?"从另一个侧面突出了女子之美。《陌上桑》中写罗敷:"行者见罗敷,下担捋髭须。少年见罗敷,脱帽著帩头。耕者忘其犁,锄者忘其锄。来归相怨怒,但坐观罗敷。"借观者的行动来写罗敷之美。此处也一样,借着锦衣公子看到女子时垂鞭立马的呆痴模样,衬出她那令人忘乎所以的惊人美丽。"断肠知么"的问句似乎透露出描写这位美女的叙述者的身份:一位青春年少的富家子弟,也表明他实际上做出了大胆求爱之举。但词至此,却戛然而止,让人十分好奇锦衣公子的故事结局。

　　这样看来,这首《凤归云》就是在写一个女子的美:上片是静态描写,如画上美人,下片是动态描写,栩栩如在目前。词句最后以"肠断知么"的问句留下一个悬念:锦衣公子与绝世佳人似乎是天造地设的配置,那么若是女子知道了他的心思,会做何反应呢?

　　《凤归云》其四是女子自述,可看作是对上一首结句"肠断知么"的回应。

上片写其世家出身以及自身教养。"儿家本是，累代簪缨，父兄皆是，佐国良臣。"说明女子出身高贵，是位大家闺秀。唐代世家大族通婚讲究门第，甚至不把皇室放在眼里。唐文宗曾希望为太子娶郑覃的孙女，但郑覃宁可把孙女嫁给时为九品官的崔某，也不接受皇帝的请托。为此文宗感叹道："民间修婚姻，不计官品而上阀阅。我家二百年天子，顾不及崔、卢耶？"词中女子骄傲地称说自家"累代簪缨"，可知其在家世这一点上是颇为自矜的。但高贵的出身并未使其变得骄横无理，反而家教森严。"幼年生于闺阁，洞房深"，说明其从小足不出户，养在深闺。"训习礼仪足，三从四德，针指分明。"平日里，她学习礼仪，深谙女子"三从四德"之教，而且女工非常出色。由此来看，女子的家世、品行都无可挑剔。

下片中，女子揭示其已婚身份，表其忠贞之意。"聘得良人"，说明她已名花有主；"为国长征"，既写明丈夫不在自己身边的原因，也写出她对丈夫"为国"之举的理解，并对此充满骄傲之情；"争名定难"，写出丈夫出征的目的，既是为自己获取功名，也是为国家平定祸乱；"未有归程"，写丈夫不知何时回来，也暗示了她独守空房、难免寂寞凄凉的状态。可即使如此，对于锦衣公子的爱慕，她给出的是郑重的告诫："徒劳公子肝肠断，谩生心。"上一首《凤归云》说锦衣公子"肠断知么？"此处显然给出了答案：她知道，但明确地表示了拒绝，并表示："妾身如松柏，守志强过，鲁女坚贞。"语气铿锵，掷地有声，与上词中那位"逢人问语羞无力，娇态多"的女子判若两人。张籍《节妇吟》中的女子与此词中的女子有同样的遭际："妾家高楼连苑起，良人执戟明光里。知君用心如日月，事夫誓拟同生死。还君明珠双泪垂，恨不相逢未嫁时。"这位"节妇"，虽然也守身如玉，但"恨不相逢未嫁时"

的委婉,相较于"妾身如松柏"的决绝,便显得没那么坚决自信了。

出身高贵,家教良好,善解人意,忠贞不渝,家有这样的妻子,对于一个男子而言,夫复何求?

这两首《凤归云》若分开来读,总有欠缺。上一首不过写女子之美,下一首不过写女子之坚贞,各自将貌之美与德之美推向极致,但读起来也不过如此,并无太多吸引人之处。然而,若将两词放在一起来读,则波澜顿生,兀地出现了故事性和戏剧性,对于女子形象的刻画也变得丰满生动起来。而且两词联读,也会出现叙述者的转换,具有一定的舞台表演效果,这对于相对较短的曲子词而言是十分难得的。

这两首词,亦可与本书中所选的联章体《南歌子》二首放在一起去阅读,想象当这美貌女子的丈夫归来后,会发生什么样的情形。

雀踏枝（叵耐灵鹊多谩语）[1]

叵耐灵鹊多谩语[2]，送喜何曾有凭据？几度飞来活捉取[3]，锁上金笼休共语。　比拟好心来送喜[4]，谁知锁我在金笼里。欲他征夫早归来，腾身却放我向青云里[5]。

青山烂，黄河枯：敦煌文书里的纸短情长

白话译文

真受不了这喜鹊总是叽叽喳喳不停地说些谎言谎语，嘴上说是来送喜，可哪里有过什么真凭实据？一次次飞来招惹我，我干脆把它生擒活捉，锁在那金笼里，让它休想再同我说上只言片语。

喜鹊我啊，本是好心好意地来报送喜庆消息，谁知道她却把我锁在了金笼子里。希望她远在边塞的丈夫早点回家来，到时候她就会放了我，让我腾跃而起，自由地飞入那青云里。

品　读

此首《雀踏枝》借用征妇与喜鹊的两段心理独白，将征妇对

---

[1] 此词见于《敦煌零拾》，录文参见王重民：《敦煌曲子词集》（修订本），上海：商务印书馆，1956年，第55—56页。

[2] 叵耐：不可容忍。谩语：谎话。南唐冯延巳《鹊踏枝》："夜夜梦魂休谩语，已知前事无寻处。"

[3] 捉取：擒拿，捕捉。

[4] 比拟：打算，准备。

[5] 腾身：腾跃而起。

征夫的思念之情活泼灵动地表现了出来。

上片写征妇心曲。《开元天宝遗事》中记载："时人之家，闻鹊声皆以为喜兆，故谓喜鹊报喜。"很显然，在唐代，喜鹊作为报喜鸟而深受人们的喜爱。但本词一上来就说"叵耐灵鹊多谩语"，完全是抱怨的语气，说"叵耐"，即无法忍受，因为传说中送喜特别灵验的喜鹊，却"多谩语"，总是在说谎，"送喜何曾有凭据？"赚得苦守空闺的征人之妇总是空欢喜一场。此处"多谩语"之"多"，表明喜鹊报喜不止一次，则征妇的空欢喜也并非一场。喜鹊报喜只不过是民间传说，大多数时候当不得真，可征妇偏偏一次又一次地上当，她信喜鹊之"灵"，故而频生希望，说明她内心对征夫归来的期盼是多么热切，哪怕只是一点渺茫的希望也不愿放过，结果却是一次次的失望。她不怪自己心焦，也不怪征夫的不归，却迁怒于喜鹊的"谩语"。这种心理活动，由"叵耐"二字传达出来，说明征妇无法忍受的，其实是长久的相思之苦。"几度飞来活捉取，锁上金笼休共语。""几度"对应了首句中的"多"，其结果是征妇忍无可忍，将喜鹊活捉了来，锁在了笼子里面，发誓说"休共语"，坚决不同它说话。但这两句词也反映了征妇的矛盾心理：她怪罪喜鹊，把它捉了来，却并没有折磨它，而是将它锁在金笼里，这分明是要把它当宠物来养的姿态。可是，既是宠物，当然要经常喂养，有时也不免同它说说话，倾吐一下心声，可征妇偏又说"休共语"，就是说，她既不同喜鹊说话，也不要听喜鹊说话，因为怕喜鹊一开口，她又不由自主地生出希望来。这种行为与心理相矛盾的做法，真实地反映出征妇既对现状感到绝望却又不肯放弃希望的心理。

下片写喜鹊的旁白。"比拟好心来送喜，谁知锁我在金笼里。"

针对上片征妇的抱怨，喜鹊则表达了满腹的委屈。"好心"是喜鹊的初衷，其实它并不知道征夫的消息，但见不得征妇因日日思念征夫而痛苦不堪，宁愿谎报消息，也想博得征妇一笑。只是它没想到好心没好报，征妇非但不领情，反而把它活捉了来，锁在了金笼里面。这里似乎形成了征妇与喜鹊间的对话，但因为上片征妇的"休共语"，使得对话并未达成，喜鹊也只能自说自话了。基于对征妇心理的理解，它似乎并没有怪罪征妇，而是说："欲他征夫早归来，腾身却放我向青云里。"它知道，征妇之痛在于征夫久困沙场，只要他能早日归来，那么就是真正的喜事降临，征妇一高兴，就会把它给放了。喜鹊向往腾身青云的自由，只是这自由要以祝愿达成为条件，喜鹊的祈祷，正道出了征妇的心声。至此，征妇的嗔怪埋怨与喜鹊的善解人意殊途同归，全部都落在了"征夫早归来"的心愿之上。

这首词令人联想到唐代金昌绪的《春怨》："打起黄莺儿，莫教枝上啼。啼时惊妾梦，不得到辽西。"清李锳撰、李兆元补《诗法易简录》评曰："此诗有一气相生之妙，音节清脆可爱。唯梦中得到辽西，则相见无期可知，言外意须微参。不怨在辽西者之不得归，而但怨黄莺之惊梦，乃深于怨者。"不怨征人不归，而怨鸟儿惊梦，相较于直接怨与征人的分离，貌似温柔敦厚，实则其怨更深。《鹊踏枝》也是如此，其妙处全在言外之意。而且，两首诗词中的思妇都因其相似的表现而带有了天真烂漫的娇痴，显得憨态可掬，形象无比可爱。这样的女子，本该在良辰美景中与相爱的人一起赏花逗鸟，无忧无虑地欢快度日，可偏偏得独守空闺，整日寂寞惆怅地长吁短叹，不由人不对她们生出无限的怜惜之情。不过，同样是鸟儿，同样是思妇对鸟儿的不满，只是黄莺鸟不具备与人沟通的能力，所以单纯地因为啼鸣可能会惊醒思妇"到辽西"的美梦而受到责罚，而喜鹊作为报喜鸟，却因中国人对好事发生（在此诗中意味着夫妻团圆）的渴望而成为了一则寓言，由此产生的希望与失望的反复交替，以及希望越大失望也越大的情感的辩证艺术表达，更将《鹊踏枝》中的思妇推向了比《春怨》中的思妇更深的困苦之中。

本雅明在《德国悲剧的起源》一书中提出了寓言理论，依照他的观点，寓言具有破碎性、忧郁性和救赎性。在某种程度上，《雀踏枝》一诗正可用这一理论来加以解读。在本雅明看来，寓言形象的基本图式是"墓地的荒凉无序"[1]，是与具体的社会及其艺术的破碎性紧密联系在一起的表达形式。《雀踏枝》首先通过思妇将喜鹊锁入金笼这一行为体现了表面上的破碎性，而思妇长久与丈夫分离，则构成了隐藏在词深处的真实的破碎感。由此带来了忧郁性和悲剧感，这种悲悼的情绪"既是寓言之源，又是寓言的内容"[2]。同样，这种悲悼也具有显性和隐性两个方面：显性的一面是思妇对喜鹊的误解而带来的喜鹊的冤情，隐性的一面则是思妇与丈夫的长久分离，而进一步地，它也会令人联想到战争频仍这样的大背景带给广大民众的普遍痛苦。但是，"在上帝的世界里寓言家醒了过来"，它会"回来救赎"。[3]在《鹊踏枝》中，这体现在其总是试图用一种光明而乐观的情绪去替代那几乎无解的忧郁情绪。它具有鲜明的民间词创作特点：形式活泼自由，语言简单率意，表达妙趣横生，有种无拘无束的风范在。词中并未直接写征妇心思，而只是写她对喜鹊"谩语"的恼恨，然后借喜鹊之口道出她的真实想法，这种布局看

---

[1] 本雅明著，陈永国译：《德国悲剧的起源》，北京：文化艺术出版社，2001年，第193页。
[2] 同上，第191页。
[3] 同上，第193页。

似是无心之举，实则别具匠心，足见词作者心思之巧妙。而这一切，都建立在喜鹊"欲他征夫早归来"的祈愿之上，这实际上代表了词作者最大的善意，也完成了对之前的破碎性与忧郁性的救赎。

送征衣（今世共你如鱼水）[1]

今世共你如鱼水，是前世因缘[2]。两情准拟过千年[3]。转转计较难[4]，教汝独自孤眠。　每见庭前双飞燕[5]，他家好自然[6]。梦魂往往到君边。心专石也穿[7]，愁甚不团圆。

白话译文

这一世能与你结为夫妻，就如鱼水相伴，这是前一世便已注定的姻缘。我两人浓情蜜意，本以为准定能白头偕老，千年不变。谁想到世事变迁，再盘算也是枉然，你现在只能独自孤枕眠。

常常看见庭前的双飞燕，总羡慕它们真是自由自在，自然而然。我的灵魂常在梦中飞到你的身边。只要心思专一，石头也能凿穿，所以何愁我们不会团圆。

[1] 写卷编号为 S.5643，迻录自任半塘：《敦煌歌辞总编》（上），上海：上海古籍出版社，2006年，第337页。

[2] 因缘：佛教用语，因指产生结果的直接原因，缘指辅助促成其结果的条件，两者合起来促成所谓的"果"，后多指缘分。

[3] 准拟：料想，期望。

[4] 转转（zhuǎn zhuǎn）：渐渐。一说同"辗转"，翻来覆去。计较：计划，商议。

[5] 每见：常见。

[6] 他家：他们，此指双飞燕。自然，指自由自在，不受外界的干扰和约束。

[7] 心专：心思专一。

品　读

托尔斯泰说过："幸福的家庭都是相似的，不幸的家庭各有各的不幸。"这句话常被人奉为至理名言，但是，我们会发现，在曾经战争频仍的过去，不幸的家庭也是那么相似，因为战争无一例外地会带来相爱的人的分离，并因此造成两地相思之苦，如果外出征战的男人战死沙场，它必然又会带来死别之痛。这种不幸的同一性超出了个人的掌控能力，所以我们看到了太多相似的哭诉、相似的悲哀、相似的叹惋。然而，不幸中的万幸是，我们在这相似的悲剧所带来的压抑中，仍能看到一点微茫的希望，这就是敦煌曲子词《送征衣》送来的一份礼物。

《送征衣》上片以快速转换的手法，讲述了夫妻二人从相亲相爱到海誓山盟再到被迫分离的过程。"今世共你如鱼水，是前世因缘"，是写两人的相遇与成婚，诗人把它归于佛教所说的因果之报，仿佛是命中注定。但是，佛教所说的这种因缘决非听天由命便可等来的，是完全出于偶然，因为你需要前世虔诚的祈祷与修行，才能得到今世的短暂相逢，这才是真正的因缘，也即所谓的"百年修得同船渡，千年修得共枕眠"。席慕蓉有首诗说：

如何让你遇见我

在我最美丽的时刻

为这

我已在佛前求了五百年

求佛让我们结一段尘缘

佛于是把我化做一棵树

长在你必经的路旁

阳光下

慎重地开满了花

朵朵都是我前世的盼望[1]

所以哪里有不费吹灰之力的好姻缘，词作者需要多么地努力，才能换来如今的鱼水之欢。"如鱼水"之语同样看似平常，却把婚姻带来的欢畅喜悦与难舍难分的情感充分表达了出来。也正因为如此，所以才会有"两情准拟过千年"的期盼。谁在浓情蜜意的爱情中不希望它能永永远远长久不变呢？"准拟"是在表达希望，却显得十分笃定，"过千年"的愿望相较于"要休且待青山烂"的誓言已显得十分收敛，可是，千算万算，哪里能够想得到，现实如此轻易地便击碎了幻想，真是"转转计较难"。"转转"二字，类同于"辗转"，但更具通俗性，把一个女子对于爱情前景的反反复复、兜兜转转、千思万想的盘算过程形象道出，而一个"难"字，则把她所有的努力一举否定掉了。现实是："教汝独自孤眠。"一个"汝"字，写出了女主人公的温柔体贴来，因为她不是从自我的角度来说自己的孤枕难眠，却在怜惜地说，你在边地，在没有我的陪伴下，要那么孤单地度过漫漫长夜。若没有起句的"共你如鱼水"，现在的"独自孤眠"怕也没有那么难熬吧，这种前后对比，才实在令人痛苦。

"每见庭前双飞燕，他家好自然"是此词中最出彩的句子。在词人眼中，庭前燕子双宿双飞，更反映了词人的孤孤单单，而"他家好自然"一句，将燕子那不受外物干扰和约束的自由自在状态呈现出来，羡慕之情溢于言表。"好"字率口而出，无任何修饰，却是真正发自内心的情感表达。我们读到过太多的描写双飞燕的诗句，如《古诗十九首》之"思为双飞燕，衔泥巢君屋"（《东城高且长》)，如晏几道之"落花人独立，微雨燕双飞"（《临江仙》），再如史达祖《双双燕·咏燕》之"差池欲住，试入旧巢相并。还相雕梁藻井，又软语、商量不定"，无一不妙，可是，相比于这首《送征衣》中的这两句，我们得用词人自己的话来夸一句："他家好自然"！"自然"是词人眼中双飞燕的状态，它们的无拘无束羡煞词人，但词人仿佛也并不只有羡慕，因为她的灵魂也是自由的，所以可以"梦魂往往至君边"。前文有"教汝独自孤眠"的怜惜，这里便有梦魂与君相伴的抚慰。"往往"是经常，也就是说，词人常常做梦梦见丈夫，其思念之深也就不言而喻。李白诗云"天长路远魂飞苦，梦魂不到关山难"（《长相思》其一），说征人所在的地方实在太过遥远，甚至连梦魂都无法飞至，若如此，则《送征人》中的"梦魂往往至君边"不知是付出了何等的努力。但努力一定是值得的，因为词人说："心专石也穿，愁甚不团圆。"她的情绪突然变得乐观起来，认为正如只要心思专一，连石头也能被凿穿那样，只要她一心一意地思念着丈夫，一心一意地祈祷两人的团聚，那么团聚的一天就终将到来。她不去想战争带来的不好的结果，而宁愿认为丈夫必将凯旋。这种乐观是在安慰丈夫，也是在自我安慰，也令作为读者的我们心情开朗起来。值得一提的是，这里的"心专石也穿"也是一句俗语，如唐张𬬳所作传奇《游仙窟》中说："张郎心专，赋诗大有道理。俗谚曰：'心欲专，凿石穿。'诚能思之，何远之有？"词作者很好地化用了"心欲专，凿石穿"这一谚语，这种做法很难在文人词中见到，也再次体现了本词语言淳朴通俗的特色。

孔子在评价《诗经·关雎》这首诗时说："《关雎》乐而不淫，哀而不伤。"给予了它极高的评价。《关雎》出自国风，是来自周南的民歌，而《送征衣》同样出自民间，可以说同样配得上"乐而不淫、哀而不伤"的评价。它描述夫妇之乐时，说他们"如鱼水"，甚至说"两情准拟过千年"，却又不出人之常情。它叹惜"转转计较难，教汝独自眠"，羡慕"庭前双飞燕，他家好自然"，表达了对于夫妻分离的一丝哀怨，但"心专石也穿，愁甚不团圆"则将精神提振起来，以乐观取代了本要沦入的极度悲伤。这种中和的态度表现出普通人的一种健康心理，而"心专石也穿"句则代表了潘多拉魔盒里面那最后的礼物——希望。

珠泪纷纷湿绮罗[1]，少年公子负恩多[2]。当初姊姊分明道[3]：莫把真心过与他[4]。子细思量着[5]，淡薄知闻解好么[6]？

白话译文

珍珠般的眼泪纷纷落下，打湿了华贵的罗衫，只因为那少年公子背弃了我的一番情意。想当初姊姊明明告诉过我：不要对他付出真心。仔细想一想，薄情之人怎能理解真心之好？

品　读

此词以第一叙事者的口吻写女子失恋时的心理。首句"珠泪纷纷湿绮罗"，推出哀伤落泪的女子形象，下句解释原因："少年公子负恩多。"那年轻的公子原来是个薄情之人，轻易地便变了心。"多"字说明，男子的"负恩"之举屡屡发生，已到了令人无法忍耐的地步，也说明女子的伤心日积月累，层层加重。"当初姊

---

[1]　绮罗：华贵的丝织衣裙。

[2]　负恩：辜负恩情。

[3]　姊姊：同行姊妹中年纪较长者。

[4]　过与：付予，交付给。

[5]　子细：同"仔细"。

[6]　淡薄：薄情。知闻：结交，朋友。解好么：犹言能知道人的好心吗？

姊分明道：莫把真心过与他。""姊姊"是同行姊妹中的年长者，显然是有经验的人，能够清楚地洞察男子的真实想法，所以曾发出清楚的警告，让女子不要对那位少年公子交付真心。但沉溺在爱情之中的女子显然并没有接受她的警告，而是一味地付出了"真心"。两句词中写了三个人，记叙了一段反复纠结的过程，体现了女子对当初自己不听劝告的懊悔之情，反衬出词中女子曾经的天真无邪和用情至深。"子细思量着，淡薄知闻解好么？"写女子的反思：薄情之人怎会领略别人的一片痴心。

在敦煌词中，有不少写妓女错付深情、惨遭男子抛弃的作品。如《云谣集》所收《柳青娘》（其一）：

> 青丝髻绾脸边芳，淡红衫子掩酥胸，出门斜捻同心弄。意恛惶，故使横波认玉郎。　　叵耐不知何处去，教人几度挂罗裳。待得归来须共语，情转伤，断却妆楼伴小娘。

此词写了一个身为女伎的女子的一天：白日的深情等待，夜晚的数番探看，换来的是"玉郎"的"断却妆楼伴小娘"，也就是说，他并没有来到女子的住处与之相会，而是去陪伴另一位年轻美貌的歌伎去了。"断却"二字显得不由分说，毫无牵挂，见出男子之薄情寡义，更使女子的"情转伤"显得那么不值。女子一天的等待，就这样在男子"伴小娘"的举动中结束了，女子的"情转伤"后面，不知埋藏着多少痛苦和幽怨，却似乎都无从申说了。

再如《喜秋天》（其一）：

> 潘郎妄语多，夜夜道来过。赚妾更深独弄琴，弹

尽相思破。　　寂寞更深坐，泪滴浓烟翠。何处贪欢

醉不归？羞向鸳衾睡。

　　词中的"潘郎"显然也是一位薄倖郎，他满口谎言，总是欺骗女子说要来看她。女子明知他说的是"妄语"，而且是说了一遍又一遍，可痴情的她还是心甘情愿地相信他的话。"赚妾更深独弄琴"，既然潘郎的妄语是"夜夜道来过"，则女子更深弄琴之事也是夜夜发生，"弹尽相思破"，语带双关，一指弹奏相思曲至结束，一指心意破碎。由此我们分明看出，词中人物，女子一往情深，男子却薄情寡义，女子天真单纯，男子却是情场高手。女子并非不知道男子在说谎，却抱着侥幸的态度，心甘情愿地夜夜等待，其陷入情感而不能自拔之状，都在"弹尽相思破"一句中。弹尽相思曲，男子仍未前来，女子仍在等候，"寂寞更深坐，泪滴浓烟翠"，夜深人静之时，女子终于绝望地流下眼泪，泪水落在熏香之上，激起一缕绿色的浓烟。可就连香也能领略人情，对女子之泪有所回应，而那薄情的男子又在哪里呢？"何处贪欢醉不归？"说明女子清楚地知道，他是在外寻欢，饮酒作乐，只不过说不清地点罢了，可她仍是"羞向鸳衾睡"，因为锦被上的鸳鸯鸟成双成对，双栖双宿，对比自身的形单影只，只能让她更觉寂寞，怕也更加难以成眠。

　　很显然，《柳青娘》（其一）中的"玉郎"，《喜秋天》（其一）中的"潘郎"，都如《抛球乐》（其一）中的"少年公子"那样，"负恩多"。然而，诸词中的女子都是那么一往情深，虽珠泪扑簌，却依旧痴痴等待，让人深感感情世界中的不平等所带来的痛苦。这令人想到唐传奇《霍小玉传》中的霍小玉，她明知自己妓女的身份使她不可能与才子李益有结合的可能，所以将希望降至最低，

只求与李益有八年的相伴时光，之后任其另娶高门女子，自己则决心削发为尼。李益虽然信誓旦旦，却很快在母亲的安排下与大姓女子定婚，抛弃了小玉，致使她相思成疾，一命呜呼。还有《警世通言》之《杜十娘怒沉百宝箱》中的杜十娘，她一心一意地爱着李甲，并出资让李甲为自己赎身，怀着美好的希望与李甲一起回家，却不承想李甲在旁人的挑唆与金钱的诱惑之下将其转卖，致使她抱着自己的百宝箱跳水自尽。所有这些女子的悲剧都与她们低贱的身份不无关联，也与社会上男女不平等的现实密切相关，所以尽管她们大胆地追求爱情，也有可能使少年公子一时为之"断肠"，与她们相爱，可到头来，她们最终都会被抛弃，而且因为她们的身份地位，在被抛弃后还没有资格去争长论短，眼睁睁地看着男子"负恩多"却无能为力。

此词中"姊姊"的角色颇令人玩味。关汉卿的杂剧《赵盼儿风月救风尘》中，也有一位缺乏经验的风尘女子赵引章，她一心想嫁"酒肉场中三十载，花星整照二十年，一生不识柴米价，只少花钱共酒钱"的浮浪子弟周舍，当她的"八拜交的姐姐"赵盼儿问她为什么要嫁周舍时，她的回答是："一年四季，夏天我好的一觉酣睡，他替你妹子打着扇；冬天替你妹子温的铺盖儿暖了，着你妹子歇息。但你妹子那里人情去，穿的那一套衣服，戴的那一副头面，替你妹子提领系、整钗镮。只为他这等知重你妹子，因此上一心要嫁他。"而深谙世事、为人老道的赵盼儿却将周舍的这些表面功夫一眼识破，告诉引章："你道这子弟情肠甜似蜜，但娶到他家里，多无半载周年相弃掷，早努牙突嘴，拳椎脚踢，打的你哭啼啼。"事实则完全证明了赵盼儿的预言。赵盼儿正好似《抛球乐》中的那位"姊姊"，她曾劝词中的女主人公"莫把真心过于他"，可这女子偏像赵引章那样不顾一切地付出了真心。

只不过，赵引章有赵盼儿相救，而词中的女子的命运则只能靠自己去挣扎了。好在她经过"子细思量着"，也意识到了少年公子不过是"淡薄知闻"，他既不能了解一颗真心的可贵，也不值得女子的一往情深。不难知道，词中的这个曾经执着地付出真心的女子，也将成长为"姊姊"那样的成熟女子，对"少年公子"或"淡薄知闻"保持警惕，不再轻易付出真情。然而，这种成长故事是多么令人伤心！

此词用语通俗，但意味深长。如"当初姊姊分明道：莫把真心过与他"句，几乎是以平常话入词，却写尽过去、现在和未来故事。这种以不加修饰的直白语言表现真情的写作方式，要么是因为作者技巧高超，要么是出自真情实感的流露。从词的内容来看，显然后者更具可能性，是遭受背叛的风尘女子的真实心理写照。

放妻书[1]

盖说夫妇之缘[2]，恩深义重。论谈共被之因[3]，结誓幽远[4]。凡为夫妻之因，前世三生结缘，始配今生夫妇。若结缘不合，比是怨家[5]，故来相对。妻则一言数口[6]，夫则眅木（目）生嫌[7]。似猫鼠相憎，如狼犬一处。既以二心不同，难归一意，快会及诸亲，各还本道[8]。愿妻娘子相离之后，重梳蝉鬓[9]，美扫娥媚（眉），巧逞窈窕之姿[10]，选聘高官之主[11]。解怨释结[12]，更莫相憎；一别两宽[13]，各生欢喜。

[1]　写本编号为 S.0343V，原题为《某专甲谨立放妻手书》，录文参见唐耕耦、陆宏基编：《敦煌社会经济文献真迹释录》（第二辑），北京：全国图书馆文献微缩复制中心，1990 年，第 161 页；沙知：《敦煌契约文书辑校》，南京：江苏古籍出版社，1998 年，第 475 页。

[2]　盖：用于句首，表示后面要发表议论。

[3]　共被：共盖一床被子。

[4]　结誓：缔结婚姻，誓言长久。

[5]　比：本来。怨家：即冤家。

[6]　一言数口：形容争吵抱怨个不停。

[7]　眅（pān）目：翻白眼。清顾张思《土风录》卷七："目皮向上曰眅眼。案《说文》'眅'注：'多白眼也。'《六书故》：'反目貌。'则宋世已有此谓。本音扳。《广韵》又音上声，注：'目中白貌。'"

[8]　各还本道：各自回归原有的道路，即各走各路。

[9]　蝉鬓：古代妇女的发饰之一，因鬓发薄如蝉翼、乌黑光润如蝉身而得名。

[10]　逞：施展。窈窕：艳冶动人之状。

[11]　高官之主：做高官的丈夫。

[12]　解怨：开解怨忿。释结：打开心结。

[13]　一别两宽：分别之后，各自宽怀。

白话译文

说起夫妇两人的缘分，通常恩情深厚，情义深重。论及同床共枕的因由，则婚姻的缔结要追溯到极远的时候。大凡两人能够成为夫妻，是在前世三生就结下了缘分，这一世才会配为夫妇。若是结了缘却不能和睦相处，就说明大家前世本是冤家，所以今生又来相互对峙。妻子听到丈夫说出一句话，就会喋喋不休地反唇相讥；丈夫一看到妻子，就翻起白眼，心生嫌隙。两人就好似猫和老鼠般相互憎恨，又如狼和狗共处一室。既然两人各怀二心，难以同心同德，那就赶快召集各自的亲属，商议分手之事，各走各的道路。祝愿我妻在与我分开之后，重新梳起薄如蝉翼的黑亮鬓发，画上又细又弯的漂亮眉毛，巧灵地展示自己纤细美丽的身姿，最终选择嫁一个身为高官的丈夫。我们两人从此放下怨恨，打开心结，不再相互憎恨，分别之后，各自宽怀，带着重新生出的欢喜之情继续生活下去。

品　读

　　《放妻书》是古代离婚契约文书，反映了古代婚姻中的"和离""两愿离"制度，即夫妇在自愿离婚的基础上，签订契约，和平分手。敦煌《放妻书》共十余件，多收录于沙知的《敦煌契约文书辑校》[1]和唐耕耦、陆宏基的《敦煌社会经济文献真迹释录》（第二辑）[2]中，有"放妻书""放妻手书""夫妻相别书""女

---

[1]　沙知：《敦煌契约文书辑校》，南京：江苏古籍出版社，1998年。
[2]　唐耕耦、陆宏基编：《敦煌社会经济文献真迹释录》（第二辑），北京：全国图书馆文献微缩复制中心，1990年。

人及丈夫手书"等不同的称谓，在此我们统称为"放妻书"。此处抄录的是 S.0343 背面的《某专甲谨立放妻手书》。

人们印象中的离婚契约文书通常是严肃而理性的，因为它涉及法律问题，涉及子女抚养、财产分割问题，尤其是现代人的离婚协议，完全遵循既定的格式，平铺直叙地就事论事，不会给浪漫的回忆和对未来的美好畅想留下任何空间。但敦煌发现的《放妻书》却推翻了我们的这种刻板印象，让人们在为婚姻的结束叹息之余，仍能感受到一抹人世的温情，并且还能从原本一板一眼的契约中读出美感来，可以说，这完全超出了一般人的想象。

古话说，百年修得同船渡，千年修得共枕眠，本《放妻书》起笔即写的是男女因宿世的因缘才得以结合，能够同床共枕，双宿双飞："盖说夫妇之缘，恩深义重。论谈共被之因，结誓幽远。凡为夫妻之因，前世三生结缘，始配今生夫妇。"这种以讨论夫妻缘分开头的做法是敦煌各《放妻书》的普遍程式。如 S.6537V2《放妻书》云："盖闻夫妇之礼，是宿世之因，累劫共修，今得缘会。"缘分来之不易，所以结为夫妻之后，就当"恩深义重"，相亲相爱。有关理想的夫妻生活的描述，在我们选读的这篇《放妻书》中虽无具体描述，但在其他类似文书中则有颇具诗意的想象。如"夫妻相对，恰似鸳鸯双飞，并膝花颜，共坐两德之美。恩爱极重，二体一心。生同床枕于寝间，死同棺椁于坟下"（S.6537V1）将夫妇比作鸳鸯与并蒂之花，生则同寝，死则同椁；"盖闻托盘上食，昔说梁鸿之妻；把笔画眉，今传张敞之妇"（S.6417V）用梁鸿妻以"举案齐眉"的方式敬奉丈夫和张敞为妻子画眉的典故，说明夫妻应当互敬互爱，甜甜蜜蜜。还有的更将两人的甜蜜生活延伸到整个家族："一从结契，要尽百年，如鱼如水，同欢终日。生男满十，并受公卿，生女柔容，温和内外。六亲欢美，远近似父子之恩；九族邕怡，四时如不憎更改。奉上有谦恭之道，恤下无党无偏。家饶不尽之财，妯娌称长延之乐。"（S.6537V2）也就是说，不但夫妻相处如鱼得水，终日同欢，生儿育女，携手百年，而且整个家族都能和睦相处，其乐融融。这样的生活，无疑是每个走进婚姻的人都会向往的，所以到了近代，张爱玲与胡兰成的婚书上会写："愿岁月静好，现世安稳。"

可是，一如张爱玲与胡兰成的婚姻在种种不堪中的黯然收场，很多人的婚姻也不能如意，"若结缘不合，比是怨家，故来相对。妻则一言数口，夫则贩目生嫌"。缘有吉缘，亦有恶缘，前生若是冤家，今生即使结为夫妇，也会争吵不休。这几句给我们勾勒出再日常不过的夫妻吵闹的画面：丈夫一言刚一出口，妻子就以十句话加以反驳，哭闹不休，丈夫也是见到妻子就直翻白眼，将之视为眼中钉肉中刺，于是两人互不相让，"似猫鼠相憎，如狼犬一处"。同样，在其他放妻文书中，亦有夫妻不睦及其后果的具体描写。如"不悦鼓瑟，六亲聚而咸怨，邻里见而含恨""二人意隔，大小不安。更若连流，家业破散，颠铛损却，至见宿活不残。擎螯筑瓮，便招困弊之苦。男饥耕种，衣结百穿；女寒绩麻，怨心在内。夫若举口，妇便生嗔；妇欲发言，夫则捻棒。相曾（憎）终日，甚时得见饭饱衣全？意隔累年，五亲何得团会？"（S.6537V2）可以想见，当夫妇争吵激烈到摔锅砸碗、动手互殴的程度时，自然不会相互体恤，相互照顾，结果就连吃饱穿暖都成了奢望，家哪里还能称之为家了。而且夫妇不睦不只是两个人之间的事，还会带累整个家族，亲戚邻里见了面，也因各自的立场不同而变得横眉冷对，怨声载道。《放妻书》之所以要进行这样的刻画，其实是在叙述离婚的原因，说明这已闹得乌烟瘴气的婚姻变得只有坏处，没有好处，实在没有存续下去的必要了，所

青山烂，黄河枯：敦煌文书里的纸短情长

以应当"快会及诸亲，各还本道"。

"快会及诸亲"一语，表明离婚不只是两个人的事，而且是两个家庭乃至家族的事，要在家人亲戚的见证之下才能走完全部程序。几乎敦煌所有放妻书中都会提及这一程序。如"缘业不遂，见此分离。聚会二亲，以俱一别"（S.6537V1）；"今请两家父母，六亲眷属，故勒手书，千万永别"（S.6537V2）；"今对两家六亲眷属，团坐亭腾商量，当便相别分离"（P.3212V）。双方亲友的聚会、商量，表明大家对待离婚这件事的慎重与接受，当然也要就相关问题进行协商。不过，现代社会的离婚协议中，财产分割是最为关键的问题之一，而敦煌放妻书却并不把这当作一个重点讨论对象，如在我们所品读的这个文本以及大多数文本中，都根本没有提及这一事项，个别文本虽有提及，也是一笔带过，如"所要活业，任意分将，奴婢驱驰，几□不勤。……两共取稳，各自分离，更无□期，一言名定。"（S.6537V2）这显然是一种较为理想化的处理方式，大家"任意"地分取财产和奴婢，也就是说，在尊重各自愿望的基础上进行财产的合理分割，反倒没了婚姻存续时的那种歇斯底里、剑拔弩张。也正是因为如此，两人在好聚好散之后，还能给予彼此美好的祝福。

本《放妻书》的结语最令人动容："愿妻娘子相离之后，重梳蝉鬓，美扫娥眉，巧逞窈窕之姿，选聘高官之主。解怨释结，更莫相憎；一别两宽，各生欢喜。"这段文字表现了古人温柔敦厚的一面。它显然是以男子的口吻写就的，这位男子在放开妻子之手的同时，显然也放下了之前的一切恩恩怨怨。这时，他似乎想起了初见妻子时的情形：她曾经黑发如云，眉目如画，身姿窈窕，艳冶动人。可是，不幸的婚姻生活消解了她的美貌，她也似乎忘记了梳妆打扮，变得蓬头垢面，难入人眼。这种回忆与现实的对比无疑使丈夫心怀愧疚，他真诚地希望即将离去的妻子能放下心结，重拾快乐，像少女时那样从容梳妆，精致打扮，恢复那曾令他一见倾心的美貌，进而做出新的选择，嫁给一个家业丰厚、前途无量的新丈夫，从此过上更加幸福的生活。而在放下了妻子的同时，男子也变得释怀，"一别两宽，各生欢喜"，既是对妻子的祝福，也是对自己未来生活的祝愿。其他敦煌放妻书中亦有类似表达，却均不似这两句这样，能以如此简单质朴的文字，将对彼此的祝愿和对未来的期许写得如此心平气和而又动人心弦。

也许我们多少会对古人有些误会，以为身处封建社会的他们，受到三纲五常伦理道德的钳制，必定强调男权，贬抑女子，无一例外地要求一女不事二夫，除非男子以"七出"之由抛弃妻子，婚后的女子即使生活在水深火热之中，也必须从一而终，无法逃离令她厌恶的婚姻的牢笼。可是，我们常常忘却了古人有情有义的一面，忘却了他们将温柔敦厚当作诗文之灵魂的强调，也忘却了他们面对生活时的大智慧。其实，很多朝代都有明文规定，不和谐的婚姻是可以合法解除的。如汉代："夫妇之道，有义则合，无义则离。"[1] 唐代："若夫妇不相安谐，谓彼此情不相得，两愿离者，不坐。"[2]《宋刑统》亦云："若夫妻不相安谐而和离者，不坐。"[3] 所谓"不坐"，即不会受到法律处罚。冷冰冰的法律条文尚且如此，活生生的人岂会无情无义地坐视不幸的婚姻生活于不顾，宁愿以残酷的方式折磨彼此，也不愿放过彼此，去过更好的生活。S.6537V2 的《放妻书》中写到夫妻异心时打比喻说："干沙握合，永无此期；羊虎同心，一向陈话美词。"手握干沙是对

---

[1] ［汉］班固：《汉书》卷 81《孔光传》，北京：中华书局，1962 年，第 3355 页。

[2] ［唐］长孙无忌等撰：《唐律疏议》卷 22《户婚律》，北京：中华书局，1983 年，第 268 页。

[3] ［宋］窦仪：《宋刑统》卷 14《和娶人妻》，北京：中华书局，1984 年，第 1502 页。

不幸婚姻的最精彩的比喻：你想牢牢地抓着婚姻不放，反而像手握干沙，握得越紧，沙子流失得就越快，到头来你将一无所有；同样，文中的夫妻也不相信传说中的"羊虎同心"，因为这违背了自然规律，几乎是对现实的一种戏谑嘲讽。

现代社会相较于古代要更加开放和文明，而这在某种程度上也反映在对离婚的态度方面。进入 21 世纪，随着我国经济的发展和改革开放的深入，人们的婚姻观念也不断发生变化，离婚率逐年上升，"从 2000 年的 0.96‰ 上升到 2020 年的 3.1‰，但 2021 年由于开始实施离婚冷静期，离婚率下降到 2.0‰"[1]。而在这些年里，女方起诉的离婚案件居多，其原因是，"随着社会的发展，女性的社会地位和经济地位得到了不断的提高和上升，以及法律意识的增强，使得女性有了勇气摆脱封建婚姻的束缚，追求自己幸福的婚姻生活。因此，当女性觉得自己的婚姻生活存在问题，不够幸福等等，她们就会起诉离婚，从这点来看，离婚率的增高也反映了社会的进步。"[2] 人们结婚是为了人生的圆满与幸福，离婚是为了摆脱不幸福的婚姻带来的痛苦与折磨，在这一点上，我们与古人没有任何区别。既然如此，真希望所有那些面对离婚的人们也能够像《放妻书》中的夫妻那样，心平气和地面对问题、解决问题，并在婚姻结束时，轻声地彼此祝愿一句：一别两宽，各生欢喜。

[1]　郑荣翔：《2023 中国婚姻家庭报告》，https://k.sina.cn/article_1909090555_71ca68fb00101 m8l1.html?from=mood，访问日期：2024 年 4 月 3 日。

[2]　路蓉：《离婚率持续增高的原因调查及法理分析》，https://www.chinacourt.org/article/ detail/2014/10/id/1466783.shtml，访问日期：2024 年 4 月 3 日。

朱薇的信^[1]

青山烂，黄河枯：敦煌文书里的纸短情长

　　我屈下膝来，像对待神明那样，向（我的）尊贵的主人（和）丈夫那奈德送上祝福（并）致以敬意。也许有人会看到你，见你健康、快乐（且）无病无灾，亲朋在侧，一人不少，对于此人来说，这（将是个）其乐融融的日子；同样，先生，当我听到你健康无恙（的消息）时，我觉得自己亦将长生不老！

　　瞧啊，我活得……很糟糕，很不好，很凄惨，简直生不如死。我一次又一次地给你写信，（却）从未收到你的只字片语，我对你已经不抱希望。我的不幸在于，拜你所赐，我在敦煌一住三年，虽有一次、两次乃至三番五次的机会离开，但他（！）拒绝带我出去。我曾恳请萨宝，为了我的缘故，（应该给予）法克汉德（Farnkhund）资助，以便他可以把我带到（我的）丈夫那里，我也就不会被困在敦煌，动弹不得，（因为）法克汉德说：我不是那奈德的仆人，我也没掌握他的资财。我也提出过这样的恳求：若他拒绝带我去找（我的）丈夫，那么……惠及我的这种资助则可能会让他带我去找（我的）母亲。萨宝说：在敦煌这里，没有比阿迪文（Artivan）更近的亲戚

---

[1]　此信为斯坦因在编号 T.XII.a 的长城烽燧下发现的八封"粟特文古信札"之一，由 Ursula Sims-Williams（乌苏拉·辛维廉）从粟特文翻译为英文，笔者在参考了一些相关研究的基础上，将之译为中文。英译本见 https://depts.washington.edu/silkroad/texts/sogdlet.html，访问日期：2024 年 3 月 24 日。

了，（可）阿迪文（说）:法克汉德……无论如何……为你去做。假如（？）我（？）没有保障，没有保护，我的父亲……我已变成了……不……我此外还能得到多少……自我的父亲，假如……中国人的奴婢！一个自由的男子……他发现……而且……保持（他的）衣物完好无损（？）。你在……写下了（你）对我的种种吩咐……所以我将要……你和我应该知道如何思考，如果我不……你，那么你就给我写信，以便让我知道该如何服侍中国人。在我父亲的家里，我不曾有过这样一种束手束脚的……如同与你在一起（？）时一样。我听从了你的命令（原话是：把你的命令顶在脑袋上）来到敦煌，而将（我）母亲和（我）兄弟们的叮咛忘在脑后。毫无疑问（？），在我对你言听计从的那一天，众神对我怒不可遏！我宁愿嫁给猪狗，也不愿当你的妻子！于我而言……

寄自（你的）奴婢米薇。书于三月十日。

（他的）女儿莎恩致尊贵的主人那奈德，送上祝福（并）致以敬意。也许有人会看到你健康、放松（且）快乐，那对于此人来说，这（将是个）其乐融融的日子……我已变成了……我照看着一群家畜。与你不同的是，我有一个……，而……离开了。我是……我知道你不缺二十个金币（？），可以给我们寄来。很有必要考虑整个（事体）。法克汉德逃走了，中国人到处寻找他，但没有找到。由于法克汉德欠钱不还，我，连同（我的）母亲，我们已沦为中国人的奴婢。

品　读

　　1907 年，英国探险家斯坦因在敦煌附近的长城烽燧（编号 T.XII.a）下发现了一包粟特文邮件，这包邮件共八封，被统称为"粟特文古信札"，其写作时间大概在 3 至 4 世纪。这其中的 1 号信件和 3 号信件都出自一个名为米薇(Miwnay)的粟特女子之手。她在敦煌这个异国他乡，在困苦绝望之下，向母亲和丈夫分别写了一封信，诉说自己无依无靠的凄苦窘境，而那句"我宁愿嫁给猪狗，也不愿当你的妻子！"的话语，可说是道尽了一个女子在对丈夫失望至极后的辛酸无奈。

　　米薇是个什么样的人呢？她首先是个粟特人。粟特人是原本居于今乌兹别克斯坦及邻近地区的泽拉夫珊河流域的索格底亚那（Sogdiana，即粟特）的一个古老民族。粟特人善于经商，"被形容为'为饥饿而奔走的民族'，或者是'仅仅为了要多赚一点点而心甘情愿跑到世界尽头，甚至于穷困到大部分时间只能以植物饱餐'"[1]。也正因为如此，粟特人很早就踏上了中国的土地，是丝绸之路上的主力军。进入汉地的粟特人通常以国为姓，也称"昭武九姓"或"九姓胡"，如唐朝安禄山的安姓，即是九姓胡之一，而其中也包括米姓。当然，米薇的名字是音译，她是否是米国人，我们无从知晓。米薇在信中说："我的不幸在于，拜你所赐，我

---

[1] 丁爱博（Albert E.DIEN）著，王嘉佳译：《帕尔米拉的商队及商队首领》，载于《法国汉学》丛书委员会编：《粟特人在中国：历史、考古、语言的新探索》，北京：中华书局，2005 年，第 88 页。

在敦煌一住三年""我听从了你的命令（原话是：把你的命令顶在脑袋上）来到敦煌"，很显然，她是跟随丈夫背井离乡来到敦煌的，而她丈夫来敦煌是为了经商。

米薇有多重身份。首先，她很可能有着高贵的出身。在她的原生家庭中，她有父母，有兄弟。在给那奈德的信中，她提到自己的父亲在她没有保障、没有保护的时候可能会出面保护她，"一个自由的男子"一句似乎就是指他的父亲。而自由人意味着，她的家庭可能是贵族。[1] 从米薇能够写信这一点来看，她受到过非常良好的教育。她在信中还提到了母亲和兄弟，在她跟随那奈德前往敦煌时，他们都对她的决定提出过反对意见，但米薇"将（我）母亲和（我）兄弟们的叮咛忘在脑后"。这里有必要抄录一下米薇写给母亲的信，即"粟特文古信札"之 1 号信件[2]：

> 寄自（她的）女儿，自由民米薇，向（她）亲爱的（母亲）蔡特思（Chatis），致以祝福（和）敬意。对于可能（看到）您身体健康（并且）心情愉快的人来说，（将）是愉快的一天，而对于（我来说），当我们能够亲自见到您身体（健康），（那将是）我最美好的一天。我心急火燎地想见到您，（但）毫无希望。
>
> 我一再向萨宝萨格哈拉克（Sagha（ra）k）求助，

---

[1] CHEN Meicheng.Sogdian Diasporic Women's Autonomy and Limitations: Case Study of Triple Identities of Miwnay.*Psychology Research*, February 2022, Vol.12, No.2, pp 81—86.

[2] *The Silk Road: Trade, travel, war and faith*（ed.S.Whitfield with U.Sims-Williams），London, 2004, pp.248-9. 此信的录文根据尼古拉斯·辛维廉（Nicholas Sims-Williams）著，Emma Wu（艾玛·吴）译《粟特文古信札新刊本的进展》中的翻译抄录（载于《法国汉学》丛书委员会编：《粟特人在中国：历史、考古、语言的新探索》，北京：中华书局，2005 年，第 79 页），但将其中的"市政委员"改为了"萨宝"。

（但）他说：在这里，那奈德没有比阿迪文关系更近的其他（亲戚）了。我请求阿迪文，（但）他说：法克汉德（是）'xšnγβnt，因此我拒绝了（他的）催促，我拒绝了……法克汉德说：如果（你）丈夫的亲戚（指阿迪文）不同意你回到你母亲身边，我怎么能带你去呢？等待……到来吧；也许那奈德会来的。

我生活得很惨，没有衣服，没有金钱；我想借钱，（但是）没有人肯借（钱）给我，（所以）我依靠寺庙僧侣的（？）施舍（？）。（他对我说）如果你走，我会给你一匹骆驼，一名男子将（陪同你）前往，一路上我会好好照（顾）你的。在读到你的来信之前，但愿他（？）能为我这样做。

在给母亲的信中，米薇称自己为自由民，这也意味着，米薇非常以自己的身份为傲，即使是给母亲写信，她也要强调这一身份。她的母亲蔡特思显然仍住在粟特故国，米薇千方百计地想要回到母亲的身边。她在给那奈德的信中说："若他拒绝带我去找（我的）丈夫，那么……惠及我的这种资助则可能会让他带我去找（我的）母亲。"在给母亲的信中则说："我心急火燎地想见到您。"回到母亲身边，也就意味着回到了家乡，获得了保护。

米薇的另一身份是人妻。她不顾母亲和兄弟们的反对，不但嫁给了那奈德，还与他远行至敦煌。根据粟特人的法律，在女子出嫁之后，她的丈夫对其有监护的责任，也有照顾的义务，要对妻子"相敬如宾，（为她提供）食物、衣物和饰品，尊敬爱护她，如一位夫人在她自己家里掌握权力，这是一位绅士对待自己的妻子，当其为贵妇的方式""丈夫有义务给予她和孩子（们）抚养费，以满足妻儿日常基本开销。丈夫可赠送贵重物品给妻子，但不能减少维持妻子日常生活所需的抚养费。"[1] 然而，米薇的丈夫那奈德并没有依照法律规定行事，到敦煌后，他去了别处经商，从此杳无音信。米薇说："我一次又一次地给你写信，（却）从未收到你的只字片语，我对你已经不抱希望。"那奈德为什么不回米薇的信？首先，从信件里提及的其他人的表述看，可以排除他死亡的可能性。那么，是他太忙了？可即使他再忙，也总要给妻女寄钱养家吧？然而他并没有。那么是他已另有新欢？完全有这个可能。因为在被阿拉伯征服前，粟特地区实行的是"一夫多妻"制，而且起码有正室（嫡配）、偏房和妍居三种形式[2]。而丈夫另结新欢，将原配妻子置于脑后的情况，在中古社会可谓屡见不鲜。另外，从米薇的信中可以看出，她在嫁给那奈德以及跟随他来敦煌这件事上是遭到过母亲的反对的，那奈德及其亲戚阿迪文与米薇母亲之间可能也因此互有芥蒂。所以当米薇想让法克汉德带她回到母亲身边去时，他说："如果（你）丈夫的亲戚（指阿迪文）不同意你回到你母亲身边，我怎么能带你去呢？"可是，对丈夫大失所望或者被丈夫抛弃的女子，除了回娘家，还能往哪里去呢？

米薇与那奈德生有一女莎恩，所以她又是一位母亲。那奈德离开后，米薇母女俩在敦煌相依为命。莎恩小小年纪就被迫干活，在米薇信的一角，莎恩写道："我照看着一群家畜。"而从母女俩的信件来看，她们最终共同沦为了奴婢。

米薇的信件中还提及了几个人。一个是萨宝，根据研究，萨

---

[1] 张小贵：《中古粟特女性法律地位考论——穆格山粟特文婚约研究之一》，载林悟殊主编：《脱俗求真 蔡鸿生教授九十诞辰纪念文集》，第378、379页。
[2] 蔡鸿生：《唐代九姓胡礼俗丛考》，载蔡鸿生：《中外交流史事考述》，郑州：大象出版社，2007年，第31页。

宝"意为商队的首领或者商主，是对这些在华粟特聚落首领的称呼"[1]。因此，米薇在遇到困难时会向萨宝提出请求。一个是法克汉德，他有可能是那奈德的经商伙伴，是米薇在身陷困境时的第一个求助对象，但他以"我不是那奈德的仆人，我也没掌握他的资财"为由，拒绝了米薇的苦苦哀求，使得米薇不得不向萨宝提出请求，为了自己的缘故，给予法克汉德以经济资助，但即使如此，法克汉德仍让米薇"等待"，因为"也许那奈德会来的"。而根据米薇女儿莎恩的附语可知，正是法克汉德的欠钱不还，使她们背负了二十金币的债务，以致沦为了奴婢。还有一个人是那奈德的亲戚阿迪文，3号书信提及他的地方是："萨宝说：在敦煌这里，没有比阿迪文（Artivan）更近的亲戚了，" 1号书信则说："我一再向萨宝求助，（但）他说：在这里，那奈德没有比阿迪文关系更近的其他（亲戚）了。"这说明阿迪文是那奈德的近亲，也是米薇的另一个求助对象，可他同样无情，不但没有对米薇施以援手，而且有可能还不同意让法克汉德带米薇回她母亲那里。想象一下，孤苦伶仃的米薇在走投无路的情况下四处求告，但从商队领袖到夫家的近亲，再到丈夫的生意伙伴，大家都推三阻四，没有一个人向她伸出援手，这让她本就哀怨的内心变得多么沮丧！唯一令她仍抱有希望的是一个寺庙的僧侣，他许诺带她回家，可这许诺听上去又是多么空洞！

在这种情况下，米薇陷入了无法自拔的困境，她不断地哀叹："我活得……很糟糕，很不好，很凄惨，简直生不如死。""我生活得很惨，没有衣服，没有金钱；我想借钱，（但是）没有人肯借（钱）

[1] 丁爱博（Albert E.DIEN）著，王嘉佳译：《帕尔米拉的商队及商队首领》，载于《法国汉学》丛书委员会编：《粟特人在中国：历史、考古、语言的新探索》，北京：中华书局，2005年，第88页。

给我。"她的丈夫那奈德显然是有钱的，因为连她的女儿都知道，自己的父亲"不缺二十个金币（？），可以给我们寄来"，但他偏偏一去不返，杳无音信。他还爱着米薇吗？他还是当年那个可以让米薇不顾天神的震怒，不顾母亲和兄弟的反对，义无反顾地跟随他来到敦煌的人吗？显然不是了。他独断专行，不顾周围人的反对来了敦煌；他颐指气使，即使人不在眼前，也会"写下了（你）对我的种种吩咐"；更有甚者，他还有可能亲自把米薇卖给别人为奴，因为米微说："你和我应该知道如何思考，如果我不……你，那么你就给我写信，以便让我知道该如何服侍中国人。"他辜负了她，欺骗了她，抛弃了她，让她陷入了绝望。

米薇是骄傲自尊的。虽然她可能已经沦为了他人的奴婢，可她在给母亲的信中却仍自称"自由民米薇"。她几次提到她的父亲："假如（？）我（？）没有保障，没有保护，我的父亲……"虽然不完整，但我们似乎可以推断，他的父亲会在她无助时成为她的靠山。"我此外还能得到多少……自我的父亲，假如……中国人的奴婢！一个自由人……他发现……而且……保持（他的）衣物完好无损（？）。"由这断断续续的话语可以推知，她的父亲非常体面，令人尊重。也正因为如此，她会拿那奈德与父亲比较："在我父亲的家里，我不曾有过这样一种束手束脚的……如同与你在一起（？）时一样。"可以想象，尚未出嫁时的米薇是家境殷实的，是性格开朗的，是行动自由的，不会畏首畏尾，始终意态洋洋。但在嫁给那奈德后，她在经济上变得捉襟见肘，在行为上受到诸多钳制，可她似乎因为对那奈德的爱，将这一切都忍受了下来。

米薇是敢爱敢恨的。粟特文的"米薇"有幼虎之意，而米薇确实像只小老虎，与自己的命运勇敢地奋力相搏。在与那奈德的婚姻似乎受到阻挠的情况下，她不顾一切地嫁给了他；在前往异邦的决定前，她也义无反顾地追随那奈德而来；在独自困守敦煌的情况下，她积极展开自救，一面一次又一次地写信给那奈德，争取微茫的机会，一面去求萨宝，求法克汉德，求阿迪文，求僧侣，只要能够想到的人，想得到的方法，她都去努力尝试，并且做出明智的判断：能够去找到丈夫固然好，实在不行，能够回到家乡、回到母亲那里也行。而最终，在意识到那奈德的无情之后，她放下了对他的全部希望，将爱转化为恨，大声疾呼地说："我宁愿嫁给猪狗，也不愿当你的妻子！"

米薇是善于嘲谑的。同样是在身处困境的情况下写的信，她给母亲的写得十分客观隐忍，实事求是，显得情绪较为稳定，但写给丈夫的却不无讥讽。如米薇对母亲说："而对于（我来说），当我们能够亲自见到您身体（健康），（那将是）我最美好的一天。"但对丈夫则说："先生，当我听到你健康无恙（的消息）时，我觉得自己亦将长生不老！"这其中本来似乎有种白头偕老的期待，可随后的"瞧啊，我活得……很糟糕，很不好，很凄惨，简直生不如死"却正好将这种期待打破，使得那奈德的健康无恙变得多么令其羞惭。米薇说："我的不幸在于，拜你所赐，我在敦煌一住三年。"一句"拜你所赐"，将她的"不幸"的根源说得明明白白，也将自己暗藏的不满和盘托出。米微说："你和我应该知道如何思考，"言语间似乎流露着对对方的认可和信任，可随后却写下："如果我不……你，那么你就给我写信，以便让我知道该如何服侍中国人。"这分明是在说，因为我太了解你，所以知道，你会无耻到教我如何去服侍他人！她刚刚发出"我宁愿嫁给猪狗，也不愿当你的妻子！"的誓言，却又在落款处写下：寄自（你的）奴婢米薇。这似乎是在自嘲了，里面不知暗含着多少的无奈与辛酸。

可是，骄傲自尊、敢爱敢恨、善于嘲谑的米薇还是无可挽回地走向了悲剧，从一个高贵的粟特自由民，最终沦为了中国人的奴婢。这是身为女子的她所生活的时代决定的，所以她的悲剧并非个人的，而是属于她那个时代的众多女性。无独有偶，在斯坦因收集品中，有一件编号为 L.M.II.ii.09（现编号为Or.8212/1823）的粟特文文书，是斯坦因在楼兰遗址西南 50 公里处的一个古代垃圾堆中发现的，虽然残破，但根据研究，这封与米薇的信差不多同时代的信也是一个粟特女子写给丈夫的，她名叫梅亚万努克（Mayavanuk）。像米薇一样，梅亚万努克也抱怨丈夫不给她回信；像米薇一样，她也曾向他人寻求帮助；像米薇一样，她似乎也处处碰壁；而与米薇不同的是，她很有可能还是位待产的孕妇。[1] 梅亚万努克是否有可能像米薇一样，也会被卖为奴？很有可能。吐鲁番出土文书中便有好几件粟特人买卖女奴的契约。如《唐贞观廿二年（648）庭州人米巡职辞为公请给公验事》记录的是粟特人米巡职打算将胡婢沙匐带到西州市交易。[2]《唐开元廿年（732）薛十五娘买胡婢市券》《唐开元十九年（731）唐荣买胡婢券》则是唐人买粟特女为婢的契约。[3] 吐鲁番文书中还有一份唐贞观十三年（639）粟特文买婢契，上面写道：

　　兹于奏城市场，当众人之面，沙门乘军（Yānasenā），/ 也即石族人乌塔（Utā）之子从康国

---

[1]　尼古拉斯·辛维廉（Nicholas Sims-Williams）：《楼兰所出未释早期粟特文古信札》，《中古中国研究》（第三卷），第 23—25 页。
[2]　唐长孺等：《吐鲁番出土文书》第 7 册，北京：文物出版社，1986 年，第 8—9 页。
[3]　唐长孺等：《吐鲁番出土文书》第 9 册，北京：文物出版社，1990 年，第 26—28 页。

人突德迦（Tudāka）之子六获（Uhusufert）处 /
得到一奴婢。此婢为曹族人，生于突厥斯坦，名
曰优波遮（Upāc）, / 他为此支付高纯度的卑路斯
（Peroz）钱 120 德拉克麦（Drachma）。沙门乘军 /
以卖主不能赎回的条件将婢女优波遮买下。她不
欠债务，没有财产，无人追寻, / 未受非难。所以，
他为子、孙、族人及后代买下作为永久财产。因此，
沙门乘军本人及其子、孙、族人和 / 后代对该婢
女有权任意拷打、虐待、捆绑、买卖、抵押、/ 作
为礼物赠人，为所欲为。[1]

　　从这位优波遮身上，我们不难看出米薇及其女儿的结局。她
们将终身成为他人财产，被主人"任意拷打、虐待、捆绑、买卖、
抵押、作为礼物赠人"，而这种情况，在当时实为一种普遍现象。
也难怪米薇对丈夫有如此大的怨恨，认为嫁给猪狗都比嫁给他强。

　　然而，米薇的悲剧又并非只属于流居异乡的粟特女子。"商
人重利轻别离"，在古代，嫁作商人妇的女子很多都承受着与丈
夫的别离之痛。李白《江夏行》说：

　　忆昔娇小姿，春心亦自持。为言嫁夫婿，得
免长相思。谁知嫁商贾，令人却愁苦。自从为夫
妻，何曾在乡土。去年下扬州，相送黄鹤楼。眼
看帆去远，心逐江水流。只言期一载，谁谓历三秋。
使妾肠欲断，恨君情悠悠。东家西舍同时发，北

---

[1]　林梅村：《西域文明：考古、民族、语言和宗教新论》，北京：东方出版社，1996 年，
第 71—72 页。

去南来不逾月。未知行李游何方，作个音书能断绝？适来往南浦，欲问西江船。正见当垆女，红妆二八年。一种为人妻，独自多悲凄。对镜便垂泪，逢人只欲啼。不如轻薄儿，旦暮长相随。悔作商人妇，青春长别离。如今正好同欢乐，君去容华谁得知。

　　诗中的女子与米薇一样，与身为商贾的丈夫一别就是三年，而其归期遥不可知，只能独守空房，看着别人夫妇欢好，其乐融融，自己却对镜垂泪，悔不当初。诗中"不如轻薄儿，旦暮长相随"以及李益《江南曲》中"嫁得瞿塘贾，朝朝误妾期。早知潮有信，嫁与弄潮儿"的赌气情绪，不正是米薇的"我宁愿嫁给猪狗，也不愿当你的妻子"的悔恨之意吗？

　　古代的商人妇如此，近代的商人妇也无出其右。作家许地山有篇小说即名《商人妇》，它讲述了一个恪守妇道的传统女性与结发丈夫别离十年后，再相遇之际竟被丈夫亲手将其卖给一个印度人为妾的故事。虽然这个女子最终逃离了那个印度人，并在迈入中年之时，有机会在一所外国女子学校读书，最终在一个村子里当了教师，可是，她依旧决定，"我要到新加坡找我丈夫去，因为我要知道卖我的到底是谁。我相信荫哥必不忍做这事，纵然是他的主意，终有一天会悔悟过来。"若这个女子有米薇的最终认知，想来便不会这样执迷不悟吧？

　　很显然，那奈德并未收到米薇的信，它与其他几封信一起，被埋在了长城烽燧之下，所以米薇也自然不会收到那奈德的回复。那奈德未曾听到米薇的"我宁愿嫁给猪狗，也不愿当你的妻子"的心声，但我们却在一千七百年后听到了。我们认识了敢爱敢恨的米薇，了解了她为了爱情背井离乡又惨遭抛弃的身世，我们对她内心的绝望呐喊感同身受，也对与她有着同样命运的其他女性充满同情。那么，面对现代社会中仍然存在的男女不平等带来的女性悲剧时，我们能做些什么呢？

亡文二篇^[1]

亡夫文

闻樛罗（萝）共翠^[2]，上于碧落之云^[3]；琴瑟扶空^[4]，韵激清流之水。是知时来即往，缘散必离；一旦之恩爱终亡^[5]，百岁之难（欢）娱定灭。于日^[6]，血垂红脸（脸）^[7]，雨（两）行之泪落清珠，身挂素衣，一行之肝肠剖者，即有厶代为亡夫构斯香会者也^[8]。伏惟亡灵在生^[9]，文添珠玉^[10]，江淹之梦笔重收^[11]；武动乾坤，玄女之晓持书付（符）^[12]。可谓佩镆铘之宝

---

[1] 写卷编号为 S.5640。录文参见黄征、吴伟编校：《敦煌愿文集》，长沙：岳麓书社，1995 年，第 210—211 页。

[2] 樛：樛木。萝：通常指葛、蔂等藤蔓植物。《诗经·周南·樛木》："南有樛木，葛藟累之。"故樛萝共翠，指樛树与缠绕其上的藤萝植物同生共长之意，借指夫妻相伴。

[3] 碧落：天空。

[4] 琴瑟：两种乐器，古人常以琴瑟和鸣比喻夫妻情笃好和。扶空：指琴瑟之声高亢激越。

[5] 一旦：一天，此借指短暂的时间。

[6] 于日：于某日，指办斋会的日期。

[7] 红脸：犹红颜，指美丽的面容。

[8] 厶：某，某人。构：建，开办。斯：这个。香会：盛大的斋会。

[9] 伏惟：表敬之辞。在生：活着的时候。

[10] 珠玉：比喻文辞绝妙如珠玉。

[11] 江淹之梦笔：江淹少时梦中得五色笔，故文思敏捷，后又梦郭璞把送给他的笔要了回去，从此诗文无美句。后遂用"江淹梦笔"比喻文思大进，用"夺笔江淹"等指文思减退，才力不及从前。

[12] 玄女之晓持书符：玄女即九天玄女，是一位深谙军事韬略、神通广大的神灵。书符：亦作符篆，相传黄帝之时，有蚩尤兄弟八十一人扰乱天下，黄帝天遣玄女下授黄帝兵信神符，制伏蚩尤。

剑[1]，牛斗云冲[2]；弯湖（瑚）琏之彤弓[3]，猿啼绕树[4]。本冀外光台粗（祖）[5]，内益家风；将素首以同欢[6]，去泉台而共往[7]。何期双鸾一鸢[8]，雨（两）剑单沉，齐眉之礼奚申[9]，跪膝之仪孰要[10]？嗟呼！银灯闲夜烛，金带旧时容。不见当时貌，教余何处逢。恩情心未断，流泪转添浓。雨（两）剑沉三尺[11]，寻思恨噎胸。于是波山圣足[12]，扶金锡以摇空[13]；柰苑高僧[14]，整云衣而赴会。无边圣利，功德难穷，谨用庄严亡灵去识[15]：伏愿珊瑚林菶，高攀而鸾凤和鸣；琥珀珠璎，缓步而天童纳曲（取）。夫人伏惟花颜益态，

[1] 镆铘之宝剑：即莫邪剑，中国古代名剑之一。

[2] 牛斗云冲：牛斗指牵牛星与北斗星，泛指星空。牛斗云冲形容气势极盛，上冲星云。据《晋书·张华传》，吴灭晋兴之际，牛斗间常有紫气。雷焕告诉张华，说这是有宝剑之气上冲于天，在豫东丰城。张华遂派雷焕为丰城令，得两剑，一名龙泉，一名太阿，或谓干将与莫邪。唐崔融《咏宝剑》："匣气冲牛斗，山形转辘轳。"

[3] 瑚琏：古代祭祀时盛黍稷的尊贵器皿，夏朝称"瑚"，殷朝称"琏"，故用以比喻人特别有才能，可以担当大任。彤弓：即雕弓，指刻绘有花纹的精美之弓。

[4] 猿啼绕树：指猿猴啼叫着绕树以躲避弓箭。唐武元衡《幕中诸公有观猎之作因继之》："衔芦远雁愁萦缴，绕树啼猿怯避弓。"

[5] 光：使显赫。台祖：当为祖台，旧时对高级官吏的尊称。

[6] 素首：即白首。素首以同欢：犹白头偕老。汉卓文君《白头吟》："愿得一人心，白首不相离。"

[7] 泉台：指墓穴，亦指阴间。"去泉台而共往"有夫妻同生共死之义。

[8] 鸢：鸟向上飞。双鸾一鸢，谓一对鸾鸟中有一只飞去，借指夫妻死别。

[9] 齐眉之礼：即举案齐眉之礼。《后汉书·梁鸿传》记，梁鸿妻子孟光在为梁鸿送饭时会把托盘举得跟眉毛一样高，以表示尊敬，后人以举案齐眉来形容夫妻互相尊敬。奚申：何以施用。

[10] 跪膝之仪：指古代妻子以跪姿向丈夫行礼的礼仪。要：约言。

[11] 三尺：古代剑长约三尺，故以"三尺"代称剑。

[12] 波山圣足：指寺院僧人。

[13] 金锡：锡杖。摇空：升空，指出发。

[14] 柰苑：亦作"柰园"，指佛寺。明杨慎《艺林伐山·仙陀》："佛寺曰仙陀，又曰仁祠，又曰宝坊，又曰香阜，又曰柰园。"

[15] 识：佛教用语，指思维、认识等精神活动之主体。去识，指死者的神识。

玉貌恒芳；婵娟而凤鬈长荣[1]，窈窕而鸾台永同[2]。

亡妻文

闻天覆地载[3]，万物而雅气常时[4]；阴静阳暄[5]，八节而风云律序[6]。知缠绵恩爱，终惭此日（比目）之鱼[7]；结发糟慷（糠）[8]，孰有挑晴（琴）之意[9]。于日，含悲千圣[10]，抱泣三尊[11]，焚一辨（瓣）之旃檀[12]，邀四衣（依）之真侣[13]，即有厶乙公为亡妻构斯香会也[14]。惟灵雍容淑顺[15]，礼乐温柔；内怀宿女

---

[1] 婵娟：姿态美好。凤鬈：古代妇女的凤形高髻。荣：盛，多。

[2] 鸾台：妆台。鸾台永同，指容颜不老。

[3] 天覆地载：天覆盖万物，地承载一切，比喻范围极广大，也比喻恩泽深厚。《礼记·中庸》："天之所覆，地之所载。"

[4] 雅气：正气。常时：顺时。

[5] 阴静阳暄：即阴静阳躁，根据《易经》，阴代表安静的状态，阳代表躁动的状态。

[6] 八节：古代以立春、立夏、立秋、立冬、春分、夏至、秋分、冬至为八节。风云：风和云，代指天文、天象。律序：规律与秩序。

[7] 比目之鱼：喻男女之情。《尔雅·释地》："东方有比目鱼焉，不比不行，其名谓之鲽。"

[8] 结发：原配妻子。糟糠：共同患难过的妻子。《后汉书·宋弘传》："时帝姊湖阳公主新寡，帝与共论朝臣，微观其意。主曰：'宋公威容德器，群臣莫及。'帝曰：'方且图之。'后弘被引见，帝令主坐屏风后，因谓弘曰：'谚言贵易交，富而妻，人情乎？'弘曰：'臣闻贫贱之知不可忘，糟糠之妻不下堂。'帝谓主曰：'事不谐矣。'"

[9] 挑琴之意：指司马相如琴挑卓文君事。《史记·司马相如列传》："是时，卓王孙有女文君，新寡，好音，故相如缪与令相重，及饮卓氏，弄琴，而以琴心挑之。相如之临邛，从车骑，雍容闲雅甚都。文君窃从户窥之，心悦而好之，恐不得当也。既罢，相如乃使人重赐文君侍者通殷勤。文君夜亡奔相如。"

[10] 含悲千圣：倒装句，即千圣含悲。

[11] 抱泣三尊：倒装句，即三尊抱泣。三尊：佛教用语，指佛、法、僧，此处当指僧人。

[12] 旃檀：檀香。

[13] 四依：佛教用语，指四种依止之项目。依，依止、依凭之义。四依之真侣：代指佛教僧人。

[14] 厶乙：某人。

[15] 灵：亡灵。雍容：仪态温文大方。淑顺：贤淑温顺。

之风[1]，外著班家之惠（慧）[2]。本冀高楼鸾凤，幽卧衾裳；相扶琴瑟之欢，共饰缣缃之庆[3]。何期锦幰香阁[4]，空在夜月之余；丹槛兰皆（阶）[5]，只见朝仪之色[6]。嗟呼！胶漆荣兮久[7]，绸缪意若何[8]？深闺尘露縠[9]，幽怅（帐）陨轻罗。云鬓金蝉坠[10]，凤钗玉雀蹉[11]。秦筝花谢后[12]，须歌旧时歌。别无堪赴，唯福可凭；鱼〔山〕梵音[13]，陪（倍）兹功德。伏愿金花宝水，长添白玉之瓶；桂树琼台，永处青莲之叶。然后别将小善，奉及厶公。伏愿太真灵乐（药）[14]，时餐玉液之浆；洞启天台[15]，再入桃原（源）之谷[16]。

---

[1] 宿女：当为"女宿"，二十八宿之一，为北方第三宿，其星群组合状如箕，又似"女"字。古时妇女常用簸箕颠簸五谷，去弃糟粕留取精华，故女宿当值时多吉庆事。女宿之风，当指淑女之风仪。

[2] 班家：指东汉著名才女班昭，史称"班大家""曹大家"，她在其兄班固去世后，曾受命续写《汉书》，且著有《女诫》一书。

[3] 缣缃：供书写用的浅黄色细绢，故代指书册。缣缃之庆，当指夫妻相伴读书的景象。

[4] 阁：通阁。香阁：年轻女子的内室。

[5] 丹槛：赤色栏杆。兰阶：台阶的美称。

[6] 朝仪：古代帝王临朝的典礼。

[7] 胶漆荣兮久：胶与漆是两种最具黏性的东西，故用以比喻夫妻情投意合，亲密无间。

[8] 绸缪：亲密，缠绵。

[9] 縠：皱纱。

[10] 金蝉：古代女子的蝉形黄金发饰。

[11] 玉雀：凤钗上的玉制雀形饰品。蹉：踏碎。

[12] 秦筝：古秦地（今陕西一带）的一种弦乐器。

[13] 鱼山：佛教梵呗的起源地。《法苑珠林》卷四九：陈思王曹植"赏游鱼山，忽闻空中梵天之响，清雅哀婉，其声动心，独听良久……乃摹其声节，写为梵呗，撰文制音，传为后式。梵声显世，始于此焉。"

[14] 太真：西王母之女，典出《墉城集仙录》。

[15] 天台：天台山，地处浙江宁波、绍兴、金华、台州四市的交界地带。相传山中有桃源洞，是汉代刘晨、阮肇遇仙处。

[16] 再入桃源之谷：据刘义庆《幽明录》，刘晨、阮肇于桃源遇仙之后，与仙女结为夫妇，后因思念家乡而返乡，发现世间已过七世。两人重返遇仙之地，两仙女已不复在。此处言再入桃源之谷，有再次结婚之意。

白话译文

亡夫文

听闻樛树与藤萝一同生长，可以上达天空之中的云朵；琴与瑟的声响传入空中，有节奏的乐音可令清清的流水激荡。可知时间来了就会即刻逝去，缘分散后人就必定分离，短暂的夫妻恩爱终将结束，百年的欢娱必将止息。在斋会这一日，有这样一位女子，她红颜上垂下血痕，两行眼泪如清澈的珠子般滑落，身上穿着素白的衣裙，内心里如肝肠寸断，就是她为死去的丈夫置办了这盛大的斋会。说起那位亡灵，他在活着的时候，文采斐然，如文章中添加了珠玉，好似江淹重获了梦中的妙笔；他高强的武艺可以撼天动地，如同九天玄女那样通晓制敌的神符。可以说，他身佩莫邪宝剑时，豪气可直冲星云，他拉开雕刻精美的强弓时，猿猴便会啼叫着绕树躲避。原本希望他在外能当上显赫的高官，在内可弘扬家风，与妻子相亲相爱，白头到老，直至夫妻共赴黄泉。谁能想到，成双成对的鸾鸟有一只先行飞去，难分难解的鸳鸯剑有一把单沉入了水中；妻子想举案齐眉，可对象何在？妻子想行跪迎丈夫的礼仪，可谁来受拜？唉！银灯夜烛都被闲置，不再点起，黄金的腰带保持了旧时的样子。丈夫过去的容颜已不复可见，让妻子于何处才能与他重逢？妻子对他的深情仍未断绝，流下的眼泪更越来越多。鸳鸯剑有一把沉入了水中，细想起来真让人愤郁填胸。于是妻子置办了这场法会，寺院的高僧们手执锡杖、身着云衣，纷纷前来赴会。这将带来无限的神圣之利，也会带来无穷的美好功德。在此祝愿庄严的亡者之神识：但愿你高高地攀入那珊瑚构成的花林，倾听鸾凤的和鸣；但愿你手捧琥珀珠璎，受到缓步而行的天上童子的接迎。再祝愿斋主本人貌美如花，与日俱增，始终美丽，永不衰老；仪容娉婷，凤髻长久地浓密下去，身姿窈窕，镜中的美貌永远不会改变。

亡妻文

听闻天覆盖万物，地承载一切，万物自有其正常的时序；阴宜安静，阳宜躁动，四时八节各有其天象的规律。心知夫妻缠绵恩爱，终比不上比目鱼的深情；患难与共的原配夫妻，谁能轻易地改换心意。在举办斋会的这一天，无数的圣人心怀悲戚，寺院的僧侣们个个饮泣，那位焚起一瓣檀香、邀来得道高僧的人，正是某位男子，他为亡故的妻子置办了这次盛大的斋会。说起那位亡灵，她举止雍容，贤淑温顺，尊奉礼仪，温柔大方，内有淑女的风仪，外具班昭的智慧。原本希望你我在高楼上的鸾凤帐中安卧，相互扶持，体味琴瑟和鸣的欢好与夫唱妇随的喜乐。谁能想到，你用过的锦屏、住过的内室，会在月夜下徒然空置；家中华美的栏杆与台阶，也只有我在上朝时独自走过。唉！我们曾日日如胶似漆不分离，那缠绵之情谁能比？深闺中的皱纱覆上了灰尘与露水，幽帐上的轻罗损坏后坠落。你云鬟上的蝉形金饰掉落下来，凤钗上的雀形玉饰摔碎于地。你人死如花谢，曾弹奏过的秦筝不会再响起过去的乐曲。我没有什么其他可追求的，只能寄望于这斋会带来的福佑；法会上梵音响起，使这番功德倍增。但愿那白玉瓶中常插着金花，常添着宝水，但愿那桂树环绕的琼台之上，永远铺满青青的莲叶。然后将这斋会剩余的小小善德施之于斋主人。祝愿他获得太真的灵药，时常能饮用玉液琼浆；祝愿他能像在天台山的洞府中与仙女结亲的刘晨、阮肇那样，再入桃源，重结良缘。

品　读

《诗经·邶风·击鼓》中有几句诗云："死生契阔，与子成说，执子之手，与子偕老。"这本是对爱情的一种美好向往与希冀，但作家张爱玲却在《倾城之恋》中借浪子范柳原之口评论道："我看那是最悲哀的一首诗，生与死与离别，都是大事，不由我们支配的。比起外界的力量，我们人是多么小，多么小！可是我们偏要说：'我永远和你在一起，我们一生一世都别离开。'——好像我们自己做得了主似的！"将人生视为一个美丽苍凉的手势的张爱玲总能用语言戳到人生的痛楚，她让我们意识到，人生在世，有许多我们做不了主的事情，比如死亡就会无情地摧毁白头偕老的爱情誓言。但张爱玲未免太过悲观，因为如果爱情是存在的，那么死亡有时也并不意味着爱情的结束，对死去爱人的回忆与哀悼，往往会使爱情变得更加珍贵且永恒。如中国古代有相当多的悼亡诗，从《诗经·邶风·绿衣》中的"我思古人，实获我心"，到苏轼《江城子》中的"十年生死两茫茫，不思量，自难忘"，莫不表达了对故去的爱人的无限思念。敦煌文献中也有不少为逝去的爱人所作的悼文，不过，与一般的悼亡诗不同的是，它们除了追忆与怀念之外，还多了对亡灵及家人的祈愿与祝福。

敦煌写本 S.5639+S.5640 是一卷亡文范本，即生者在为死去亲人举办斋会以表哀悼祈愿时的祭祀文样本。因为是仪式性样本，所以它们会有一些程式化的结构与用语，但这并不妨碍其情感的表达。本文从中选取的《亡夫文》与《亡妻文》，即可在其规范的结构与语言之后，读到属于个人的真情流露。

这两篇亡文的结构非常具有典型性，它包括了敦煌祭悼文文本结构通常具有的六个组成部分：号头，明斋，叹德，斋意，道场，庄严。号头即文章的开头部分，通常是对于时间、生命等较大命题的议论与感叹。《亡夫文》中的号头部分为："闻樛罗（萝）共翠，上于碧落之云；琴瑟扶空，韵激清流之水。是知时来即往，缘散必离；一旦之恩爱终亡，百岁之难（欢）娱定灭。"这段文字先借自然界中的樛萝共生与琴瑟和鸣来比喻夫妻情深，后以时间的流逝与缘分的离散来说明即使恩爱夫妻也无法抵抗时间与命运。《亡妻文》中的号头部分为："闻天覆地载，万物而雅气常时；阴静阳暄，八节而风云律序。知缠绵恩爱，终惭此日（比目）之鱼；结发糟慷（糠），孰有挑晴（琴）之意。"它从自然中的万事万物都有其特定的规律入手，说明人生亦有定数，即使再恩爱的夫妻也无法抵御这种自然规律。这样的议论与感知一方面可引出死亡之事，一方面又表现出对此事平静而坦然的接受态度。如此便顺理成章地进入下面的明斋部分，也就是表明为死者设斋会的时间和人物。《亡夫文》言："于日，血垂红睑（脸），雨（两）行之泪落清珠，身挂素衣，一行之肝肠剖者，即有厶代为亡夫构斯香会者也。"这段文字的斋主和被祭奠者身份非常明确，而且注重对斋主的形象刻画：一位身穿白色丧服、泪流满面、肝肠寸断的女子，她在为死去的丈夫举办斋会。《亡妻文》中，"于日，含悲千圣，抱泣三尊，焚一辨（瓣）之旃檀，邀四衣（依）之真侣，即有厶乙公为亡妻构斯香会也"的描写，表明了斋主身份是一位男子，他在为亡妻举办斋会，但与《亡夫文》不同的是，它并没有对此男子的外在形象进行描述，而是注重对斋会凝重氛围的勾勒，强调了他举办斋会的行动。两文的这种差别非常有意思，反映了古代人对女子容貌的重视，以及对男子办事态度与能力的看重。

叹德部分主要回忆死者生前的品行、才干、言语等。《亡夫文》中，死去的丈夫在妻子的心目中是文武双全的存在：他如梦笔生花的江淹那样文采斐然，又如帮助黄帝降服蚩尤的九天玄女那样武艺非凡；他拔剑一挥，牛斗云冲，弯弓一射，猿啼绕树。这样的形象特具男子气概，语气中充满了妻子为丈夫感到的骄傲。《亡妻文》中，妻子"雍容淑顺，礼乐温柔；内怀宿女之风，外著班家之惠（慧）"，不但温柔贤惠，而且聪慧睿智，可谓内外兼修，是丈夫心目中的完美妻子。但是，这样完美的丈夫或妻子却早早地告别了人世，给生者带来了无尽的悲痛，所以要为其举办斋会，这就是接下来的斋意部分要交待的内容。《亡夫文》中，"本冀外光台粗（祖），内益家风；将素首以同欢，去泉台而共往"，表达的是妻子希望在丈夫凭借自己的才干光耀门楣的同时，能与之白头偕老、同生共死的愿望；《亡妻文》中，"本冀高楼鸾凤，幽卧衾裳；相扶琴瑟之欢，共饰缣绅之庆"，勾勒的是夫妻共享鱼水之欢、夫唱妇随、和乐相处的美好场景。但"何期双鸾一鸶，雨（两）剑单沉，齐眉之礼奚申，跪膝之仪孰要？"与"何期锦嶂香阁，空在夜月之余；丹槛兰皆（阶），只见朝仪之色"的描写都表明事与愿违，丈夫或妻子告别了人世，只留下活着的人在孤独中度日，吃饭时无人相对，夜寝时无人共枕，所有的一切，都能勾起生者对往日的回忆以及对现状的悲泣。值得注意的是，不同于其他祭悼文，这两篇亡文都在"嗟呼"的叹词后放入了一首五言诗。《亡夫文》中诗云："银灯闲夜烛，金带旧时容。不见当时貌，教余何处逢。恩情心未断，流泪转添浓。雨（两）剑沉三尺，寻思恨噎胸。"诗歌重在抒情：妻子睹物思人，对丈夫的情感没有因为丈夫的离世而断绝，反而日渐加深，所以难以接受他的离去。《亡妻文》中的诗云："胶漆荣兮久，绸缪意若何？深闺尘露縠，幽帐（帐）隙轻罗。云鬓金蝉坠，凤钗玉雀蹉。秦筝花谢后，须歇旧时歌。"诗歌重点描写妻子离世后的室内环境：布满灰尘的闺房与破败不堪的罗帐代表着生活的清冷与孤寂，破碎的首饰与不再奏响的秦筝反映出昔日的热闹与现在的无趣。无论是妻子的"恩情心未断"，还是丈夫的"绸缪意若何"，都让人感受到对逝者的无限哀思。

两文的道场部分都较为简单。《亡夫文》说："于是波山圣足，扶金锡以摇空；柰苑高僧，整云衣而赴会。"《亡妻文》说："别无堪赴，唯福可凭；鱼〔山〕梵音，陪（倍）兹功德。"描写的都是广邀僧侣念经做法的场景。最后的庄严部分为亡者、设斋者祈福，希望逝者的灵魂能够进入天堂，而活着的人可以依旧正常生活。可见斋会虽名为亡者而设，实际同样是为了让生者得到平静与安心。

这两篇亡文具有很高的审美价值。它以四六骈文为主，采用大量典故，对人物、场景进行了细致的描绘。《亡夫文》中的丈夫，文韬可比梦笔生花的江淹，武略可比向黄帝传授符箓的玄女，"佩镆铘之宝剑，牛斗云冲；弯湖（瑚）琏之彫弓，猿啼绕树"之句，更使这位男子气宇轩昂、武艺高强的形象呼之欲出。《亡妻文》中的妻子，"雍容淑顺，礼乐温柔；内怀宿女之风，外著班家之惠（慧）"，具备温柔娴淑、恪守女德、智慧超群、内外兼修的完美形象，这使她的离去更令人扼腕叹惜。特别值得注意的是，两篇亡文所采用的许多典故，都与夫妻关系紧密结合。如《亡夫文》起句"闻樛罗（萝）共翠"，借用的是《诗经·周南·樛木》："南有樛木，葛藟累之"之句，以高大的樛树被藤萝攀援缠绕、同生共长的状态，来比喻夫妻相依相伴的亲密关系。"齐眉之礼奚申，跪膝之仪孰要"一句，借用梁鸿妻孟光举案齐眉的故事，既让人想象丈夫活着时夫妻恩爱的生活场景，也让人深感丈夫去后妻子的孤独与悲哀。《亡妻文》中，"知缠绵恩爱，终惭此日（比目）之鱼；结发糟慷（糠），孰有挑晴（琴）之意"，连用三典。《尔雅·释地》："东方有比目鱼焉，不比不行，其名谓之鲽。"在古人的想象中，比目鱼只生一目，须两两相并方能游行，故用以指代不离不弃的夫妻关系。《后汉书·宋弘传》记，光武帝刘秀欲将自己的寡姐湖阳公主嫁于"威容德器，群臣莫及"的宋弘，于是对宋弘说：俗话说一个人地位高了，就要改交另一批高贵的朋友；一个人发了财，就要抛弃原来的妻子，换个新的。你认为这是人之常情吗？宋弘的回答是："臣闻贫贱之知不可忘，糟糠之妻不下堂。"坚定地拒绝了皇帝让他与结发妻子离异的要求。"挑琴"之句，则用了司马相如琴挑卓文君的典故。这三个与夫妇之爱相关的典故，将夫妻缠绵恩爱、不离不弃的理想状态与命运的无常、无情之间的矛盾挑明，说明了人在命运面前的渺小与无奈。这些运用得当的典故，不仅使亡文"文添珠玉"，而且言近旨远，极具想象力和情感张力。

两篇亡文中的五言诗歌尤具文学色彩，是极其出色的悼亡诗，也是两文中最具情感性的部分。如前文所言，敦煌文献中有众多的祭悼文书，而且有固定且相似的行文格式，但细读可发现，这些范文中较少有诗歌的出现。如与这两篇亡文同卷的其他亡文，无论是为亡考、亡妣、亡男、亡女、亡兄、亡弟乃至优婆姨、司空、司徒、故都衙等所写的祭悼文中，都很少出现诗歌。我们能够读到的其他敦煌亡夫文或亡妻文中也少见诗歌。这就使这两篇亡文显得十分特别。《亡夫文》中"银灯闲夜烛，金带旧时容。不见当时貌，教余何处逢"几句，写丈夫死后，不复往日丈夫灯下读书、妻子红袖添香的和乐情景，深夜陪伴妻子的，只有丈夫留下的金带，妻子睹物思人，却又分明知道，自己再也见不到丈夫的音容笑貌了。随后妻子直接表达对丈夫的无限思念之情。"恩情心未断，流泪转添浓"是爱的表白，因为放不下，忘不了，所以悲伤并没有随着时间的流逝而转淡，反而眼泪越流越多。"雨（两）剑沉三尺，寻思恨噎胸"是不甘心：为什么相爱的人偏偏要分离，如鸳鸯剑中有一把先沉入了水中？每想及此，都不由人恨怨难当，凝咽无语。潘岳《悼亡诗》其一有着与这首诗类似的场景与情感书写："望庐思其人，入室想所历。帏屏无髣髴，翰墨有馀迹。流芳未及歇，遗挂犹在壁。怅恍如或存，回惶忡惊惕。如彼翰林鸟，双栖一朝只。如彼游川鱼，比目中路析。"两相对比，《亡夫文》中的这首诗行文虽较简略，其所表达的意境和情义却与潘岳的诗十分接近。《亡妻文》中的悼亡诗借景抒情。"胶漆荣兮久，绸缪意若何"回想当年如胶似漆、缠绵悱恻的相爱时光；"深闺尘露縠，幽怅（帐）陨轻罗。云鬓金蝉坠，凤钗玉雀蹉"写现在深闺尘满、罗帐空悬、花钿委地的空寂景象，与沈约《悼亡诗》中"帘屏既毁撤，帷席更施张。游尘掩虚座，孤帐覆空床。万事无不尽，徒令存者伤"的描写异曲同工。"秦筝花谢后，须歇旧时歌"两句，先是以花谢喻人逝，再以人逝揭秦筝无人弹奏的现状，进而既借此回忆了昔日妻子抚筝而歌的美好场景，又以"须歇"二字表达了自己不可再遇到这样多才多艺的妻子的失意与怅惘，这真是"料也觉，人间无味"（纳兰性德《金缕曲·亡妇忌日有感》）。如果说两篇亡文的其他部分的文字多少都具有样本的功能性的话，这两首五言诗则使其超越了样本的范围，纯属作者个人的情感表达，而这种真挚的情感，也使这两篇亡文在众多千篇一律的祭悼文中独具风格。

这两篇亡文中所体现的对死亡的态度令人深思。两文都在开头部分，以万物阴阳各有其时序的感悟，表明恩爱夫妻的生离死别亦是人生常态，即所谓"是知时来即往，缘散必离；一旦之恩爱终亡，百岁之难（欢）娱定灭"。"知缠绵恩爱，终惭此日（比目）之鱼；结发糟慷（糠），孰有挑晴（琴）之意。"这种对相爱的人因死亡而中道分离的看似平静的接受态度，可视为生者无可奈何的自我安慰，同时也是敦煌人佛道观念的反映。当代高僧星云大师在解说佛教如何看待生与死这个问题时说："一般人总把'生'与'死'看成是两回事，事实上生与死是一体的两面，生是死的延续，死是生的转换，生死如影随形，生了要死，死了还会再生；生生死死，死死生生，生也未曾生，死也未曾死，生死只是一种循环现象，就如时辰钟，从一走到十二，还会回到原点，继续再往前走，所以生死是环形的，'生命'就在生死中轮回不已。"[1] 正因为佛教有轮回观，所以佛教徒在对待死亡时的态度较为平静，甚至将之视为一种解脱。道家面对死亡时的态度以庄子最为典型。《庄子·至乐篇》记载，庄子妻子死后，惠施前去吊丧，发现庄子在鼓盆而歌，对此很不理解。庄周对他解释说，"是其始死也，我独何能无概然！察其始而本无生，非徒无生也而本无形，非徒无形也而本无气。杂乎芒芴之间，变而有气，气变而有形，形变而有生，今又变而之死，是相与为春秋冬夏四时行也。人且偃然寝于巨室，而我嗷嗷然随而哭之，自以为不通乎命，故止也。"在庄子看来，人本无生、无形，由无到有，又由有到无，正如四

---

[1]《星云大师全集》电子版，https://books.masterhsingyun.org/ArticleDetail/artcle1835#:~:-text=%E7%B6%93%E7%94%B1%E6%AD%BB%E4%BA%A1%E7%9A%84%E9%80%9A%E9%81%93%EF%BC%8C%E4%BA%BA%E5%8F%AF，访问时期：2024 年 9 月 4 日。

季循环，所以没有必要为死亡而感到悲伤。深受佛道思想影响的古人，无疑在面对死亡时会将佛道的理念搬出来，这虽不一定使之完全超脱痛苦，至少能够让他们略感平静。也因此，我们看到亡文在最后的祈愿部分，一方面会为死者祈福，希望其往生净土："伏愿珊瑚林莩，高攀而鸾凤和鸣；琥珀珠璎，缓步而天童纳曲（取）。""伏愿金花宝水，长添白玉之瓶；桂树琼台，永处青莲之叶。"另一方面，则要把斋会带来的功德与福佑加在斋主自己身上：妻子希望"夫人伏惟花颜益态，玉貌恒芳；婵娟而凤鬓长荣，窈窕而鸾台永同。"丈夫"伏愿太真灵乐（药），时餐玉液之浆；洞启天台，再入桃原（源）之谷。"女子以容貌为重，所以祈求的是青春常在，容颜不老；男子以生活品质为重，于是祈求的是有吃有喝，再结婚姻。特别是后者，丈夫竟在为亡妻祭悼之时，表示希望能够像刘晨、阮肇遇仙那样，与他人再次结缘，进入新的婚姻生活，这在常人看来是极其难以理解的，可这种愿望偏偏就堂而皇之地写在了为妻子所作的亡文的最后。这种表达很容易让人怀疑这是否是抄录者将其他愿文中的文字误抄入了亡文，因为它们看似是对死者的一种冒犯。但在对比其他文献，仔细揣摩其现实意义之后，我们不由为古人达然的生命观和生活观感到叹服。一则敦煌文献中的各类愿文，都会在最后表达对受祭者及其尚在人世的眷属的祝福，如 S.5957《亡妣文》："又持是福，次用庄严斋主合门居眷，内外亲姻等：惟愿龙天拥护，常驻万善之欢；八部增威，恒有千祥之庆。门荣五品，荫不异于王亲；室富积金，贮越铜雀之宝。"S.6417《亡考文》："又持胜福，次用庄严施主即体：惟愿命同金石，体固如筠云；万岁千秋，英雄莫绝。家饶七宝，门离五衰；珪玉传芳，于官习亲。"一则我们可以反过来把此类文字看作亡者对生者的祝福，如果是亡父母，自然希望能庇佑子孙，让他们生活富裕，家族昌盛；如果是恩爱夫妻，那么死者对仍活在世上的那个人的最美好的祝愿，就是其能够过上正常的生活，而非希望其沉溺于悲伤之中难以自拔。所以，这种看似无情的表达，实际上是一种有情的、真正的慈悲。

逝者已矣，生者如斯。两篇敦煌《亡夫文》与《亡妻文》，既让我们读出了死亡也无法阻断的夫妻间的无限深情，也让我们体味到了古人看淡生死、认真生活的务实而达观的人生态度。虽然张爱玲说生离死别我们都做不得主，但我们至少可以做到心怀希望，保持深情，彼此珍惜，努力生活。

亡文二篇

韩朋赋[1]

昔有贤士，姓韩名朋，少小孤单，遭丧遂失〔其〕父，独养老母。谨身行孝，朋身为主意远仕[2]。忆母独注（住），〔故娶〕贤妻，成公素女[3]，始年十七，名曰贞夫。已贤至圣[4]，明显绝华[5]，刑（形）容窈窕，天下更无。虽是女人身，明解经书。凡所造作[6]，皆合天符[7]。入门三日，意合同居："共君作誓，各守其躯。君〔亦〕不须再取（娶）妇，如鱼如水；妾亦不再〔改〕嫁，死事一夫[8]。"

韩朋出游，仕于宋国，期去三年[9]，六秋不归。朋母忆之，心〔中〕烦恼；其妻念之，内自发心，忽自执笔，遂字造书[10]。其文斑斑[11]，文辞碎金[12]，如珠如玉。意欲寄书与人，恐人多言；意欲寄书与鸟，鸟恒高飞[13]；意欲寄书与风，风在空虚。书若有感，

---

[1]　《韩朋赋》在敦煌文献中共有六个写卷，诸辑录注释本均以 P.2653 为原卷，与 S.2922、S.3227、P.3873、S.4901、S.3904 相参校。参见王重民等：《敦煌变文集》，北京：人民文学出版社，1957 年，第 137—141 页；黄征、张涌泉：《敦煌变文校注》，北京：中华书局，1997 年，第 212—215 页。

[2]　身为主意：自作决断。仕：出仕，做官。

[3]　素女：此处指贞洁的处女。

[4]　已贤至圣：极贤极圣的意思，指贞夫品行极为贤淑有德。

[5]　明显绝华：形容贞夫容貌极其出众。

[6]　造作：制作，创建，此处专指写作。

[7]　天符：天的符命，此指天意。

[8]　事：侍奉，服侍。

[9]　期：预期。

[10]　遂字造书：这里的"字"，应读作"自"。造书：写信。

[11]　斑斑：指文字富有斑斓的文彩。

[12]　碎金：比喻文字如散碎的金子，熠熠生辉。

[13]　恒：总是。

直到朋前；书若无感，零落草间。其书有感，直到朋前。韩朋得书，解读其言。书曰："浩浩白水，回波而流[1]。皎皎明月，浮云映之。青青之水[2]，冬夏有时[3]。失时不种，禾豆不滋[4]。万物吐化[5]，不违天时。久不相见，心中存思。百年相守，竟好一时。君不忆亲，老母心悲。妻独单弱，夜常孤栖，常怀大忧。盖闻百鸟失伴，其声哀哀；日暮独宿，夜长栖栖[6]。太山初生[7]，高下崔嵬[8]。上有双鸟，下有神龟，昼夜游戏，恒则同归。妾今何罪，独无光晖。海水荡荡[9]，无风自波。成人者少，破人者多。南山有鸟，北山张罗，鸟自高飞，罗当奈何。君但平安，妾亦无他。"韩朋得书，意感心悲，不食三日，亦不觉饥。韩朋意欲还家，事无因缘[10]。怀书不谨，遗失殿前。宋王得之，甚爱其言。即召群臣，并及太史："谁能取得韩朋妻者，赐金千斤，封邑万户。"梁伯启言王曰："臣能取之。"宋王大喜，即出八轮之车，騧骝之马[11]，前后仕从，三千余人。从发道路，疾如风雨。三日三夜，往到朋家。

---

[1] 回波：水波回荡。

[2] 青青：同"清清"。

[3] 有时：定时，一定的时期。

[4] 不滋：不滋长。

[5] 吐化：一作"吐花"，意为滋育繁茂。

[6] 栖栖：通"恓恓"，寂寞凄凉的意思。

[7] 太山初生：太山即泰山，比喻极高大的物体；初生：比喻极矮小的物体。

[8] 崔嵬：高大雄伟。

[9] 荡荡：广阔浩大的样子。

[10] 因缘：原因，借口。

[11] 騧骝（guā liú）：良马的名字，此处泛指骏马。

使者下车，打门而唤。朋母出看，心中惊怕。借问唤者："是谁使者？"使者答曰："我是宋国使来，共朋同友。朋为功曹[1]，我为主簿[2]。朋有私书，来寄新妇。"阿婆回语新妇："如客此言，朋今仕宦，且得胜途[3]。"贞夫曰："新妇昨夜梦恶，文文莫莫[4]。见一黄蛇，绞妾床脚。三鸟并飞，两鸟相搏。一鸟头破齿落，毛下纷纷，血流落落[5]，马蹄踏踏[6]，诸臣赫赫[7]。上下不见邻里之人，何况千里之客。客从远来，终不可信。巧言利语，诈作朋书。朋言在外，新妇出看[8]。阿婆报客，但道新妇，病卧在床，不胜医药。承言谢客，劳苦远来。"使者对曰："妇闻夫书，何故不喜？必有他情，在于邻里。"朋母年老，不能察意。新妇闻客此言，面目变青变黄："如客此语，道有他情，即欲结意，返失其里（理）。遣妾看客，失母贤子[9]。从今已后，姑亦失妇[10]，妇亦失姑。遂下金机，谢其玉梭[11]，千秋万岁，不当复织。井水湛湛[12]，何时取汝？釜灶尫尫[13]，何时吹（炊）汝？

---

[1] 功曹：古代官名，早期指郡守、县令的主要佐吏。

[2] 主簿：古代官名，其职责是主管文书，办理事务。

[3] 胜途：亦作"胜常"，俗语，安好之意。

[4] 文文莫莫：朦胧不清的样子。

[5] 落落：零落的样子。

[6] 踏踏：象声词，指马蹄声。

[7] 赫赫：威风显耀的样子。

[8] 看：此处指看待、招待。

[9] 失母贤子：当作"母失贤子"。

[10] 姑：婆婆。

[11] 谢：同"卸"。

[12] 湛湛（zhàn zhàn）：水深的样子。

[13] 尫尫（wāng wāng）：同"汪汪"，液体满满之意。

床席闺房，何时卧汝？庭前荡荡[1]，何时扫汝？园菜青青，何时拾汝？"出入悲啼，邻里酸楚。低头却行，泪下如雨。上堂拜客，使者扶誉[2]。贞夫上车，疾如风雨。朋母于后，呼天唤地，〔号啕〕大哭，邻里惊聚。贞夫曰："呼天何益，唤地何免，驷马一去[3]，何得归返。"

梁伯迅速，日日渐远。初至宋国，九千余里，光照宫中。宋王怪之，即召群臣，并及太史。开书问卜，怪其所以。博士答曰[4]："今日甲子，明日乙丑，诸臣聚集，王得好妇。"言语未讫[5]，贞夫即至，面如凝脂[6]，腰如束素[7]，有好文理[8]。宫人美女，无有及似。宋王见之，甚大欢喜。三日三夜，乐不可尽。即拜贞夫，以为皇后。前后事（侍）从，入其宫里。贞夫入宫，憔悴不乐，病卧不起。宋王曰："卿是庶人之妻，今为一国之母。有何不乐！衣即绫罗，食即咨口[9]。黄门侍郎[10]，恒在左右。有何不乐，亦不欢喜？"贞夫答曰："辞家别亲，出事韩朋，生死有处，贵贱有殊。芦苇有地，荆棘有丛，豺狼有伴，雄兔有双。鱼鳖有水，不乐高堂。燕雀群飞，不乐凤凰。

韩朋赋

---

[1]　荡荡：空旷的样子。
[2]　誉：同"轝"，车舆。
[3]　驷马：指四匹马拉的车。
[4]　博士：古代学官名，源于战国。
[5]　讫：结束。
[6]　凝脂：凝固的油脂。常用以形容洁白柔润的皮肤或器物。
[7]　束素：一束绢帛。形容女子腰肢细柔。
[8]　文理：仪礼。
[9]　咨口：想吃什么就吃什么。
[10]　黄门侍郎：专门负责宫中事务的郎官。

妾〔是〕庶人之妻，不乐宋王之妇。"夫人愁忧不乐，王曰："〔夫〕人愁思，谁能谏〔之〕[1]？"梁伯对曰："臣能谏之。朋年三十未满，二十有余，姿容窈窕，黑发素丝，齿如珂佩[2]，耳如悬珠[3]。是以念之，情意不乐。唯须疾害朋身，以为囚徒。"宋王遂取其言，即打韩朋双板齿〔落〕。并著故破之衣裳，使筑清陵之台。贞夫闻之，痛切忏肠[4]，情中烦怨[5]，无时不思。贞夫谘宋王〔曰〕[6]："既筑清陵〔之〕台讫，乞愿蹔往〔观〕看[7]。"宋王许之。〔乃〕赐八轮之车，骝骢之马，前后侍从，三千余人，往到台下。乃见韩朋，剉草饲马[8]，见妾〔羞〕耻，把草遮面。贞夫见之，泪下如雨。贞夫曰："宋王有衣，妾亦不著；王若有食，妾亦不尝。妾念思君，如渴思浆[9]。见君苦痛，割妾心肠。形容憔悴，决报宋王，何以羞耻，取草遮面，避妾隐藏。"韩朋答曰："南山有树，名曰荆棘，一枝两茎，叶小心平。形容憔悴，无有心情。盖闻东流之水，西海之鱼，去贱就贵，于意如何？"贞夫闻语，低头却行[10]，泪下如雨。即裂裙前三寸之帛，

---

[1]　谏：此处指向帝王陈述各种可能的选择并提出其中最佳者。
[2]　珂珮：珂制的珮饰。珂为玉名。
[3]　悬珠：夜明珠的别称。
[4]　忏：同"肝"。
[5]　怨：同"怨"。
[6]　谘：禀报，启白。
[7]　蹔：同"暂"。
[8]　剉（cuò），古同"锉"，铡切。
[9]　浆：比较浓的液体，指茶酒之类的饮料。
[10]　却行：倒退，往回走。

卓齿取血[1]，且作私书，系着箭上，射与韩朋。朋得此书，便即自死[2]。宋王闻之，心中惊愕，即问诸臣："若为自死[3]？为人所杀？"梁伯对曰："韩朋死时，〔无〕有伤损之处。唯有三寸素书，〔系〕在朋头下。"宋王即〔取〕读之。贞〔夫〕书曰："天雨霖〔霖〕[4]，鱼游池中，大鼓无声，小鼓无音。"宋王曰："谁能辨之[5]？"梁伯对曰："臣能辨之。天雨霖霖是其泪，鱼游池中是其意，大鼓无声是其气，小鼓无音是其思。天下是其言，其义大矣哉！"贞夫曰："韩朋已死，何更再言。唯愿大王有恩，以礼葬之，可不得利后〔人〕。"宋王即遣人城东，掘百丈之旷[6]，三公葬之礼也[7]。贞夫乞往观看："不敢久停。"宋王许之。令乘素车，前后事从，三千余人，往到墓所。贞夫下车，绕墓三匝，噪啼悲哭[8]，声入云中，〔临圹〕唤君，君亦不闻。回头辞百官："天能报〔此〕恩。盖闻一马不被二鞍，一女不事二夫。"言语未讫，遂即至室，苦酒侵衣[9]，遂脆如葱，左揽右揽，随手而无。百官忙怕，皆悉搥胸。即遣使者，〔走〕报宋王。

王闻此语，甚大嗔怒[10]，床头取剑，杀臣四五。

---

[1] 卓齿取血：叩动牙齿以咬破手指，取血写字。
[2] 自死：自杀。
[3] 若为：怎样，怎能。
[4] 霖霖：雨连绵不止的样子。
[5] 辨：解释。
[6] 旷：同"圹"，坟墓。
[7] 三公：中国古代朝廷中最尊显的三个官职的合称。
[8] 噪啼悲哭：号啕大哭。
[9] 苦酒：酸醋。
[10] 嗔怒：恼怒或愤怒的样子。

飞轮来走，百官集聚。天下大雨，水流旷（圹）中，难可得取。梁伯谏王曰："只有万死，无有一生。"宋王即遣〔人〕掘之。不见贞夫，唯得两石，一青一白。宋王睹之，青石埋于道东，白石埋于道西。道东生于桂树，道西生于梧桐。枝枝相当，叶叶相笼[1]，根下相连，下有流泉，绝道不通。宋王出游见之，〔问曰〕："此是何树？"梁伯对曰："此是韩朋之树。""谁能解之？"梁伯对曰："臣能解之。枝枝相当是其意，叶叶相笼是其思，根下相连是其气，下有流泉是其泪。"宋王即遣〔人〕诛伐之。三日三夜，血流汪汪。二札落水，变成双鸳鸯，举翅高飞，还我本乡。唯有一毛〔羽〕，甚好端正。宋王得之，〔遂〕即摩拂其身[2]，大好光彩，唯有项上未好，即将摩拂项上，其头即落。生夺庶人之妻，枉杀贤良。未至三年，宋国灭亡。梁伯父子，配在边疆。行善获福，行恶得殃。

白话译文

　　过去有一位贤能之士，姓韩名朋，他从小就没有兄弟姐妹，又遭遇丧事，失去了父亲，独自奉养年老的母亲。他谨慎地修养身心，奉行孝道，自己打定主意，要去远方求取功名。想到母亲一人住在家中，便娶了一位贤惠的妻子，她是个纯洁的姑娘，年

---

[1] 笼：遮盖，罩住。

[2] 摩拂：拂拭，擦拭。

龄刚刚十七，名叫贞夫。她品行极为贤淑，相貌明艳，风华绝代，身材窈窕，举世无双。虽然她是个女子，却通晓经典著作。凡是她写的文章，都符合上天的旨意。她嫁过来三天，与韩朋情投意合，双宿双飞。（她对韩朋说：）"我与你一起发誓，各自保持自身的忠贞。你不要再娶其他女子为妻，（与我）像鱼和水一样生活，永不分离；我也不会再嫁给他人，到死都只侍奉你一个夫婿。"

　　韩朋离家游历，在宋国做官。预期离开三年，可是过了六年也没有回来。韩朋的母亲想念他，心中充满烦恼；他的妻子想念他，内心自然生发心意，于是忽然便拿起笔，亲手写下书信。信的文采斑斓，言辞如散碎的金子般熠熠生辉，像珠玉那样优美珍贵。她想把信交给他人传递，又害怕人们说些闲言碎语；想把信交给鸟儿传递，可鸟儿总是高高飞翔在天际；想把信交给风儿传递，但风根本无从捉摸，只吹拂于空虚之地。（贞夫想：）信如果有感应，就直接来到韩朋面前；信如果没有感应，就掉落在丛草之间。结果信有感应，直接来到了韩朋面前。韩朋拿到信，打开它读里面的点点滴滴。信上说："浩浩荡荡的白色江水，激荡回旋地日夜流淌。皎洁明亮的月亮，自有飘浮的白云交相映照。清澈的流水，会遵守四季的时节。错过时间不加种植，禾稻和豆类植物都不会旺盛滋长。万事万物的生长繁荣，都不会违背天道的运行规律。长久不得与你相见，我心中充满了思念之情。我们发誓要相守到老，到头来只有暂时的欢娱。你不想念家人，让年迈的母亲心中悲苦不已。妻子孤单柔弱，夜晚常常独自入眠，心中总是怀着巨大的忧虑之情。我听说百鸟失去伴侣时，会发出声声哀鸣；傍晚独自入睡，长夜漫漫，寂寞凄凉。高大的泰山与矮小的初生之物高低悬殊，高处有成双成对的鸟儿，低处有神圣的老龟，它们不分白天黑夜地嬉戏欢闹，总是相伴着一同归去。现在我犯了什么罪过，只有我一人黯然神伤。海水广阔浩大，没有风也会生出波浪。成全别人的人很少，破坏别人的人却很多。南山有鸟雀，却在北山张下罗网，鸟儿兀自高飞而去，罗网又有什么办法。只要你平安无事，我也就没有其他想法了。"韩朋得到书信，心意相感，哀伤悲切，三天没有吃饭，也不觉得饥饿。韩朋想要回家，可找不到回家的借口。他把书藏在怀中，却不够小心，把它遗落在大殿之前。宋王拾得书信，非常喜欢里面的言语。他随即召见群臣和太史公说："谁能够把韩朋的妻子给我带来，我便赐给他千斤的财物，并封给他万户的采邑。"梁伯向宋王启奏说："我能把她带来。"宋王大喜，立即派出八个轮子的车辆和举世罕有的骏马，侍从前呼后拥，多达三千余人。他们你追我赶地在大道上疾驰，速度快得像风雨一般。三天三夜，便来到了韩朋的家门前。

使者下车，拍门叫唤。韩朋的母亲出来探看，心中又惊又怕。她问叫门的人说："使者是哪位？"使者回答说："我是宋国派来的使者，与韩朋是朋友。韩朋当功曹，我是主簿。韩朋有私人的书信，我来传递给新娘子。"老婆婆转头告诉新娘子说："依照来客的这番话，韩朋现在当了官，而且安好无事。"贞夫说："我昨晚做了一个噩梦，梦境模糊不明。我看到一条黄色的蛇缠在我的床脚上。有三只鸟一起飞翔，其中两只鸟互相搏杀，一只鸟头被打破，牙被打落，羽毛纷纷落下，鲜血淋漓，马蹄发出踏踏的声响，诸位臣子威势赫赫。我们平时与邻居都不相见，更何况是从千里之外来的客人。客人从远方而来，说到底是不能相信的。他们花言巧语，伪造韩朋的书信。假如是韩朋在外面，我理当出去招待。请婆婆向客人解释，只说新娘子卧病在床，连医药之苦都禁受不起。请向客人婉转道谢，辛苦他们从远方而来。"使者回答说："妻子听说丈夫有书信寄来，为什么不欢天喜地？一定是与邻里之人私通了款曲。"韩朋的母亲年纪衰老，不能察觉话中挑拨之意。新娘子听客人说出这番言语，脸色变得又青又黄："按照客人的这番言语，说我不肯迎接他是因为与别人私通款曲，如果我执意不与他相见，反而变得不合乎人情事理。如果让我去招待客人，则母亲将会失去有贤德的儿子。从今以后，婆婆将失去儿媳妇，儿媳妇也会失去婆婆。"只好走下织机，卸去梭子，从今以往，年深日久，应当再也不能在上面织布了。（贞夫暗叹：）"深不见底的井水啊，什么时候我能再来将你汲起？盛满了水的锅灶啊，我什么时候能再来用你烧火做饭？闺房中的床席啊，我什么时候能再在你上面安然入睡？空空荡荡的院子啊，我什么时候能再来为你打扫？菜园中的碧绿蔬菜啊，我什么时候能再来采摘你？"她出来进去都在悲伤地哭泣，邻人们听了都心感酸楚。她低头离去，泪如雨下。她走上堂去，拜见客人，使者扶她上了车子。贞夫上车之后，车子飞驰而去，快如风雨。韩朋母亲在车后呼天唤地，号啕大哭，邻居们都吃惊地聚集过来。贞夫说："呼天唤地又会有什么帮助呢？我乘着马车一旦离开，怎么可能再有回头之日。"

梁伯行动迅速，一天天地越走越远。刚到宋国边界，宫中突然大放光明，光照长达九千多里。宋王觉得奇怪，立即传召群臣和太史。打开典籍，卜卦问询，对发生的情况莫名所以。博士回答说："今天是甲子日，明天是乙丑日，各位大臣聚集一处，国王会娶一位美丽的妻子。"话还没说完，贞夫便到来了，脸庞像凝结的油脂般洁白润滑，腰肢像一束绢帛般柔软纤细，并且知书达理。宫中的众多美女，没有一个人能够与她相比。宋王见到她，不由异常欢喜。三天三夜，享乐无尽。于是拜贞夫为皇后，前呼后拥，进入宫中。贞夫进入宫中，面目憔悴，心中抑郁，卧病不起。宋王说："你是普通人的妻子，现在成了一国之母，还有什么不高兴的？绫罗绸缎任你穿，山珍海味尽你吃，宫女太监，随叫随到。你还有什么不高兴的？有什么不欢喜的？"贞夫回答说："我辞别家人，告别亲友，出嫁韩朋，生死自有天定，贵贱各有不同。芦苇在它该生长的地方生长，荆棘在它该聚集的地方丛生，豺狼拥有自己的伴侣，野鸡和野兔也各自成双成对。鱼鳖生活在水里，并不喜欢高高大大的厅堂。燕雀成群结队地在空中飞翔，并不想当什么凤凰。我是普通人的妻子，不愿意当宋王的夫人。"夫人忧愁不快，宋王说："夫人心怀愁思，有谁能想出办法来解决（这个问题）？"梁伯回答说："我能够想出办法来。韩朋二十多岁，不到三十，长相秀美，身材窈窕，黑发像丝绸般顺滑，牙齿像珂玉般洁白，耳朵与夜明珠无二。因此（夫人）想念他，心情抑郁不快。必须尽快弄残韩朋的身体，使他成为囚徒。"宋王于是采纳了他的话，当即将韩朋的两颗门牙打落，并让他穿上破旧的衣裳，前去修筑清陵台。贞夫听说了此事，痛苦异常，肝肠寸断，心中烦恼怨恨，没有一刻不思念韩朋。贞夫禀报宋王说："等清陵台修筑好了，我请求前去观看。"宋王答应了她的要求。（于是）赐给她八轮的马车和高头大马，前后侍从达三千多人，随她来到清陵台下。（贞夫）于是见到了韩朋，他正在铡草喂马，见到贞夫，心感羞耻，用草把脸遮了起来。贞夫看到这种情况，泪如雨下。贞夫说："宋王有华丽的衣裳，我穿也不穿；宋王有美味的饭食，我尝也不尝。我思念你，就如渴的时候想要喝饮料那样。看到你遭受痛苦，我心如刀割，面目憔悴，坚决地禀报宋王（要求前来）。你为什么感到羞耻，用草遮住面容，回避着不见我。"韩朋回答说："南山上有棵树，名字叫作荆棘，一根树干上长着两根树枝，叶子细小，不求攀高。（我）相貌憔悴，没有见你的心情。我听说东流的河水和西海的游鱼都会离开低贱之地，趋向高贵之处，你对此有何看法？”贞夫听了这番话，低着头往回走，泪如雨下。随即撕裂裙子前面的三寸绢帛，叩动牙齿，咬破手指取血，写下私密的书信，绑在箭头上面，射给韩朋。韩朋得到这封信，随即自杀身亡。宋王听说了这件事，心中惊愕，于是问诸位大臣：“（韩朋）怎么会自杀？还是被人杀害的？”梁伯回答说：“韩朋死的时候，身上没有受伤的地方。只有写在三寸白绢上的信，系在韩朋的头下。”宋王便拿信来读。贞夫的信上说：“天上的雨水霖霖，鱼在池中游弋，大鼓没有声音，小鼓没有音响。”宋王说：“谁能解释这些话？”梁伯回答说：“我能解释。天上的雨水霖霖，是她的眼泪，鱼在池中游弋，是她的心意，大鼓没有声音，指的是她的气息，小鼓没有音响，指的是她的思念之情。普天之下都是她的话语，里面充满了意义！”贞夫说：“韩朋已经死了，还需要说什么呢。只愿大王降下恩德，遵照礼仪将他埋葬，这样岂不对后来的人也有好处。”宋王于是派人在城东挖下百丈见方的坟墓，依照三公之礼安葬了朝朋。贞夫请求前去观看，说：“我不敢长久地停留在那里。”宋王答应了她的要求，让她乘坐白色的车辆，前后侍从达三千余人，前往坟墓所在之地。贞夫下车，绕着坟墓走了三圈，号啕大哭，声音上达云霄：（我在坟墓前面）呼唤你，你也听不到了。（贞夫）回头向百官辞别说：“上天会回报（这一）恩德。我听说一匹马不披两副马鞍，一个女子不能嫁两个丈夫。”话还没说完，便已走入墓室，（因为事先）用酸醋侵蚀了衣服，衣服脆得像葱一样，左右的人想去抓她，（但衣服）随手变成了粉末，（贞夫跳入坟墓而亡）。百官又急又怕，全都捶胸顿足。赶快派遣使者，跑去报告宋王。

宋王听说了这番话，非常恼怒，取下床头宝剑，杀了四五个大臣。飞车赶来，百官群集。天上降下大雨，雨水流入墓中，难以找寻贞夫。梁伯向宋王进言说："（贞夫）只可能死去，不可能存活。"宋王立即派人挖掘。没有见到贞夫，只挖到两块石头，一块青色，一块白色。宋王看到它们，（命令）把青石埋在道路的东边，把白石埋在道路的西边。道路的东边长出一棵桂树，道路的西边长出一棵梧桐。它们树枝与树枝相连，叶子与叶子相遮，根在地下相互连接，下面有流动的泉水，阻绝了道路。宋王出游的时候看见了它们，（问道：）"这是什么树？"梁伯回答说："这是韩朋树。""谁能对此作出解释？"梁伯回答说："我能解释。树枝与树枝相连是他们的心意，叶子与叶子相遮是他们的情思，根在地下相连是他们的气息，下面流动的泉水是他们的眼泪。"宋王于是派人把两棵树伐倒。三天三夜，血流不止。两根树枝落入水中，变成了一对鸳鸯，它们展翅高飞，回到家乡。只有一根羽毛（落下），非常端正美好。宋王得到了它，（于是）用它来拂拭身体，身体放出耀眼的光彩。只有脖子上有所不足，于是（宋王）拿它拂拭脖子，他的头便落了下来。（宋王）活着时抢夺百姓的妻子，枉杀贤良之人。不到三年时间，宋国灭亡。梁伯父子，被发配到边疆。（一个人）行善就会获得福报，作恶则会遭致祸殃。

品　读

中国古代有不少令人唏嘘的爱情故事，相爱的人在活着时爱情无法圆满，只能寄希望于死后能永远相伴，于是我们看到，《孔雀东南飞》中，刘兰芝与焦仲卿为了爱情，一个"举身赴清池"，一个"自挂东南枝",最终"两家求合葬,合葬华山傍。东西植松柏,左右种梧桐。枝枝相覆盖,叶叶相交通。中有双飞鸟,自名为鸳鸯。仰头相向鸣,夜夜达五更"。《长恨歌》中,唐玄宗与杨贵妃生死相隔,只留下长生殿上的誓言犹在人耳:"在天愿作比翼鸟,在地愿为连理枝。天长地久有时尽,此恨绵绵无绝期。"民间故事中梁山泊与祝英台为了爱情,一个相思成疾而死,一个投身墓穴而亡,最终双双化蝶飞去。这些爱情悲剧,在中国几乎家喻户晓,主人公们虽则大多以身殉情,却已成为人们心目中理想爱情的代表。然而,敦煌《韩朋赋》中韩朋与贞夫的爱情故事,较上述故事更跌宕起伏,更凄恻可悲,更令人动容,却长久以来湮没无闻,实在是一种遗憾。

《韩朋赋》是敦煌文学中的故事赋体裁作品。敦煌故事赋又称敦煌俗赋,是一种以白话韵文说理叙事的通俗赋体,是我国古代辞赋通俗化的产物。《韩朋赋》诸写卷中,S.2922 卷末行题"癸巳年三月八日张忧道书了",日本学者金冈照光据此推测其抄写年代当为 933 年[1]。其创作时间,目前尚无定论。或认为乃唐人所作,或认为它同其他敦煌变文一样,皆产生于唐末、五代至宋初,还有人从内容、音韵等方面考证,大致将创作时间推定为初唐前,或为晋至萧梁间的作品[2]。

从内容上看,《韩朋赋》表现的是民间百姓所喜闻乐见的坚贞爱情故事和复仇故事,又通过曲折回环的情节得以讲述。韩朋夫妇倾心相爱,但因韩朋出仕而不得不暂时分离。漫长的离别让贞夫无比思念韩朋,她写信给韩朋诉说衷情,令韩朋深受感动,

---

[1]　有关《韩朋赋》诸本的抄写时间,可参见伏俊琏:《敦煌赋及其作者、写本诸问题》,《南京师范大学学报》2003 年第 2 期。

[2]　李纯良:《敦煌本〈韩朋赋〉创作时代考》,《敦煌研究》1989 年第 1 期。

但这封信不幸被宋王偶然看到，激起了宋王对贞夫的兴趣，使得原本普通的故事急转直下。在宋王的胁迫下，贞夫被迫进入王宫，成为宋王的王后，但她依旧终日思念韩朋，快快不乐。宋王为达到独占贞夫的目的，在梁伯的教唆之下，毁掉韩朋的容貌，并让他去修筑清陵台。贞夫借看清陵台之机探望韩朋，却被韩朋误解，于是写血书以明心迹。韩朋看信后，自杀身亡。爱情悲剧由此加深。贞夫先请宋王厚葬韩朋，后跳入坟墓赴死，将爱情悲剧推向高潮。两人死后分别化为青白二石。宋王仍欲拆散二人，将青白二石分别埋在道路东西两旁，结果道路两旁分别长出桂树和梧桐，枝叶相连。宋王命人伐树，树枝又化为鸳鸯飞去，使两人的爱情得以告慰人心。此处的又一转折是，鸳鸯遗下的一根羽毛最终化为利剑，将宋王的头颅砍下，对两人爱情悲剧的罪魁祸首进行了复仇。后来宋国灭亡，曾经助纣为虐的梁伯父子也被发配边疆，善恶终得果报。爱情在面对黑恶势力的威胁时更显坚贞不屈，而以死抗争的复仇故事则反映了人们对社会正义的渴求。

《韩朋赋》的故事出自干宝《搜神记》卷十一：

> 宋康王舍人韩凭，娶妻何氏，美，康王夺之。凭怨，王囚之，论为城旦。妻密遗凭书，缪其辞曰："其雨淫淫，河大水深，日出当心。"既而，王得其书，以示左右，左右莫解其意。臣苏贺对曰："其雨淫淫，言愁且思也；河大水深，不得往来也；日出当心，心有死志也。"俄而凭乃自杀。
>
> 其妻乃阴腐其衣。王与之登台，妻遂自投台；左右揽之衣，不中手而死。遗书于带曰："王利其生，妾利其死，愿以尸骨，赐凭合葬！"

王怒，弗听，使里人埋之，冢相望也。王曰："尔夫妇相爱不已，若能使冢合则吾弗阻也。"宿昔之间，便有大梓木生于二冢之端，旬日而大盈抱。屈体相就，根交于下，枝错于上。又有鸳鸯雌雄各一，恒栖树上，晨夕不去，交颈悲鸣，音声感人。宋人哀之，遂号其木曰"相思树"。相思之名，起于此也。南人谓此禽即韩凭夫妇之精魂。

今睢阳有韩凭城。其歌谣至今犹存。[1]

《搜神记》中的这则故事言简意赅，重在叙事，把韩凭夫妇的事迹交代得十分清楚，但相较于《韩朋赋》，它显然缺少了这样几点：一是对人物形象的生动刻画；一是对人物情感的抒情表达；一是语言文字的优美动人；一是对读者心理的体贴关照。

《韩朋赋》对人物形象的刻画可谓饱满生动。虽名为《韩朋赋》，但两位爱情主人公中，韩朋的形象着墨并不多。他的外在形象主要是借梁伯之口说出："朋年三十未满，二十有余。姿容窈窕，黑发素丝，齿如珂珮，耳如悬珠。"而他的优异品质和对爱情的坚贞，则通过他的行动来加以体现。如他"谨身行孝"的品质，是通过他不愿在自己离家出游时令母亲独居而娶妻之举来表现。他对贞夫的思念，通过他收到贞夫的信之后，"意感心悲，不食三日，亦不觉饥"的行为来表现。他在被宋王打落牙齿后见到贞夫时以袖遮面、避而不见的举动，一则是因为他有些自惭形秽，一则出于误会贞夫另攀高枝之后的不屑。他在接到贞夫血书之后自杀身死之举，更体现了他忠于爱情而视死如归的精神。

---

[1] 干宝：《搜神记》，长沙：岳麓书社，1989年，第97页。

相比之下，贞夫的形象是全文的重点。她的外在形象，先是通过故事叙述者之口道出："已贤至圣，明显绝华，形容窈窕，天下更无。"她不但具有无人可比的贤良淑德，而且身材窈窕，美貌无双。之后，又则借宋王及诸臣之眼描画："面如凝脂，腰如束素，有好文理。官人美女，无有及似。"后宫佳丽无数的宋王都没有见过贞夫这样的美人，不由自主地对她一见钟情。但文中更加强调贞夫"明解经书"的才华和她对爱情的忠贞不渝。文中一开始便出现了她对韩朋的誓言："共君作誓，各守其躯。君亦不须再娶，如水如鱼；妾亦不须再嫁，死事一夫。"这誓言虽不像乐府民歌《上邪》中"天地合，乃敢与君绝"的誓言那样激情四溢，也不如敦煌词《菩萨蛮》中"要休且待青山烂"的誓言那般铿锵有力，却以一个不再娶、一个不再嫁的平实语言，将两人如鱼得水的欢好现状与贞夫"死事一夫"的心意道尽，非常符合贞夫这个"凡所造作，皆合天符"的才德女子的身份。这誓言既是两人爱情故事展开的前提，也预示了后来两人践行誓言的悲剧结局。贞夫的才华更体现在她前后写给韩朋的两封信中。韩朋一去六年不归，贞夫在思念之余写下的第一封才华横溢而情感深挚的书信，可谓是整个故事的枢机。她用了《诗经》常用的比兴手法，先以"浩浩白水，回波而流。皎皎明月，浮云映之。清清之水，冬夏有时。失时不种，禾豆不滋"这几句话起兴，点明自然界的万事万物，大到长河明月，小到禾苗豆类，都有固有的自然规律，"万物吐化，不违天时"，为的是说明自己情感的自然而然："久不相见，心中存思。"有以前的誓言在先，她对韩朋的一往情深自然无可指责，相比之下，"百年相守，竟好一时"，相爱的人不能长相厮守则是违背了天理。此外，因为韩朋的离去而造成的"老母心悲""妻独单弱"等也不合人情。信中"上有双鸟，下有神龟。昼夜游戏，恒则同归。妾今何罪，独无光辉"是用反衬的手法，以鸟、龟的双双相伴对比自己的孤独凄凉，多少哀怨委屈尽在其中。"南山有鸟，北山张罗，鸟自高飞，罗当奈何？"则是比，用在北山布下罗网想要诱捕南山之鸟的无措之举，传神地表达了韩朋在外游历而自己无法改变分离现状的无可奈何之情。"君但平安，妾亦无他"的结语，则显示了她理解丈夫、温柔敦厚的品质。这样的信件任谁读了会不为之动容？这也就难怪宋王在读完拾到的此信后会对贞夫顿生渴慕之心了。贞夫的第二封信是在被韩朋质问之后写就的。韩朋不明真相，以为贞夫背叛了自己，以"盖闻东流之水，西海之鱼，去贱就贵，于意如何"暗讽贞夫为攀高枝而违背誓言。"贞夫闻语，低头却行，泪下如雨。"她没想到，自己千方百计地与韩朋相见，换来的却是丈夫的避而不见和反唇相讥。她扯破裙子，咬破手指，写下血书："天雨霖〔霖〕，鱼游池中，大鼓无声，小鼓无音。"这简单的几句话，却让韩朋读后"便即自死"，因为它们太有力量了："天雨霖霖是其泪，鱼游池中是其意，大鼓无声是其气，小鼓无音是其思。天下是其言，其义大矣哉！"她通过"天雨霖霖"来比喻自己流不尽的眼泪，用"鱼游池中"来回忆与韩朋"如鱼如水"的爱情，用大鼓、小鼓俱无声音来诉说自己坚守誓言、为爱情赴死的决心。这一次，她用看似隐晦不明实则惊天动地的语言，将一个女子的痴情与决绝道出，而作为她的知音的韩朋看后，自然心领神会，于是先赴黄泉去等待自己的爱人了。

贞夫的才华与聪慧也体现在书信之外。当梁伯前来骗其前往宋国时，贞夫当即识破了梁伯的欺骗行径，她告诉婆婆："客从远来，终不可信。巧言利语，诈作朋书。"只可惜婆婆未能听从她明智的建议。在被拜为王后之后，虽然从"庶人之妻"一跃而为"一国之母"，"衣即绫罗，食即咨口。黄门侍郎，恒在左右"，可贞夫仍"憔悴不乐，病卧不起"。在遭到宋王责问时，贞夫回答："鱼鳖在水，不乐高堂。燕雀群飞，不乐凤凰。妾是庶人之妻，不乐宋王。"这也是一种比：鱼鳖虽低贱，但它们只愿在水中自由地生活，因为到了高堂之上，反而会要了其性命；燕雀虽微小，可它们成群结队地飞来飞去却是那么自在快活，哪怕是拿百鸟之王凤凰与其作身份交换，它们也不屑一顾；同样，贞夫只愿意与韩朋过着普通夫妻的恩爱生活，嫁给宋王当王后这件事，则完全违背了她的心意。几句话，突出了其不贪富贵、不畏强暴的品质。为了见到韩朋，她借口要看清陵台的修筑，得到宋王许可。韩朋死后，她先是对宋王晓之以理，请求宋王厚葬韩朋："韩朋已死，何更再言！唯愿大王有恩，以礼葬之，可不得利后人？"使得韩朋最终被葬于百丈之圹，等同三公之礼。随后，贞夫又"乞望观看"，假称"不敢久停"，又获得宋王许可。等到了韩朋墓前，她才当众宣布："一马不被二鞍，一女不事二夫"，事先以苦酒浸衣，在使他人无法救援的情况下，跳入百丈深的墓中，与韩朋共死。这些描写在体现贞夫聪明才智的同时，其不惜为爱情献身的刚烈忠贞形象，也得到充分刻画。

另外，宋王的好色残暴、梁伯的贪财狡诈，在文中也多有表现。宋王对贞夫留情，是因为看到了韩朋遗失在大殿前的贞夫书信。在明知人家夫妇相爱的情况下，他竟招来群臣，以金千斤、邑万户为诱惑，要求他们为自己把"韩朋妻"弄来。及见到贞夫，"甚大欢喜。三日三夜，乐不可尽。即拜贞夫，以为皇后"。这种完全不顾他人情感，只想满足个人私欲的做法，使他成为了韩朋夫妇爱情悲剧的刽子手。出于嫉妒，也为了让贞夫死心，他派人打掉韩朋双板齿，故意弄破他的衣裳，让他去修清陵台。当贞夫跳入韩朋墓穴与之共死之后，宋王"甚大嗔怒，床头取剑，杀臣四五"，可谓草菅人命、残暴异常。在《搜神记》的故事中，宋王尚且有点人性，在韩凭夫妇俱死之后说："尔夫妇相爱不已，若能使冢合则吾弗阻也。"而《韩朋赋》中，宋王不但命人把从韩朋墓中挖出的一青一白两块石头分别埋于道路的东西两侧，而且在它们分别生出"枝枝相当，叶叶相笼"的连理树后，"遣（人）诛伐之。三日三夜，血流汪汪。"其狠毒无情超出了常人的想象。梁伯则助纣为虐，在宋王以财富官职为条件寻找能够找来贞夫的人时，马上跳出来说："臣能取之。"到了贞夫家后，他巧言令色，欺骗韩朋之母，又在贞夫拒绝出来见他时挑拨说："妇闻夫书，何故不喜？必有他情，在于邻里。"污蔑贞夫与邻人有私情，迫使她不得不出来自证清白，极尽卑鄙下作之能事。他又善于逢迎，对宋王谄媚之至，当宋王发问"（夫）人愁思，谁能谏之"时，他又跳出来说"臣能谏之"，而他出的主意不外是，"唯须疾害韩朋身，以为囚徒"，让年轻俊美的韩朋，失去了珂珮般的牙齿，在贞夫面前变得自惭形秽。他又有些小聪明，动不动就去为宋王解韩朋夫妇之间的暗语，其结果都是引得宋王更加暴跳如雷，更加痛下杀手，而自己最终也只落了个"配在边疆"的下场。

从审美角度看，《韩朋赋》故事具有民间故事所特有的浪漫色彩。贞夫写下寄托思念之情的信后，"意欲寄书与人，恐人多言；意欲寄书与鸟，鸟恒高飞；意欲寄书与风，风在空虚。"于是全靠书信自己的意愿："书若有感，直到朋前；书若无感，零落草间。"这种书信自寄的方式，显然承之于古人鸿雁传书或鲤鱼传书的浪漫，而又将传书的媒介完全去除，从而体现有情人之间的心意相通。贞夫跳入韩朋墓穴后，宋王派人寻找，结果"不见贞夫，唯得两石，一青一白"。被埋在道东和道西的两块石头，分别长成桂树和梧桐，"枝枝相当，叶叶相笼。根下相连，下有流泉，绝道不通"。其后更化为鸳鸯，"举翅高飞，还我本乡"。这样的文字，既承传了《孔雀东南飞》中"东西植松柏，左右种梧桐。枝枝相覆盖，叶叶相交通。中有双飞鸟，自名为鸳鸯。仰头相向鸣，夜夜达五更"的描写，也是白居易《长恨歌》中"在天愿为比翼鸟，在地愿为连理枝"的美好誓言的具体体现。而《韩朋赋》更进一步的是，与《搜神记》韩凭夫妇的结局以及《孔雀东南飞》等爱情故事的结局有所不同，韩朋夫妇最终不仅化为双鸳鸯飞回了家乡，而且通过让鸳鸯之羽毛化为利剑断取宋王头颅的描写，以极其浪漫的方式向自己爱情悲剧的始作俑者报了仇。从某种程度上来说，这是为了满足读者的心理需求，它不想让人们觉得这世界是如此不公平，有权有势的人可以恣意欺压"庶人"，而普通民众只能无奈地接受苦难。所以，即使在现实中无能为力，它也要在想象中达成恶有恶报的终局，用迟到的正义冲淡一下那苦涩的人生，为无边的黑暗加上一抹浅浅的亮色。这是作者的善意，使身为读者的我们不致陷入韩朋夫妇的那种绝望。

《韩朋赋》的语言别具特色。全文以四言韵语为主，具有诵读性、民间性。如贞夫临去宋国之前，面对家中的一切，一一与之展开对话："井水湛湛，何时取汝？釜灶厎厎，何时吹（炊）汝？床席闺房，何时卧汝？庭前荡荡，何时扫汝？园菜青青，何时拾汝？"文字既新巧又不失朴实，将贞夫辛勤劳作的日常和依依不舍的心情表达得亲切感人。在见到韩朋之后，贞夫毫不掩饰地坦露心声："宋王有衣，妾亦不着；王若有食，妾亦不尝。妾念思君，如渴思浆。见君苦痛，割妾心肠。"这简单直白的语言，使一个对韩朋一往情深、对爱情矢志不移的形象跃然纸上。文中少有的七言字句也是建立在四言基础之上，主要出现在梁伯两次为宋王解惑之时。一次是解释贞夫信中的文字："'天雨霖霖'是其泪，'鱼游池中'是其意；'大鼓无声'是其气，'小鼓无音'是其思。天下是其言，其义大矣哉！"一次是解释韩朋夫妇死后变成连理树的现象："枝枝相当是其意，叶叶相笼是其思。根下相连是其气，下有流泉是其泪。"这种字数的变化，并不影响全文的韵律和节奏，反而使文字变得更为生动。它还善用民间格言式的表达，如贞夫在给韩朋的信中说："海水荡荡，无风自波。成人者少，破人者多"，用以暗示贞夫对未来悲剧命运的预感和惶恐。贞夫与婆婆告别时说："呼天何益，唤地何免。驷马一去，何得归返。"既是对婆婆的劝勉，也是对婆婆的埋怨，更是对自己预感中的悲剧命运的无奈叹息。在回答宋王对自己"有何不乐，亦不欢喜？"的问题时，贞夫说："芦苇有地，荆棘有丛，豺狼有伴，雉兔有双。"用自然界物以类聚、各有本分之理以说明自己身为庶人之妻，不愿为一国之母的态度。至于其在韩朋墓前对众人所说的"盖闻一马不被二鞍，一女不事二夫"，则更是直接将民间谚语化为对自己行为的解释了。故事最后"行善获福，行恶得殃"的结语，也是民间善有善报、恶有恶报的说法的另一种表达，代表了作者与读者的美好愿望。至于文中比兴的运用等特色，上文已有解说，兹不赘述。

《韩朋赋》虽系想象，但历史上并不乏可资为据的故事。如春秋时的息夫人，本为息国国君之夫人，在楚国灭了息国后，被楚王强娶，后虽生二子，却始终默默无言。楚王问她为什么不说话？她答道："吾一妇人而事二夫，纵弗能死，其又奚言！"（《左传·庄公十四年》）西晋石崇的宠妾绿珠，美艳而善吹笛，被孙秀所觊觎，孙秀在向石崇索取绿珠而不得的情况下，劝赵王司马伦杀掉石崇，"崇谓绿珠曰：'我今为尔得罪。'绿珠泣曰：'当效死于官前。'因自投于楼下而死。"（《晋书·石崇传》）至唐代，

《旧唐书·乔知之传》记载："知之时有侍婢曰窈娘，美丽善歌舞，为武承嗣所夺。知之怨惜，因作《绿珠篇》以寄情，密送与婢，婢感愤自杀。承嗣大怒，因讽酷吏罗织诛之。"孟棨《本事诗》载：唐玄宗的兄长宁王李宪因看上卖饼人妻子的美貌而强行将其夺入府中。一天，李宪宴客，把卖饼人召进府，女子见了丈夫，不由凄然泪下，王维随即作《息夫人》一诗曰："莫以今时宠，难忘旧日恩。看花满眼泪，不共楚王言。"可见，女子因强权而被迫与相爱的人分离之事在历朝历代层出不穷，但她们以自己的方式进行的反抗也持续不断。《韩朋赋》中的贞夫，不但貌美无双，而且精通文理，无疑可为这些女子代言，替她们倾吐相思，控诉强权，希求正义，而这，也许就是《韩朋赋》真正的价值所在。

亲情篇

父母恩重经讲经文（节选）[1]

经[2]：受如是苦，生我此身，咽苦吐甘，抱持养育。洗濯不净，无惮劬劳。忍热受寒，不辞辛苦。乾（干）处儿卧，湿处母眠。三年之中，饮母白血。

此唱经文[3]，分之为二。初解辛勤保护[4]，次释回乾（干）就湿[5]。两段不同。且是弟（第）一辛苦保护。经道"如是辛苦，生我此身"，至"不辞辛苦"。

此是世尊告阿难[6]。道娑婆浊世[7]，一切众生，皆因父母所生，咽苦吐甘[8]，专心保护，抱持养育，不离怀中。洗浊（濯）之时，岂辞寒热。若是家翁在上[9]，伯叔性难[10]。昼夜不惮劬劳[11]，旦夕常怀忧惧。

---

［1］ 敦煌《父母恩重经讲经文》有两个系统，P.2418 及俄 дх03457（仅存 6 行上截，不足 50 字）为系统 一，北敦 06412（北 8672／河 12）为系统二。此处录文节选自《父母恩重经讲经文》（一），参考录文见：王重民等：《敦煌变文集》，北京：人民文学出版社，1984 年，672—694 页；黄征、张涌泉：《敦煌变文校注》，北京：中华书局，1997 年，第 969—998 页；项楚：《敦煌变文选注》（增订本），北京：中华书局，2019 年，第 1153—1212 页。

［2］ 经：即《父母恩重经》。

［3］ 唱：唱诵。

［4］ 解：解释。

［5］ 次：其次。释：解释。回乾（干）就湿：指母亲在婴儿尿床后，将婴儿移至干处，自己睡在被尿湿的地方。

［6］ 世尊：释迦牟尼佛的尊称。阿难：释迦牟尼佛的十大弟子之一，全称阿难陀，意译为欢喜、庆喜、无染，善记忆，对于佛陀之说法多能朗朗记诵，故被誉为多闻第一。

［7］ 娑婆浊世：娑婆世界与五浊恶世的合称。娑婆世界指俗世之人所居的大千世界，俱归释迦牟尼佛教化。五浊恶世，佛教谓尘世因五种浑浊不净而导致人们烦恼痛苦炽盛，五浊即劫浊、见浊、烦恼浊、众生浊和命浊。

［8］ 咽苦吐甘：指母亲自己吃粗劣不好吃的食物，而以甘美的食物哺育婴儿。形容母爱之深。

［9］ 家翁：家同"姑"，指丈夫的母亲。翁：丈夫的父亲。即公公婆婆。

［10］ 伯叔：女子称丈夫的哥哥为伯，弟弟为叔。性难：脾气不好，生性喜欢责难别人。

［11］ 不惮：不怕。劬劳：劳累，辛苦。

冲寒受热[1]，盖是寻常，台举女男[2]，不辞辛苦。颜容顦顇（憔悴），形貌汪羸[3]。争忍长成[4]，不生酬答。

若是严天月[5]，苦恼难申说。

手冷彻心酸，十指从头烈（裂）[6]。

一伴（畔）喂孩儿[7]，伏仕（事）又依时节[8]。

伯叔及翁婆[9]，由（犹）更嫌痴拙[10]。

往往泪如婆[11]，时时心似割。

无处说心诚，苦恼如何彻[12]。

只为小婴孩，洗浊（濯）无时节。

更深上（尚）未眠，颠坠身羸劣[13]。

就中苦是阿娘身[14]，台举孩儿岂但（惮）频。

洗浣宁辞寒与热[15]，抱持不惓苦兼辛[16]。

时时爱被翁婆怪[17]，往往频遭伯叔嗔；

只为这婴孩相系绊，致令日夜费心神。

---

[1] 冲寒：冒着寒冷。受热：忍受炎热。

[2] 台举：即抬举，意为照料，抚育。女男：儿女。

[3] 汪羸：即尪羸，意为瘦弱。

[4] 争忍：何忍，怎忍。

[5] 严天月：天气极寒的月份。

[6] 从头：一一，全部。

[7] 一伴（畔）：一边，表示动作同时进行。

[8] 伏仕（事）：侍候，服侍。

[9] 翁婆：公公婆婆。

[10] 尤（犹）：仍然，还要。痴拙：愚笨。

[11] 泪如婆：即泪如波。一说"婆"指婆婆，指眼泪纵横的样子。

[12] 彻：结束，完结。

[13] 颠坠：原指坠落、跌落，此处当指日夜颠倒。羸劣：瘦弱，疲弱。

[14] 就中：其中。

[15] 洗浣：洗涤。

[16] 抱持：搂抱，抱住。惓：古同"倦"。

[17] 爱：常常，往往。

115

所以经云，受如是苦，咽苦吐甘，抱持养育云云至不辞辛苦。上说弟（第）一辛懃（勤）保护也。

弟（第）二，回乾（干）就湿者。经道：乾（干）处儿卧，湿处母眠，三年之中，饮母白血。若是九夏洗浣[1]，稍似不难[2]，最是三冬，异常辛苦。有人使唤，由（犹）可辛懃（勤），若是无人，皆须自去。堂前翁婆伯叔，日日祗承[3]。怀抱吱（痴）騃小孩儿[4]，又朝朝台举。一头洗浊（濯）秽污，一伴（畔）又喂饲女男。湿处母眠，乾（干）处儿卧。十月之内，受无限难辛；三年之中，饮没量多血乳[5]。致使娘娘形貌[6]，日日汪嬴；慈母颜容，朝朝瘦悴。

回乾（干）就湿为常事，三载辛勤情不已。

辛苦朝朝有泪垂，煎熬夜夜无眠睡。

貌汪嬴，形瘦悴，鸾镜凤钗皆厌弃。

往往人前恰似痴，时时座内由（犹）如醉[7]。

只为长时，驱驰辛苦，形貌精神，都来失绪[8]。

一头承仕（事）翁婆[9]，一伴（畔）又剸缚男女[10]。

日夜不曾闲，往往啼如雨。

---

[1]　九夏：夏季，夏天。

[2]　稍似：稍微。

[3]　祗承：恭敬地侍奉。

[4]　吱（痴）騃：年少无知。

[5]　没量多：多得无法计量。血乳，即上文的白血，代称乳汁。

[6]　娘娘：母亲。

[7]　座内：座席之内。

[8]　都来：全部。失绪：失去，没有残留。

[9]　承仕（事）：服侍，侍奉。

[10]　剸缚（tuán fù）：对付，约束，此指照料小孩。

回乾（干）就湿最艰难，终日驱驱更不闲[1]。

洗浣岂论朝与暮，驱驱何惮热兼寒。

每将乾（干）暖交（教）儿卧，湿处寻常母自眠。

三载长来长若此，不报深恩争得安。

所以经云：乾（干）处儿卧，湿处母眠，三年之中，饮母白血。孩子始从生下，直至三年，饮母胸前白乳。渐渐离于怀抱，身作童儿，转系母心，百般忧念。临河傍井，常忧漂溺之虞[2]；弄狗捻刀[3]，每虑啮伤之苦[4]。云云[5]

孩儿渐长成童子，慈母忧心不舍离；

近火专忧红焰烧，临河恐坠清波死。

捉蝴蝶，趁猧子[6]，弄土拥泥向街里[7]。

盖为娇痴正是时[8]，直缘騃小方如此[9]。

渐离怀抱作婴孩，蔔蔔初行傍砌阶[10]。

语似娇鹦初啭舌[11]，笑如春树野花开。

浑家爱惜心无足[12]，眷属娇怜意莫裁[13]。

门外忽闻啼哭也，慈母奔波早到来。

---

[1] 驱驱：奔走辛劳。

[2] 漂溺：漂没，淹没，这里指溺水而死。虞：忧虑。

[3] 弄狗：逗狗。捻：拿，捏，举。

[4] 啮伤：咬伤，伤害。

[5] 云云：表示有所省略，相当于等等、之类。

[6] 趁：追赶。猧子：小狗。

[7] 弄土拥泥：玩泥巴。

[8] 娇痴：天真可爱而不解事。

[9] 直缘：只缘，只因为。騃小：小而无知。

[10] 蔔蔔：即匍匐，贴地爬行。砌阶：台阶。

[11] 啭舌：发出婉转的啼鸣。

[12] 浑家：全家。

[13] 眷属：家眷，亲属。莫裁：不节制。

婴孩渐长作童儿，两颊桃花色整辉[1]。

五五相随骑竹马，三三结伴趁猢儿。

贪逐胡（蝴）蝶抛家远，为钓青苔忘却归。

慈母引头千度觅[2]，心心只怕被人欺。

故知慈母惜婴孩，怜念交招（教诏）役意怀[3]。

日月迁移年渐长，仕（士）农工巧各跻排[4]。

一头训诲交（教）仁义，一伴（畔）求婚嘱咋（作）媒。

佛向经中说着里[5]，依文便请唱将来[6]。

白话译文

经文：（母亲）受了这么大的苦生下了孩子，自己吃苦涩粗劣的东西，把甘美的食物喂给孩子吃，抱抚孩子，养育孩子。为孩子清洗弄脏的身体和衣物，不怕辛苦劳累。干的地方让孩儿卧，湿的地方母亲自己睡。三年的时间里，（孩子）喝的是母亲血液凝就的乳汁。

唱诵的这段经文分成两部分。先来解释辛勤保护这部分，再来解释回干就湿这部分。两个部分内容有所不同。先来说辛苦保护这第一部分，即经文从"（母亲）受了这么大的苦生下了孩子"至"不怕辛苦劳累"这里。

---

[1] 整，意为端正。辉：神采奕奕。

[2] 引头：伸着头。

[3] 教诏：教训，教诲。役意怀：费心思。

[4] 士农工巧：代指士、农、工、商等各种职业。工巧：即工。跻排：同挤排，指拥挤，推挤。

[5] 里：语气助词，相当于"哩""呢"。

[6] 依文便请唱将来：讲经文中表示上段经文结束，提示唱诵下段经文的过阶语。

这是释迦牟尼佛对弟子阿难说的一番话。他说，在这人类居住的浑浊不净的大千世界，所有的生物都由父母所生，父母自己吃苦涩粗劣的东西，把甘美的食物喂给孩子，一心一意地保护孩子，搂抱他，养育他，不让他离开自己的怀抱。不顾严寒酷暑，总在为孩子清洗东西。假如上面有公公婆婆，大伯子小叔子又生性难缠，（母亲）虽不怕昼夜不停地操劳辛苦，却也从早到晚都心怀忧虑恐惧。冒着严寒，忍受酷暑，这对她来说完全是种常态，就这样照顾着儿女，不辞辛苦。她的容颜变得憔悴，身体样貌显得瘦弱不堪。（孩子）何忍在长大成人之后，不去报答母亲的恩情。

若是严寒月份，苦恼难以诉说。手指冷到钻心，指头一个又一个地冻得开裂。

一边要喂养孩子，一边得按时服侍老人。大伯子、小叔子、公公及婆婆，还要嫌她笨拙。

常常泪流满面，时时心如刀割。真心话无处诉说，这苦恼如何才能解脱。

只因为小小婴孩，洗涤根本不可能按时按刻。深更半夜还未安眠，日夜颠倒，身体羸弱。

母亲的身体分明苦不堪言，但为了照料孩子，她完全不在乎苦辛。洗洗涮涮哪里顾得上寒冷与炎热，抱着孩儿不知疲倦，真是千难万苦无闲心。

常常会受到公婆的责备，大伯子、小叔子也频频怪嗔。只因为这小婴孩的牵绊，致使她日夜都得劳心费神。

所以经文说，母亲受了这么大的苦，自己吃苦涩粗劣的东西，把甘美的食物喂给孩子，抱养他，养育他，等等。以上说的是第一部分，辛苦保护。第二部分说的是回干就湿。经文说："干处孩儿卧，湿处母亲眠，三年之中，喝的是母亲血液凝就的乳汁。"

如果是大夏天清洗衣物，看上去似乎还不算太难，最是那数九寒冬，真可谓难上加难。如果有人可供使唤，那她的辛勤尚能忍受，如果没有人帮忙，那她只得事必躬亲。堂前有公婆伯叔，日日都得恭敬地加以侍奉，怀中有幼小无知的孩童，天天都得悉心照管。一边要清洗污秽之物，一边又要喂养儿女。湿的地方由母亲来睡，干的地方躺着孩儿。怀胎十月，经受了无限的艰难苦辛，三年时间，孩子喝下了数不清的血液凝就的乳汁。这导致母亲的身材样貌一天天瘦弱下去，她的面容，一日日地变得憔悴。

回干就湿是家常便饭，三年辛勤实在情非得已。天天辛苦，换来的是泪水纵横，夜夜困熬，根本无法睡眠。

身材消瘦，容貌憔悴，刻有鸾鸟的镜子和凤头钗子都被嫌弃地抛在一边。在别人面前常常显得痴痴呆呆，在座席之内往往像是喝醉了一般。

只因为长时间的奔波劳苦，无论是形体容貌，还是精神状态，都不在正常的区间。

一边要侍奉公婆，一边要照顾儿女，日日夜夜没有片刻空闲，常常是泪雨涟涟。

回干就湿做起来最为艰难，一天到晚奔来走去，得不到丝毫空闲。洗涤衣物这件事哪里谈得上早与晚，奔走辛劳怎么会害怕热与寒。

总是把干处让给孩儿卧，母亲自己却在湿处眠。漫长的三年时间一直都如此，孩儿若不报母亲的大恩大德，内心何以得安？

所以经文说："干处孩儿卧，湿处母亲眠，三年之中，喝的是母亲血液凝就的乳汁。"孩子从刚刚出生一直到长成三岁，都要喝母亲的乳汁为生。渐渐地离开了母亲的怀抱，长成个小小孩童，倒牵系着母亲的心啊，百般忧虑牵挂个不停。孩儿走在河边、井边，总让母亲担忧他落水而亡，孩儿逗狗拿刀，总让母亲害怕他被狗咬、被刀伤。凡此种种，不一而足。

孩儿渐渐长成童子身，慈母心怀担忧，不舍得他离开半分。靠近火时担心他被红红的火焰灼伤，走到河边又怕他坠入清清的水中死去。

孩子捉蝴蝶，追小狗，在街道上面玩泥巴。说起话来像娇小的鹦鹉初次发出婉转的啼鸣，笑起来真像小树在春天开满了野花。

全家人都对他爱个不够，亲戚们也把他宠上了天。可当门外突然传来啼哭声，是慈母第一个奔到他身边。

小婴孩逐渐长成为儿童，两颊红润若桃花，神采奕奕面色鲜。三三两两骑竹马，成群结队追狗玩。

为追逐蝴蝶而离家越来越远，为在长满青苔的河边钓鱼而忘了把家还。慈母伸着脖子千百度地寻寻觅觅，心里只害怕孩子被人欺侮。

因而知道慈母怜惜小婴孩，爱他念他教导他，为此费尽心和意。随着岁月的推移，孩子逐渐长大，纷纷进入士农工商各行各业。

（母亲）一边教孩子学仁义，一面找媒人为他求婚配。这些佛都在经里说着呢，快依着经文把他的原话唱诵出来吧。

品　读

讲经文是见于敦煌文献的一种文体，所谓经，指佛经，讲经即是对某部佛经的通俗解说，这种形式被称为俗讲，而讲经文，就是俗讲的底本。讲经通常由两位僧人共同完成：一位负责用抑扬顿挫的声音将原经文中的一段唱诵出来，一位负责对此段经文进行绘声绘色地解说，解说完毕，又会用固定的语言提醒另一位僧人接着唱诵下段经文，如此反复，直到将全部经文讲解完毕。这就是我们在阅读本篇作品中看到的形式：第一段"经：受如是苦，生我此生……"就是《父母恩重经讲经文》的原经文，而"此唱经文，分之为二"之后的内容，就是讲经的部分。这部分结束时的"佛向经中说着里，依文便请唱将来"中的"唱将来"，就是提醒进入下一段经文的过阶语。我们还会注意到，讲经文有两个组成部分：一是说的部分，即用散说的形式来表现；一是唱的部分，往往以押韵的诗歌的形式来表现。这种韵散结合、有说有唱的形式，构成了讲经文的行文特色。

顾名思义，《父母恩重经讲经文》即佛教经典《父母恩重经》的俗讲底本。《父母恩重经》在敦煌文献中有 89 个抄本[1]，说明它在唐五代宋初的敦煌流行极广。但事实上，《父母恩重经》并非真正的佛经，而是中国僧人为了宣传佛教的需要伪造而成，目的是让人觉得佛经内容与中国传统的孝道思想有共同之处，进而从心理上更易接受这种外来宗教，最终达到传播佛教的目的，因此有人评价说，它是"一部从佛教立场宣扬孝道学说的经典"[2]。虽然它最早是一部伪经，但很显然，它受到了敦煌人的热烈欢迎，所以在敦煌文献中有大量的抄本，而对它进行通俗演绎的讲经文也随之出现。目前发现的敦煌《父母恩重经讲经文》有两个系统，三个抄本，其中 P.2418 被定名为《父母恩重经讲经文》（一），篇幅较长，虽疑前文有缺，但内容相对较完整，本篇即节选自该

---

[1] 潘文竹：《敦煌孝亲类说唱文献研究》，山东大学博士学位论文，2022 年，第 17 页。

[2] 郑阿财：《敦煌写本〈父母恩重经〉研究》，初刊于《中兴法商学报》1983 年第 18 期，后收入郑炳林、郑阿财主编：《港台敦煌学文库 67》，兰州：甘肃人民出版社，2016 年，第 76—100 页。

抄本。

据《父母恩重经》，父母对孩子有"十恩德"："一者怀担守护恩，二者临产受苦恩，三者生子忘忧恩，四者咽苦吐甘恩，五者回干就湿恩，六者洗濯不净恩，七者乳哺养育恩，八者远行忆念恩，九者为造恶业恩，十者究竟怜愍恩。"[1] 我们节选的这部分要讲说的原经文为："受如是苦，生我此身，咽苦吐甘，抱持养育。洗濯不净，无惮劬劳。忍热受寒，不辞辛苦。乾（干）处儿卧，湿处母眠。三年之中，饮母白血。"从下文的解说来看，内容涉及"十恩德"的四、五、六、七几种。我们发现，讲经僧人从为人子的身份出发，对这段经文进行了极其感人的演绎。

据讲经文所说，它把这段经文分成了两部分来解释，"初解辛勤保护，次释回乾（干）就湿"。在说明母亲对婴儿的辛勤保护部分，它并未面面俱到地讲述母亲的各种表现，而仅从母亲的两种辛劳入手。一种辛劳是母亲不辞严寒酷暑地为孩子浣洗尿布衣物，这主要体现在用以演唱的韵文部分："若是严天月，苦恼难申说。手冷彻心酸，十指从头烈（裂）。"古人洗涤衣物全凭双手，在"霜严衣带断，指直不得结"（杜甫《自京赴奉先县咏怀五百字》）的严冬，将手伸进冰冷刺骨的水中可想而知是多么痛苦的一件事，但"只为小婴孩，洗浊（濯）无时节"，婴儿大小便无法自控，尤其在严寒天气里，婴儿大小便后如不及时清理，就会让婴儿更易感到不适乃至生病，于是母亲为了保证孩子的舒适与健康，就得更为及时地为其清洗，所以她须一日不知几遍地重复做着这犹如酷刑的事情。"手冷彻心酸"是冷的极致传达。古人常说十指连心，或十指痛归心，用现代医学专家的解释，"这是因为手指

[1] P.3919《佛说父母恩重经》，录文见黄征、张涌泉：《敦煌变文校注》，北京：中华书局，1997年，第996—998页。

尖神经末梢丰富，如果十指受到伤害性刺激，神经的激惹、神经的放电会异常强烈，所以产生的疼痛感非常明显、剧烈，因此会有十指连心的感觉。"[1]但文中说的不是由直接的伤害而造成的疼痛，而是寒冷带来的苦楚，其表达便略有不同：不是痛，而是酸。酸似乎还没有达到剧烈疼痛的地步，但它造成的那种无以言表的刺激性反应却往往更折磨人，更何况它还"彻心"。"十指从头裂"则是冷的证明：母亲所有的手指头都被冻裂，可是，更令人想来都"彻心酸"的是，她还得将已经冻裂得令人惨不忍睹的手一次次地反复伸进冰冷的水中去为孩子清洗衣物，这等于是让她一遍遍地经受拶指般的酷刑。

　　母亲的另一辛劳是在照顾孩子的同时，还得伺候公公婆婆等一干人，而且往往要忍受他们的责备和刁难。这就是散说部分的"若是家翁在上，伯叔性难。昼夜不惮劬劳，旦夕常怀忧惧"，以及韵文部分的"一伴（畔）喂孩儿，伏仕（事）又依时节。伯叔及翁婆，由（犹）更嫌痴拙""时时爱被翁婆怪，往往频遭伯叔嗔；只为这婴孩相系绊，致令日夜费心神"。"若是"看似一种假设，却是古代妇女生活的一种常态。古老的儒家经典《礼记·内则》规定："妇事舅姑，如事父母。鸡初鸣，咸盥漱，栉縰，笄总，衣绅。……以适父母舅姑之所，及所，下气怡声，问衣燠寒，疾痛苛痒，而敬抑搔之。出入，则或先或后，而敬扶持之。进盥，少者奉盘，长者奉水，请沃盥，盥卒授巾。问所欲而敬进之，柔色以温之……"大意是，媳妇侍奉公婆，如同儿子侍奉父母一样。鸡叫头遍的时候，就要起床梳洗，然后穿戴整齐地到公婆那里去请安。到了后，要轻声细气地问暖问寒，如果他们身上疼痛或疥

---

[1]　https://www.youlai.cn/video/article/128A020ml5.html，访问时期：2024 年 4 月 21 日。

癣作痒，就要恭敬为他们按摩或爬搔患处。他们出入走动时，有时要走在他们前边，有时要走在他们后边，并且恭敬地加以扶持。请他们洗手时，年龄小点的要在下面捧着脸盆，年龄大点的要从上方往他们手上浇水，洗过之后要把擦手巾递给他们擦手。然后问他们想吃什么，恭恭敬敬地进上，和颜悦色地及时应承。《礼记·内则》还规定：在公婆跟前，儿媳妇不敢打饱嗝、打喷嚏、咳嗽、打呵欠、伸懒腰，不敢东倒西歪左靠右倚，不敢斜视、吐唾沫、揩鼻涕。在公婆跟前，儿媳妇感到寒冷也不敢加衣，身上发痒也不敢抓挠。班昭《女诫》则要求儿媳妇一定要"曲从"公婆，哪怕婆婆说得不对，儿媳也得听从，不能争辩对错。依照这些严格规定，哪怕是没有孩子的儿媳妇也很难圆满达成，何况这儿媳还是一位孩子还小因而不得不"抱持不惓苦兼辛"的女子，她难免顾此失彼，疲于应付，导致被嫌"痴拙"。更何况，她需要应对的还有大伯子、小叔子等。《女诫》"叔妹第七"便强调了妇人与小叔子、小姑子相处的重要性："妇人之得意于夫主，由舅姑之爱己也；舅姑之爱己，由叔妹之誉己也。由此言之，我臧否誉毁，一由叔妹，叔妹之心，复不可失也。"作为儿媳妇，在亲缘关系上毕竟比不了公公婆婆的亲生儿女，所以只有与他们相处和睦，才能换来他们在公公婆婆前面的好话，这也正是王建《新嫁娘词》中"三日入厨下，洗手作羹汤。未谙姑食性，先遣小姑尝"的道理所在。无论是大伯子、小叔子，若是善良之辈，能够在女子需要时助一臂之力倒也好，可怕的是，他们不但不帮忙，反而处处刁难。宋元话本《快嘴李翠莲记》中，李翠莲刚嫁到张家，就被大伯子张虎嫌弃辱骂，翠莲反击说："大伯说话不知礼，我又不会惹着你。顶天立地男子汉，骂我是个过卖嘴！"结果张虎把弟弟叫过来，要求他道："你不闻古人云：'教妇初来。'虽然不致乎打她，也须早晚训诲；再不然，去告诉她那老虔婆知道！"随后小姑子又去母亲那里说翠莲的坏话，遭到翠莲反击："小姑你好不贤良，便去房中唆调娘。若是婆婆打杀我，活捉你去见阎王！"像张家这样的大伯子、小姑子，遇到了李翠莲这种不肯委屈自己的女中豪杰，倒也无可奈何，只可惜李翠莲完全是个例，再说她的婚姻最终还是在这些人的共同作用下走到了尽头。于是"伯叔性难"又构成文中母亲的又一困境。很显然，讲经文的作者对女性的这种处境抱有一定的同情，更能站在一位既是有孩子要喂养的母亲，又是必须对公婆晨昏定省的儿媳妇这样两头忙的女子的立场上去体察她的难处，知道她虽"昼夜不惮劬劳"却"且夕常怀忧惧"的原因。这位母亲不但身体劳累，而且心情抑郁，"往往泪如婆，时时心似割。无处说心诚，苦恼如何彻"，一腔委屈无处倾诉，真是苦闷到了极点。但是为母则刚，就是在这样巨大的压力之下，母亲却未让孩子受半点苦，"咽苦吐甘，专心保护，抱持养育，不离怀中"，不得不令人感叹母爱的伟大。

讲经文的第二部分，细讲"回干就湿"。所谓回干就湿，即"每将干暖教儿卧，湿处寻常母自眠"，它描画的是这样的一个瞬间：当夜晚婴儿尿床之后，母亲会把婴儿放在干的地方，让他安稳舒适地睡觉，自己却换到被婴儿尿湿的部分躺下，忍受由此带来的不适。这已经足以令人感动，但在讲经文中，"回干就湿"显然并非只是指这一个瞬间，而是包括了母亲为儿女做出的各种牺牲。所以这个片段中，它先是回顾了上文"辛勤保护"部分的内容，包括："若是九夏洗浣，稍似不难，最是三冬，异常辛苦。有人使唤，犹可辛勤，若是无人，皆须自去。堂前翁婆伯叔，日日祗承。"强调其"一头承事翁婆，一畔又羁缚男女"的困境，但更多的，是站在孩子的角度去看母亲：她要整天抱着天真无知的"痴躁小孩儿", 照看他, 抚育他, "一头洗濯秽污, 一畔又喂饲女男"; 她要在长达三年的时间里, 用自己宝贵的乳汁哺育孩子, 让孩子"饮没量多血乳"; 她"洗浣岂论朝与暮, 驱驱何惮热兼寒", 无论是白天还是夜间, 无论是严寒还是酷暑, 都要奔波劳作, 没有止歇; 她因为"回干就湿为常事", 所以"煎熬夜夜无眠睡", 导致她"往往人前恰似痴, 时时座内犹如醉", 这种因疲劳过度而神情恍惚的状态, 让人更易理解上文"伯叔及翁婆, 犹更嫌痴拙"的原因所在。讲经文作者还关注到母亲容貌的变化, 散文部分说: "致使娘娘形貌, 日日汪嬴; 慈母颜容, 朝朝瘦悴。"韵文则补充说: "貌汪嬴, 形瘦悴, 鸾镜凤钗皆厌弃。"女子"四德"之一是容, 即要注意修饰打扮自己, 保持个人清洁卫生。但当了母亲的人, "只为长时, 驱驰辛苦, 形貌精神, 都来失绪", "终日驱驱更不闲", 平日里连照镜子的时间都没有, 哪里还有时间或心绪来管理个人形象。所以呈现在我们的眼前的, 不复是未生孩子以前那个貌美如花、爽朗欢快的青春少女, 而是蓬头垢面、样貌衰老、身形消瘦、精神萎靡的中年妇人。她当然不会因此就失了德, 因为她把自身的美好转移寄托到了孩子身上。古代女子往往就是这样, 在结婚之后, 义无反顾地将青春交付给婚姻, 交付给养儿育女的责任, 她可以把自己压榨到极致, 只为做一个好媳妇、好母亲。至此, 作者不由得再次感叹: "三载长来长若此, 不报深恩争得安。"

文中多次提及"三年""三载", 这出于《论语·阳货第十七》的宰我问丧篇。宰我认为子女在父母死后为其守孝三年的时间过长, 孔子却认为: "子生三年, 然后免于父母之怀", 也就是说, 孩子从出生一直长到三岁, 都离不开父母的怀抱, 所以守孝三年是人之常情。这也从一个侧面说明了父母养育子女的艰辛与漫长。讲经文接下来的内容, 是讲述孩子在三岁之后脱离母亲怀抱后的各种场景。三岁之前，母亲每天都需要抱着孩子，照顾孩子，她在身体上是劳累的，但因为孩子就在自己跟前，她能够凭一己之力确保孩子的安全，所以她倒也是安心的，可是，三年之后，孩子有了独立活动的能力，不再需要天天黏在母亲身边，母亲可能多少会从早期的身体困顿中略得解放，但由于孩子经常会脱离她的视线，她在精神上却变得越来越紧张："渐渐离于怀抱，身作童儿，转系母心，百般忧念。临河傍井，常忧漂溺之虞；弄狗捻刀，每虑啮伤之苦。"孩子的一举一动都牵扯着母亲的神经，孩子走到河边，母亲便怕他被水淹死，孩子逗狗玩耍，或是拿起刀来，更让母亲把心提到了嗓子眼里，生怕他受到伤害。孩子捉蝴蝶、追小狗、弄泥巴的天真烂漫在别人眼中无比可爱，在母亲眼中却处处暗藏危险。于是便有了这部分韵文中描写的几个场景。它描写了孩子逐渐成长的几个过程：（1）"渐离怀抱作婴孩，葡萄初行傍砌阶。"孩子学会爬了，能在台阶边上匍匐而行，这意味着他自主能力的增强，探索精神的增强，也意味着他从母亲怀抱的割离。（2）"语似娇莺初啭舌，笑如春树野花开。"孩子开始咿呀学语了，他发出的声音像小鹦鹉般婉转动听，笑起来，就像春野之上一树花的盛放。他的一颦一笑、一举一动都是那么可爱，所有人都禁不住地喜欢他，爱抚他，逗弄他，"浑家爱惜心无足，眷属娇怜意莫裁"，他仿佛得到了全世界的宠爱。但别人喜爱的是孩子可爱的一面，唯有母亲才会关注孩子的一切动静，所以"门外忽闻啼哭也，慈母奔波早到来"，当孩子出现问题时，母亲总是第一个奔至他身边的人。这时的孩子的活动范围已经扩展至"门外"，但母亲尚能随时到达。（3）"婴孩渐长作童儿，两颊桃花色整辉。"此时孩子已长成为一个活泼好动的小童子，小脸总是红扑扑的，像两朵桃花开在面颊之上，能够让母亲的世界在他到来的瞬间变得明亮起来。他的社交范围和活动范围都扩大了，"五五相随骑竹马，三三结伴趁猧儿。贪逐蝴蝶抛家远，为钓青苔忘却归"。这几句话就像是为我们勾勒了一幅百子图：成群结队的孩子，有的在骑竹马，有的在逗小狗，有的在捉蝴蝶，有的在钓大鱼。我们又仿佛看到诗人笔下的孩子们："妾发初覆额，折花门前剧。郎骑竹马来，绕床弄青梅。"（李白《长干行》其一）"篱落疏疏一径深，树头新绿未成阴。儿童急走追黄蝶，飞入菜花无处寻。"（杨万里《宿新市徐公店》）"蓬头稚子学垂纶，侧坐莓苔草映身。路人借问遥招手，怕得鱼惊不应人。"（胡令能《小儿垂钓》）孩子的能力越来越强，他的世界也越来越大，不再是"傍砌阶""向街里"，而是"抛家远""忘却归"。孩子的无忧无虑与母亲的焦虑不安形成了鲜明对比："慈母引头千度觅，心心只怕被人欺。"母亲已经跟不上孩子越跑越远的身影，她只能用目光追随着他，寻觅着他，在心里牵挂着他，担忧着他，生怕他有一点闪失，也怕他被别人欺侮。我们似乎可从诗句中看到一位倚门等待孩子归来的母亲的久伫身影，这也让人想及未来，当孩子真正离去的时候："萱草生堂阶，游子行天涯；慈母倚堂门，不见萱草花。"（孟郊《游子》）母亲的等待，原来从孩子那么小的时候就已经开始了。

后面"故知慈母惜婴孩，怜念交招（教诏）役意怀"等句，实际是对下文的预告：孩子长大成人，进入各行各业，父母一方面以仁义道德教导孩子，一方面要托人为孩子求取婚姻。于是，又一个轮回开始了。

《父母恩重经讲经文》虽因为是宣扬佛教经典的文体，为达到鞭辟入里的效果而在解说时难免重复，却也产生了一唱三叹的效果。它的语言通俗易懂，带有强烈的民间色彩，如称乳汁为白血、血乳、白乳，称抚养照顾孩子为"台（抬）举女男"，称母亲为"阿娘"，称丈夫的父母为"家翁""翁婆"，等等，都让人生出一种虽陌生却不失亲切的感觉。它在描绘儿童时，说他们"捉蝴蝶，趁猢子，弄土拥泥向街里"，寥寥几个动作，便使调皮好动的儿童形象跃然纸上；"语似娇鹦初啭舌，笑如春树野花开"两个比喻，更将咿呀学语时的娇小孩童所特有的天真烂漫勾勒得栩栩如生，仿佛整个世界都因为他们的灿然一笑而变得明亮欢快起来。这种朴素而动人的笔法，非常适合描写母亲这一特别温暖人心的形象。

母爱是人世间最无私、最伟大的爱，而古往今来，为人子女者，只要有哪怕一丝丝的良知，都能感受到这种爱，都想回报这种爱。《诗经·蓼莪》说："哀哀父母，生我劬劳""哀哀父母，生我劳瘁。"这不正是《父母恩重经》中的"洗濯不净，无惮劬劳，忍热受寒，不辞辛苦"吗？它还说："父兮生我！母兮鞠我！拊我畜我，长我育我；顾我复我，出入腹我。"父母生育了子女，抚慰他们，养育他们，庇护他们，不厌其烦地照顾他们，把他们抱在怀中时刻不离，直到他们长大成人，这不正是讲经文中所说的"咽苦吐甘，专心保护，抱持养育，不离怀中"吗？它发出呼喊："欲报之德，昊天罔极！"孩子希望能有机会报答父母的恩情，因为父母对于孩子的恩德就像苍天一样浩瀚无边，这不正是讲经文中的"三载长来长若此，不报深恩争得安"吗？无论是以《诗经》为代表的中国传统的儒家立场，还是以《父母恩重经讲经文》为代表的外来的佛教立场，在感受母爱这一点上，几乎没有丝毫的差别，不能不说，母爱让人体会到，这人间值得！

白侍郎作十二时行孝文[1]

平旦寅[2]，早起堂前参二亲[3]。

处分家中送疎（疏）水[4]，莫交（教）父母唤声频。

日出卯[5]，立身之本须行孝。

甘脆盘中莫使空[6]，时时奉上知饥饱。

食时辰[7]，居家治务㝡（最）须懃（勤）。

无事等闲莫外宿[8]，归来劳费父孃嗔[9]。

隅中巳[10]，忠孝之心不合二。

竭力懃（勤）酬乳哺恩，自得名高上史记。

正南午[11]，侍奉尊亲莫词诉[12]。

回乾（干）就湿养成人[13]，如今宣（未）合论辛苦。

日昳未[14]，在家行孝兼行义。

---

[1] 写卷编号为伯3821、上博48（41379）。白侍郎指白居易，但此篇当为托名之作。

[2] 平旦寅：太阳露出地平线之前的黎明时分，以地支命名为寅时，相当于凌晨三点至五点。

[3] 参：拜见，进见。

[4] 处分：处理，安排。疏水：此处当指盥洗用水。

[5] 日出卯：太阳升出地平线之时。以地支命名为卯时，相当于清晨的五点到七点。

[6] 甘脆：美味的食物。《战国策·韩策》："臣有老母，家贫客游，以为狗屠，可旦夕得甘脆以养亲。"

[7] 食时辰：吃早饭的时候。以地支命名为辰时，相当于早上七点至九点。

[8] 等闲：轻易，随便。

[9] 孃：同"娘"，母亲。

[10] 隅中巳：临近中午的时候。以地支命名为巳时，相当于上午的九点至十一点。

[11] 正南午：正午，太阳运行到中天之时。以地支命名为午时，相当于中午十一点至一点。

[12] 莫词诉：不要抱怨。

[13] 回干就湿：母亲在夜晚孩子尿床后，将孩子移至干处睡，自己卧于湿处，此处泛指母亲的养育之劳。

[14] 日昳未：昳（dié），太阳偏西，故日昳即太阳过了中天开始向西偏斜之时。以地支命名为未时，相当于下午一点至三点。

莫取妻言兄弟疎（疏），却交（教）父母流双泪。

晡时申[1]，父母堂前莫动尘[2]。

纵有些些不称意[3]，向前少语善谘闻[4]。

日入酉[5]，但顾父母得长寿。

身如松柏色坚贞，莫孝（学）愚人多饮酒。

黄昏戌[6]，下帘拂床早教毕。

安置父母卧高堂，睡定然乃抽身出。

人定亥[7]，父母年高须保（报）爱。

但能行孝向尊亲，总得扬明（名）于后世。

夜半子[8]，孝养父母存终始[9]。

百年恩爱暂时间，莫孝（学）愚人不欢喜。

鸡鸣丑[10]，高楼大宅安得久。

常观（劝）父母发慈心，孝传题名终不朽[11]。

---

[1] 晡时申："晡"通"餺"。《说文》段注："餺，申时食也。"古人一日两餐，晡时即吃第二餐的时候。以地支命名为申时，相当于下午三点至五点。

[2] 动尘：扬起灰尘。

[3] 些些：少许，一点儿。称意：合乎心意。

[4] 少语：此处指轻声细语。谘闻：谘同"咨"，征询；闻通"问"，询问，问候。

[5] 日入酉：太阳落入地平线之时。以地支命名为酉时，相当于傍晚五点至七点。

[6] 黄昏戌：太阳落下，天色欲黑而未黑之时。以地支命名为戌时，相当于晚上七点至九点。

[7] 人定亥：人停止活动，进入睡眠之时。以地支命名为亥时，相当于夜晚九点至十一点。

[8] 夜半子：子夜，午夜。以地支命名为子时，相当于午夜十一点至凌晨一点。

[9] 终始：即始终，从头至尾，引申为有始有终。

[10] 鸡鸣丑：一名荒鸡，鸡叫之时。以地支命名为丑时，相当于凌晨一点至三点。

[11] 孝传：《孝子传》。

白话译文

平旦为寅，天刚蒙蒙亮的黎明。儿女当早早起床去堂前拜见双亲。安排家人送水盥洗，不要让父母一遍遍呼唤，劳心费神。

日出为卯，太阳跃出地平线。遵行孝道乃是人的立身根本。给父母奉上美味佳肴，不要让他们的盘子变空，随时添饭添菜，了解他们是饥是饱。

食时为辰，大家一起吃早饭。管理家中事务，最重要的是要勤勤恳恳。若无特殊事宜，轻易不要在外住宿，否则回来时未免惹得父母劳神怪嗔。

隅中为巳，时间临近中午。儿女当全心奉忠行孝，不该生出二心。竭尽心力回报父母的哺育之恩，这样自然会博得美誉，记入史册得传名。

日中为午，太阳高高挂天中。侍奉双亲不可怨天尤人。父母把儿女辛辛苦苦拉扯大，如今儿女照顾他们也不应该谈论自己的苦与辛。

日昳为未，太阳渐渐偏西。人子在家需孝义两遵行。不要听妻子的挑唆而与兄弟变得疏远，却让父母为此双泪流不尽。

晡时为申，大家动口吃晚餐。在父母的厅堂之上要保持安静，不扬起一丝灰尘。父母即使只有少许的不合心意，儿女也要走上前去轻声问询。

日入为酉，太阳逐渐西沉。儿女理当一心一意照看父母，使他们健康长寿。要像松柏那样挺拔坚贞，不要学愚人那样把酒喝个不停。

黄昏为戌，天色黯淡不明。儿女当早早放下帘子，铺设好卧榻床寝。服侍父母安然入睡，待他们睡安稳后才抽身离去。

人定为亥，人们都停止了活动。父母年事已高，儿女必须报答他们的恩情。只要向父母行孝道，后世终将永扬名。

夜半为子，时间已至更深。儿女孝养父母要有始有终。时间飞逝，相亲相爱最多百年，不要学那愚蠢之人，总是愁眉紧锁不开心。

鸡鸣为丑，雄鸡开始报晓。就算是高楼大宅也不可能长久永恒。儿女要经常规劝父母大发慈心，这样才可在《孝子传》上留下姓名，被人永远传颂。

品　读

"十二时"本是中国古代划分时间的方式，以子、丑、寅、卯、辰、巳、午、未、申、酉、戌、亥这十二地支来进行标识，还给这十二个时辰起了富有诗意的代称：夜半、鸡鸣、平旦、日出、食时、隅中、日中、日昳、晡时、日入、黄昏、人定。后来又出现了以十二时作为曲调的歌谣，其曲调形式一般作三七或三五杂言，每个时辰一段（也有个别的有数段），以"夜半子""鸡鸣丑"这种三言句领起，总计12段。这种曲调在隋唐五代时期大为流行，敦煌文献中便有不少"十二时"作品，《白侍郎作十二时行孝文》（以下简称《行孝文》）即是其中之一种。

白侍郎指白居易，但这篇作品并不见于流行的白居易诗集，大多数研究者认为，它大抵如《崔氏夫人训女文》后的《白侍郎赞》

一样，只是托名而已[1]。所谓"行孝文"，即劝导人如何遵行孝道的作品。孝，《说文解字》解释为："善事父母者。从老省，从子。子承老也。"[2] 早期金文的"孝"，便是一个老人在小孩子的搀扶下走路的形状。中国人注重孝道，认为孝就如乌鸦反哺、羊羔跪乳一样，是出于自然天性，但在如何行孝这个问题上，却需要大量的后天教导，因而在《论语》《礼记》《孝经》之类的儒家经典中，存有大量有关行孝的言论。不过民间亦有自己教导行孝的方式，只是相形之下，它要更朴素，更易行。

《行孝文》对于如何行孝有如下的指导：

一、晨昏定省，照顾起居。《礼记·曲礼上》："凡为人子之礼，冬温而夏凊，昏定而晨省。"《行孝文》中的"平旦寅，早起堂前参二亲。处分家中送疎（疏）水，莫交（教）父母唤声频"即为晨省，早起向父母问安，然后服侍他们洗漱；"黄昏戌，下帘拂床早教毕。安置父母卧高堂，睡定然乃抽身出"则为昏定，放下门帘窗帘，铺好床铺被褥，照顾父母安睡，等他们睡熟之后才抽身离去。古人日出而作，日落而息，早睡早起于他们而言是常态，相比于《礼记·内则》中要求"鸡初鸣"就起床的要求，平旦之时起床已算正常起居，子女只要不偷懒，基本都可以做得到。这其实并非子女的单向输出，因为它还是子女与父母之间进行日常交流的一种形式。早上，子女在服侍父母盥洗的同时，问问他们夜晚睡得好不好，早饭想吃些什么，白天需要点什么，父母则在做出回应的同时，将一天的生活起居也做了交待和安排。夜间，

---

[1] 王重民：《敦煌遗书论文集》，北京：中华书局，1984年；陈作龙：《敦煌文物随笔》，台北：台湾商务印书馆，1979年；徐俊：《敦煌伯3597唐诗写卷辑考——兼说"白侍郎"作品的托名问题》，《文献》1995年第3期。

[2] ［汉］许慎撰，［清］段玉裁注：《说文解字注》，上海：上海古籍出版社，1981年，第1592页。

子女在照顾父母安睡的同时，必然与他们拉扯些闲话，说说自己一天做了些什么，遇到了什么人和事，心情如何，困局如何，父母则可在倾听的过程中，为子女分析和开解，将自己的人生智慧传授给子女。子女在身体上照顾了年迈的父母，父母则在精神上抚慰了子女，可谓相得益彰。

二、供奉膳食，恭而有礼。《礼记·内则》云："问所欲而敬进之，柔色以温之。饘酏、酒醴、芼羹、菽麦、蕡稻、黍粱、秫唯所欲，枣、栗、饴、蜜以甘之，堇、荁、枌、榆免薧滫瀡以滑之，脂膏以膏之，父母舅姑必尝之而后退。"子女要问父母有什么想吃的，再恭恭敬敬地送到其身旁，和颜悦色地应承。厚粥、稀粥、酒、甜酒、菜肉羹、豆子、麦子、大麻子、稻、黍、粱、秫，所有的这些食物随便让父母选择。在烹煮的时候还应在放上枣子、栗子、糖稀、蜂蜜使食物甘甜，在粉芡汤中放入新鲜或干燥的堇、荁、白榆以使其更加柔滑，再用油脂搅拌之后让其更加鲜美。子女要等到父母公婆都尝过之后再告退。可以看出，《礼记》是对于贵族家庭的饮食指导，它要求在精心为父母准备饮食的同时，也要存有恭顺之心。《礼记》中的饮食高要求并非每个普通家庭都能达到，但恭顺地对待父母、尽可能地满足他们的基本饮食需求则不难。《行孝文》言："日出卯，立身之本须行孝。甘脆盘中莫使空，时时奉上知饥饱。""晡时申，父母堂前莫动尘。纵有些些不称意，向前少语善谘闻。"古人一天通常吃两顿饭，分别在食时和晡时两个时辰，但有意思的是，《行孝文》里父母吃早饭的时间并非在"食时辰"，而是在"日出卯"，显然是照顾到年事已高的父母的饮食需求。"甘脆盘中莫使空，时时奉上知饥饱"也是根据父母饥饿与否来灵活调整其吃饭时间，并不拘泥于食时或晡时。在为父母提供充足的饮食的同时，还要注意环境的整洁安静，不打扰到他们的用餐，这就是为什么说在吃饭时"父母堂前不动尘"。另外，如果父母对于饮食有哪怕一丁点的不满意，也要上前轻声细语地询问他们的要求，立即或之后加以改进。《论语·为政》中，子游向孔子请教什么是孝。孔子回答说，现在所谓的孝，是指能够养活父母，可狗与马也是要人养活的，如果不能尊敬地对待父母的话，那么养活父母和养活狗马之间又有什么区别呢？《行孝文》中对于各种细节的关注，正是子女对父母"敬"的表现。

三、兄友弟恭，家庭和睦。父母所需的不仅仅是物质上的满足，更是家庭的和睦。《弟子规》第三章《出则悌》："兄道友，弟道恭。兄弟睦，孝在中。"说的就是兄弟和睦是孝的一种表现。《行孝文》中说："日昳未，在家行孝兼行义。莫取妻言兄弟疏，却教父母流双泪。"为什么说在家可以孝义兼行？因为兄弟和睦同时也是义的一种表现，如《孟子·离娄上》："仁之实，事亲是也；义之实，从兄是也。"《行孝文》将兄弟不睦的原因归于受到妻子的挑唆，不能说全无道理。正如《颜氏家训·兄弟篇》中提及的，兄弟因为有血缘关系，且从小一起长大，所以自然亲睦，但他们所娶的妻子来自不同的家庭，与兄弟并没有天生的情感关联，关系自然疏远一些，而妯娌之间，更易起纠纷，从而影响兄弟间的情感。但这种说法显然有些以偏概全，因为我们看到，历史上许多兄弟不睦的原因，是利益和权力之争。如曹丕忌惮弟弟曹植，要求他七步成诗，准备以此为借口除掉曹植，由此曹植写出了"煮豆燃豆萁，豆在釜中泣。本是同根生，相煎何太急"的著名诗句。唐太宗李世民虽为一世明君，但他的皇位是发动玄武门之变，杀死了哥哥李建成和弟弟李元吉而得来。曹氏兄弟相争之时，父亲曹操已死，倒也眼不见为净，可是唐高祖眼见儿子们兄弟相残，怕就不是"流双泪"那么简单了，以至于他连忙将帝位禅让给了李世民。无论怎样，在古人兄弟同居的情况下，保持兄弟间的和睦肯定是父母的一大心愿。

四、自我克制，父母安心。父母望子成龙，总是以子女的成就为骄傲，所以子女若有建树，于他们的心灵而言自然是种安慰。不过，《行孝文》中对此倒并没有特别高的期盼，而只要求子女"无事等闲莫外宿，归来劳费父孃嗔""莫学愚人多饮酒"，这些都是为人子的基本行为要求，只要有自我克制的能力，便很容易做到。"无事等闲莫外宿"的前提是"无事"，"饮酒"的前提是不要"多"，可知父母对子女的要求是有分寸的。中国历代都有宵禁制度，唐代尤其严格，违反这一规定被称为"犯夜"。《唐律疏议》卷二十六《杂律》规定："诸犯夜者，笞二十；有故者，不坐。闭门鼓后、开门鼓前行者，皆为犯夜。"也就是说，唐朝每到黄昏时分，就有人在街上击闭门鼓，提醒行人迅速各回各家，直到开门鼓响起后，才能再次外出，除特殊情况外，违反规定的人，都会被处以鞭打二十下的刑罚。《旧唐书·宪宗本纪》记载："中使郭里旻酒醉犯夜，杖杀之。"这位宦官因为晚上喝醉了酒而违反了宵禁规定，竟被杖杀，超出了"笞二十"的规定，想来当另有隐情，但也足见唐代宵禁之严。所以在没有事情的情况下随随便便地在外住宿，便有可能有犯夜的危险，也就难免父母担惊受怕，给他们造成不必要的焦虑。"多饮酒"的结果必然是醉酒，而醉酒带来的问题比外宿更多。敦煌本《太公家教》言："丈夫好酒，揎拳捋肘，行不择地，言不择口，触突尊卑，斗乱朋友。"大意是说，男人喝醉了酒，行为、言语都会变得肆无忌惮，会随意对人挥拳向相，目无尊长，欺压弱小，得罪朋友。自己的行为都控制不了，又如何能善事父母呢？王梵志有诗云："立身行孝道，省事莫为愆。但使长无过，耶娘高枕眠。"也认为儿女不犯过错，就是对父母的一种孝顺，与此诗形成了呼应。

五、贵在坚持，不加抱怨。《行孝文》说："夜半子，孝养父母存终始。百年恩爱暂时间，莫学愚人不欢喜。""竭力勤酬乳哺恩""侍奉尊亲莫词诉"。这些都是在教导人子当始终如一地善事父母。俗语说，久病床前无孝子，父母越是年迈，便越是多病，对他们的孝养便越是辛苦，如王梵志诗云："耶（爷）娘绝年迈，不得离傍边。晓夜专看侍，仍须省睡眠。"这样做一天两天可能还行，一年两年便会十分吃力，如果时间更长，就很难坚持下去。但真正的孝是有始有终的，唯其如此，才见得孝的可贵。《行孝文》中还强调一点：不抱怨。人若太过辛苦，便容易心生怨气，口出怨言，面露怨色。可是回想一下，父母在照顾年幼的儿女时，永远都是那么不辞辛劳，无怨无悔，如《父母恩重经讲经文》中所说："咽苦吐甘，专心保护，抱持养育，不离怀中。洗濯之时，岂辞寒热。"相形之下，子女照顾父母的辛苦便不算什么了，如果为此不停抱怨，甚至直接向父母抱怨，父母如何安心，为人子女的又如何能够称得上孝呢？

六、规劝父母，多行善事。人孰能无过，父母的行为也不一定总是对的，尤其是人上了年纪之后，比较容易变得糊涂，可能会做出一些有过错的事情。遇到这种情况，儿女不能放任不管，只是在进行规劝时得讲究策略。孔子说："事父母几谏。见志不从，又敬不违，劳而不怨。"（《论语·里仁》）要求儿女在侍奉父母时，对他们的过失要婉言劝阻，但假如父母不听从自己的建议，则仍要恭敬地对待他们，不违背他们的意志，虽然忧愁但不能有怨气。王梵志诗云："耶娘行不正，万事任依从。打骂但知默，无应即是能。"要求对父母的一切错误，儿女都要默默承受，即使父母有打骂的行为，也不能加以回应，这便有些愚孝的嫌疑了。《行孝文》则说："鸡鸣丑，高楼大宅安得久。常劝父母发慈心，孝传题名终不朽。"提倡儿女对待父母仍应尽规劝的义务。这里看似只是劝父母要有慈心，多行善事，但背后却有佛教的因果报应的思想在。据敦煌《目连缘起》，目连的母亲青提夫人，家中甚富，钱物无数，却吝啬贪婪，趁儿子外出时，宰杀牲畜，大肆烹嚼，无念子心，更从不修善，"逢师僧时，遣家僮打棒，见孤老者，放狗咬之"，结果死后入了饿鬼道，后虽被目连救出，毕竟遭受了地狱中各种惨绝人寰的折磨。普通人没有目连的法力，只能早做预防，所以劝父母发慈心，就是为其积善德，扬美名，从而避免青提夫人的遭遇。如果儿女真能够做到这一点，那么其姓名事迹便有望进入《孝子传》，从此名留千古了。

如前文所说，《行孝文》没有像《礼记》等儒家经典那样，对子女的孝行提出过高的要求，而只提及了一些最朴实易行的基本行为。而且，它提出的具体行为要求都有时间性，如平旦拜见父母，日出和晡时提供饮食，黄昏下帘拂床，"安置父母高卧"，其他时候，则更多地从抽象的角度讲述行孝的重要性，如从"人定亥"至"鸡鸣丑"这三个时辰里，基本上都是思想上的教导，说"父母年高须报爱""孝养父母存始终""常劝父母发慈心"，这显然是考虑到儿女在这几个时辰也需要休息睡眠，并没有要求他们在这样的深夜时刻也在父母身边服侍，只以精神行孝代之。至于"无事等闲莫外宿""莫学愚人多饮酒"等自律要求也都并不过分，是有决心便易于达成的。从情感表达上，这首歌谣也极平易，几乎没有直接的抒情，但对父母恩德的感怀以及对父母的爱都通过具体行为得到了体现。

敦煌人极重孝道，在敦煌文书中有大量宣扬孝道的写卷，如既有《父母恩重经》《盂兰盆经》《孝顺子修行成佛经》等佛教文献,《慈善孝子报恩成道经》等道教文献,《孝经白文》《御注〈孝经〉疏》《孝事父母文范》等儒家文献,更有《父母恩重经讲经文》《盂兰盆经讲经文》《大目乾连冥间救母变文》等说唱类文学作品,还有《十恩德》《父母恩重赞》《孝顺乐》等歌辞类作品,故本篇《行孝文》只是其中的一例而已。孝在敦煌人心目中的地位,我们亦可通过《故圆鉴大师二十四孝押座文》中对孝的赞颂一见端详:

> 如来演说五千卷,孔氏谭论十八章。
>
> 莫越言言宣孝顺,无非句句述温良。
>
> 孝心号曰真菩萨,孝行名为大道场。
>
> 孝行昏衢为日月,孝心苦海作梯航。
>
> 孝心永在清凉国,孝行常居悦乐乡。
>
> 孝行不殊三月雨,孝心何异百花芳。
>
> 孝心广大如云布,孝行分明似日光。
>
> 孝行万灾咸可度,孝心千祸总能禳(禳)。
>
> 孝为一切财中宝,孝是千般善内王。
>
> 佛道孝为成佛本,事须行孝向耶(爷)娘。[1]

---

[1] 黄征、张涌泉:《敦煌变文校注》,北京:中华书局,1997年,第1155页。

鹊踏枝（他邦客）[1]

独坐更深人寂寂[2]。忆念家乡，路远关山隔，寒雁飞来无消息。教儿牵断心肠忆。 仰告三光珠泪滴[3]。教他耶娘[4]，甚处传书觅[5]？自叹宿缘作他邦客[6]，辜负亲尊虚劳力[7]。

白话译文

夜半更深，唯我独坐，周围寂无人声。思念家乡，路远迢迢，关山相隔一重重。天气寒冷，大雁飞来，未曾带来任何家的消息。这真让当儿子的我啊牵肠挂肚，思念无比。 我抬头向日、月、星三光祷告，禁不住落下泪珠一滴滴。（我在这异国他乡，）教我的爹娘如何寻觅，又向何处把信投寄？暗自叹惜，是前世的因缘，让我做了这异乡之客，辜负了父母双亲，让他们白费了心力。

品　读

这首敦煌曲子词传达了一位游子对家乡和父母深切的思念之情。

---

[1] 写卷编号为 P.4017，录文迻录自任半塘：《敦煌歌辞总编》卷二，上海：上海古籍出版社，1987 年，第 482 页。任半塘推测此词的创作时间可能在 8 世纪。

[2] 寂寂：寂静无声。

[3] 三光：日、月、星。

[4] 耶娘：即爷娘，指父母。

[5] 传书：寄信。

[6] 宿缘：佛教用语，前世的因缘。他邦：异国，异乡。

[7] 亲尊：指双亲。虚劳力：枉劳力气。

首先我们要判断一下作者的身份。他说"自叹宿缘作他邦客"，其中的"他邦"即异国他乡。我们无法判断这个"他邦"到底在哪里，但据"路远关山隔"可作一大致推测。"关山"一词虽从字面意思看指关隘山岭，但在多数情况下，它指的是北方的关隘山岭。"关山"本指位于今甘肃天水的一座山，古称陇山，其间道路被称为关陇古道。王维《陇头吟》："长安少年游侠客，夜上戍楼看太白。陇头明月迥临关，陇上行人夜吹笛。"杜甫《秦州杂诗二十首》（其一）："满目悲生事，因人作远游。迟回度陇怯，浩荡及关愁。"又乐府古题有"关山月"，亦多吟北方征人离别之情，如李白《关山月》："明月出天山，苍茫云海间。长风一万里，飞度玉门关。"此曲子词见于敦煌，说明它很可能是在敦煌一带创作或传抄的，因而颇符合这一地区人们的心境。那么为什么不说"他乡"而说"他邦"？这可能与当时敦煌地区的历史背景有关。任半塘先生推测此词所在写卷题记上的"乙酉年"为唐顺宗永贞元年（805），故词可能作于8世纪，[1]而这段时期正是吐蕃占领敦煌时期。在这种情况下，曲子词作者只要是在与中原隔绝的河西一带，便都有可能称自己身处"他邦"。

在弄清楚曲子词大体的创作背景后，再来看这位"他邦客"的情感历程。"独坐更深人寂寂"，首先映入我们眼帘的是一个孤独的身影，他在万籁俱寂的深更半夜辗转难眠，于是坐起身，失神的目光望向沉沉的暗夜，显得那么孤单清冷。人之独、更之深、夜之寂，无不带给人沉郁之感。这不禁勾起读者的怀疑：他为什么要如此？是什么令他难以入眠？作者随即解开了这一疑问，说他在"忆念家乡"。人们在白昼通常有事要做，无暇静思，所以

[1]　任半塘：《敦煌歌辞总编》卷二，上海：上海古籍出版社，1987年，第484—485页。

思乡的情绪总是与夜晚相联,正如《古诗十九首·明月何皎皎》:"明月何皎皎,照我罗床纬。忧愁不能寐,揽衣起徘徊。客行虽云乐,不如早旋归。"可是,如果真能回去,又何来忆念呢?"路远关山隔",与故乡不但相距遥远,而且隔着一道道关隘,一座座高山。"关山"不仅是地理上的障碍,而且是政治上、军事上的障碍,也是人们心理上的障碍。唐代诗人李颀《古从军行》中有"闻道玉门犹被遮,应将性命逐轻车"的句子,用的是汉贰师将军李广利的典故。太初元年(公元前104),李广利奉汉武帝之命,率军西攻大宛,但出师不利,败退敦煌。李广利上奏汉武帝要求暂且撤兵,"天子闻之,大怒,使使遮玉门关,曰:'军有敢入,斩之。'贰师恐,因留屯敦煌。"(《汉书·李广利传》)虽然李广利的妹妹是汉武帝特别宠爱的那位倾国倾城的李夫人,这也没有阻拦住汉武帝不让李广利撤入玉门关内的命令。三军统领的待遇尚且如此,普通人的命运便更难自控。我们不知道《鹊踏枝》中的这位他邦客是否是军人,也不知他是因为什么滞留在异乡,但若真如我们对其创作背景的推测那样,他是因为吐蕃占领了河西地区而无法还乡的话,那么他的命运便更加凄惨,也更加无力跨越那把他与家乡隔绝的"关山"。"寒雁飞来无消息"也令人绝望。人无法跨过关山,大雁总能飞越吧,而且它们的确在春寒料峭的时候飞来了,只是,它们没有带来任何家乡的消息。鸿雁传书的典故源于苏武牧羊的故事:苏武因不向匈奴投降而被单于放逐于北海牧羊,长达十几年,汉昭帝在得知消息后,派使节骗匈奴单于说:天子在打猎时射下一雁,雁足上系有帛书,说苏武在某大泽中牧羊,单于信以为真,最终放了苏武。可见鸿雁传书原来就是虚语,但人们宁信其有,因为睽违已久的他们实在太渴望得知亲人的消息了。而寒雁飞来无消息,则是将这虚妄的幻想也打破

了，更"教儿牵断心肠忆"。这句词揭示了作者身份：一个无时
无刻不牵挂父母的儿子。这种牵挂让我们联想到孟郊的《游子吟》：
"慈母手中线，游子身上衣。临行密密缝，意恐迟迟归。"母亲总
在期待游子的归来，而游子虽知此意，却偏偏无法归来。正如我
们在分析《白侍郎作十二时行孝文》时所说，孝子善事父母的最
基本行为是晨昏定省，但因为此词的作者是他邦客，所以连这最
基本的一点他也做不到，其痛苦何啻肝肠寸断。

在无论如何都无能为力的情况下，他只能寄希望于老天。"仰
告三光珠泪滴"，他向太阳祈祷，向月亮祈祷，向星辰祈祷，也
许只是希望能够得到父母一丁点儿的消息，或者希望父母能够健
康地活着，能够等到他回归家乡的那一天，但是他也知道这祈祷
是多么虚妄，其实现的可能性几乎为零，所以一面祈祷，一面流
下绝望的泪滴。"教他耶娘，甚处传书觅？"这就是他面对的现实。
他身在异乡，行踪不定，且没有办法向家乡传递消息，在这种情
况下，他又怎么能指望父母能获知他的消息并寄来书信呢？他只
能埋怨自己的命运："自叹宿缘作他邦客，辜负亲尊虚劳力。"佛
教讲因果，认为前世的因会带来后世的果，这便是宿缘。人们在
无力解困的时候，要么向上天祈祷，要么将困境归之于宿缘，以
此来让自己获得一点精神上的安慰。词作者在明知祈祷不会有结
果的情况下，也只能叹惜命该如此，否则何以偏偏是自己做了这
"他邦客"呢，只是这辜负了双亲养育他的一番辛苦，做儿子的
竟无以为报了。中国自古以来注重孝道，不用说儒家认为"夫孝，
天之经也，地之义也，民之行也"（《孝经·三才》），就连出家的
僧人，也念念不忘母亲的"十恩德"，会宣讲《父母恩重经讲经文》，
会在向信徒讲解佛经之前先讲二十四孝的故事（如《故圆鉴大师
二十四孝押座文》），这都源于对父母恩惠的感报。但往往子欲养

而亲不待,这是最令人抱憾的。宋代罗适《慈母石》便感叹说:"我闻慈母石,启我父母思。人有父母谁不思,我思父母偏伤悲。忆昔生我童稚时,家贫日逐图生资。父母衣我宁自寒,父母食我宁自饥。拾薪为我代灯烛,鬻衣为我买诗书。朝夕劝我苦勤读,戒我弗作庸常儿。嗟哉我生命多疾,父母提携延岁日。忽朝卧病一呻吟,父母咿哑面如漆。有时为我祝神祇,愿我早著蓝袍归。此时我心常感发,愿如夫子言无违。嗟哉我生命多蹇,少年不第第已晚。况兼父母未死时,食不饱兮衣不暖。今朝身为一命仕,薄俸聊堪奉甘旨。双亲已逝掩荒丘,薄俸翻将饱妻子。"父母为儿子的成长含辛茹苦,待儿子终于功成名就时,父母却早已命归黄泉,怎不令人扼腕叹息。敦煌《父母恩重经讲经文》在讲述"儿行千里,母行千里;儿行万里,母行万里"一段经文时,用极明白的语言进行了解说:

> 思量我等生身母,终日忧怜男与女。
>
> 为儿子抛出外边,阿娘悲泣无情绪。
>
> 或仕宦,或职务,离别耶娘经岁数。
>
> 见四时八节未归来,阿娘悲泣无情绪。
>
> 或经营,求利去,或住他乡或道路。
>
> 儿子虽然向外安,阿娘悲泣无情绪。
>
> 或在都,差镇戍,三载防边受辛苦。
>
> 信息希疏道路遥,阿娘悲泣无情绪。
>
> 儿于(行)万里母先于(行),终日忧愁泪如雨。
>
> 念佛求神百种为,只希闇里加垂护。
>
> 损形容,各(割)肠肚,乞待儿归再团聚。
>
> 思想慈亲这个恩,门徒争忍生孤负。

经求仕宦住他乡，或在军中镇外方。

儿向他州虽吉健，母于家内每忧惶。

心随千里消容貌，意恨三年哭断肠。

直待归来相见了，阿娘方始有精光。

慈母德，大难酬，忆念之心更不休。

奉劝门徒诸弟子，莫抛父母住他州。[1]

儿行千里母担忧，而儿女往往为了生计，又不得不远行至千里万里之外。当代社会何尝不是如此，儿女为了追求自己的学业和事业，往往要离家远行，甚至远渡重洋，在异国他乡打拼；即使在较为传统的农村，也有大量年轻人为了外出务工而离开家乡，让父母和孩子留守在农村。这些离开家的儿女，通常无法同时兼顾对父母的照看。"根据民政部的统计数据，2018 年，空巢家庭数量超过了中国家庭总数的一半；在一些城市地区，这个数目已经达到了 70%。新华通讯社 2016 年的一篇报道指出，在总数 1.85 亿的 60 岁以上老人中，有将近一半都不和子女住在一起，这个现象在上一代人时还是闻所未闻的。"[2]中国"预计 2033 年左右进入占比超过 20% 的超级老龄化社会，之后持续快速升至 2060 年的 35%"[3]，而伴随中国人口的老龄化，空巢老人这一问题将更为严峻。正是因为老年人面临着这样的困境，所以国家甚至出台

［1］ 录文参见黄征、张涌泉：《敦煌变文校注》，北京：中华书局，1997 年，第 976—977 页。

［2］ 姜楠：《快节奏的现代社会中，孝道的内涵如何发生变化》，《澎湃新闻》，2018 年 10 月7 日，https://www.thepaper.cn/newsDetail_forward_2538026，访问日期：2024 年 4 月 27 日。

［3］ 任泽平：《中国老龄化报告》，《新浪新闻》2023 年 2 月 7 日，https://finance.sina.com.cn/zl/china/2023-02-07/zl-imyewiyr5155477.shtml，访问日期：2024 年 4 月 27 日。

了法令，要求子女"常回家看看"[1]。其实，真正的孝并不是一种强制的行为，它是子女对父母的爱的自然流露，正如这首《鹊踏枝》中所表达的一样，作了"他邦客"的游子，因"辜负亲尊虚劳力"而心生愧疚，会在夜深人静时将父母"牵断心肠忆"，会为了父母的健康、为了早日的团聚而"仰告三光"。他的不得已在于"路远关山隔"，在于父母不知"甚处传书觅"，而当代社会，由于交通和通信技术的发展，这种阻隔在多数情况下均可以得到解决，只要子女有心，便至少能够在精神上给予父母以慰藉。

《鹊踏枝》（他邦客）用极通俗平易的语言，表达了远在异乡的儿子对父母的相思与愧疚。他可能自认为不孝，但实际上，他的这种思念与愧疚也是一种孝，因为在他的心里，始终有孝思的存在。作为读者，我们在同情这位游子的同时，一定也会与之产生共鸣，想起自己的父母，唤起我们对他们的爱，这正是这首质朴的敦煌曲子词的魅力所在。

---

[1]《中华人民共和国老年人权益保障法》第十八条规定："家庭成员应当关心老年人的精神需求，不得忽视、冷落老年人。与老年人分开居住的家庭成员，应当经常看望或者问候老年人。"

王梵志诗五首 [1]

父母生男女

父母生男女 [2]，没娑可怜许 [3]。

逢着好饮食，纸里将来与 [4]。

心恒意不忘 [5]，入家觅男女。

养大长成人 [6]，角睛难共语 [7]。

五逆前后事 [8]，我死即到汝。

父母是怨家

父母是怨家 [9]，生一五逆子。

养大长成人，元来不得使。

身役不肯料 [10]，逃走皆家里。

---

[1] 《王梵志诗集》在敦煌地区十分流行，在敦煌文献中该集计有 31 个卷号，存诗 300 余首，现有张锡厚《王梵志诗校辑》（北京：中华书局，1983 年）和项楚《王梵志诗校注》（上海：上海古籍出版社，1991 年）两种较权威的校注本，本书所选文本即在这两部书的基础上校录而成。

[2] 男女：儿女。

[3] 没娑：抚摸，摩挲。可怜：可爱。许：这样，这般。

[4] 将来：一作"相来"，意为拿过来。

[5] 意：一作"忆"。

[6] 长成：一作"将成"。

[7] 角睛：同"角眼"，唐代俗语，怒目而视的样子。

[8] 五逆：佛教用语，指五种恶业最重的行为，包括杀父、杀母、杀阿罗汉、出佛身血（对佛生恶意）、破合和僧（破坏僧人间的和睦）。

[9] 怨家：同"冤家"，指仇人。敦煌《捉季布传文》："楚王辩士英雄将，汉帝怨家季布身。"

[10] 料：料理，安排。

阿耶替役身，阿娘气病死。

腹中怀恶来[1]，自生煞人子[2]。

此是前生恶，故故来相值[3]。

虫蛇来报恩，人子合如此。

前怨续后怨，何时逍祖唯（？）[4]。

只见母怜儿

只见母怜儿，不见儿怜母。

长大取得妻，却嫌父母丑。

耶娘不睬聒[5]，专心听妇语。

生时不供养，死后祭泥土。

如此倒见贼[6]，打煞无人护。

生时不共作荣华

生时不共作荣华，死后随车强叫唤。

齐头送到墓门回[7]，分你钱财各头散。

---

[1] 恶来：人名，姓嬴，蜚廉（又做飞廉）的长子，商纣王宠信的大臣，以勇力而闻名，嗜杀成性。《史记·殷本纪》："蜚廉生恶来，恶来有力。"

[2] 煞：同"杀"。

[3] 故故：故意，特意。相值：相遇，此处是相报应。

[4] 逍祖唯（？）：意义不明。

[5] 睬聒：理睬，听取。

[6] 倒见：佛教术语，颠倒事理真相之妄见。贼：骂人的字眼。

[7] 齐头：一齐，并列。

造作庄田犹未已

造作庄田犹未已，堂上哭声身已死。

哭人尽是分钱人，口哭元来心里喜。

白话译文

父母生男女

父母生下儿女，不停地爱抚他们，觉得他们可爱无比。遇到美味佳肴，马上想用纸包着拿给他们。心心念念从不忘记儿女，一进家门总是先找他们。父母把儿女养大成人，儿女却对父母怒目相向，难得与父母说上一言半语。五逆之行前后相继，待父母离世之后，就轮到你这不孝的儿女来承受自己儿女的不孝了。

父母是怨家

父母真是冤家，生下个犯有五逆之罪的儿子。好容易将他养大成人，却原来完全指望不上。儿子不肯承担属于自己的徭役，逃之夭夭，离家远去，将一切留给父母来加以料理。父亲替他去服徭役兵役，母亲被气得大病而死。母亲肚子里怀的是恶来这样的凶徒，生下的是杀死自己的儿子。这是前生的恶报，特意让这对母子在今世相遇。虫、蛇等动物都知道要报恩，人的儿子也应当如此。前世的怨仇接着后世的怨仇，什么时候才可能最终消解？

只见母怜儿

只见母亲爱怜儿子，从不见儿子爱怜母亲。儿子长大娶了妻子，却嫌父母面目丑陋没有光彩。父母之言他听不进去，妻子的话他言听计从。父母活着时他不供养，父母死后他祭拜泥土。这样颠倒黑白的坏家伙，打死他也无人来维护。

生时不共作荣华

子女们在父母活着的时候不与之共享荣华富贵，在他们死后却随着送殡的车辆勉强发出哭喊。一齐将父母遗体送至墓地便回，分完他们的钱财便一哄而散。

造作庄田犹未已

父母营造田亩土地还未结束，就已经在堂上的哭声里一命归西。哭泣的人全都是赶来分钱的人，他们口里哭喊不已，心里却十分欢喜。

品　读

中国是个讲究孝道的社会，所以有关孝子的故事广为流传。王梵志《你若是好儿》诗中便举了四位"好儿"："王祥敬母恩，冬竹抽笋与，孝是韩伯俞，董永孤养母。"王祥母亲喜食鲤鱼，王祥便于冬日卧冰求鲤；孟宗母亲嗜笋，孟宗便于笋尚未生的寒冬在竹林哀哭，感得笋生；韩伯俞的母亲经常用拐杖打他，他总是开开心心地承受，有一次却突然哭泣起来，母亲问他，他说以前母亲打他打得疼，说明母亲身体健康，但这次母亲打他时他却不觉得疼了，知道母亲的力气已变得衰弱，所以不由得痛哭起来；董永卖身葬父，更是被传为佳话。敦煌还有 5 个写本的《孝子传》，将历史上著名的孝子故事都纳入其中。但是世上的人形形色色，故有孝子就有不孝子。《孟子·离娄下》总结了五种不孝的表现："孟子曰：世俗所谓不孝者五：惰其四支，不顾父母之养，一不孝也；博弈好饮酒，不顾父母之养，二不孝也；好货财，私妻子，不顾父母之养，三不孝也。从耳目之欲，以为父母戮，四不孝也；好勇斗狠，以危父母，五不孝也。"在孟子看来，四体不勤的懒惰者不会赡养父母，是不孝子；喜欢赌博醉酒的放纵者不会赡养父母，是不孝子；眼里只有金钱、心里只有妻子和儿女的自私自利者不会赡养父母，是不孝子；一心追求声色犬马的纵欲者，只会给父母带来羞辱，是不孝子；喜欢打打杀杀、逞一时之勇的好斗者，会危及父母，也是不孝子。孟子以言简意赅的语言勾勒出不孝子的五种嘴脸，而隋末唐初的僧人王梵志，也凭自己通俗易懂的诗歌，对不孝子们进行了刻画，其中有的画像与孟子的画像相重叠，有的则是王梵志根据现实经验的自创，形成了"五逆子""煞人子""倒见贼"等不孝子的群像。

《父母生男女》诗中，先写父母对儿女的疼爱。他们心里、眼里都是孩子，捧在手里怕摔了，含在嘴里怕化了，在外面看到好吃的东西，第一时间是想着给孩子带回家来，等到回到家中，最先做的事就是寻找孩子的身影。这些都是最朴实的爱的表现，却又是那么真切动人。可是，与父母爱孩子的表现相反，一些不孝子在长大成人之后，却对父母"角睛难共语"，动不动就对父母横眉立目，或者冷言相向，既谈不上对父母的赡养，更谈不上对父母的敬重。王梵志称这种人为"五逆子"，这可谓是他为不孝子们勾勒的第一幅画像。"五逆"是佛教用语，本指包括杀父、杀母在内的五种罪大恶极的行为，但此处，王梵志将对父母的不敬行为直以"五逆"相称，说明他认为子女的这种态度是大逆不道的。《父母恩重经》中亦有相似的描写："如斯养育，愿早成人，及其长大，翻为不孝。尊亲共语，应对违情。拗眼列（裂）睛，不知恩义。"《父母恩重经讲经文》对此经文的具体解说中也称这样的人为"五逆人"："为人不解思恩德，返倒父娘生五逆；共语高声应对人，拟嗔嗔眼如相吃。""纵愚痴，多抵拒，父母试嗔扑匙箸。只管于家弄性灵，争知门外传声誉。……佛道如斯五逆人，莫觅托生好去处。"这些五逆子忘记了父母对自己的养育之恩，经常与父母作对，轻慢父母，辱骂父母，若饭桌上父母说他几句，他就能把碗筷汤匙撧给父母看，任性妄为，不知好歹，依照佛教的观念，他们在来世必会受到恶的惩罚。忤逆父母、不敬父母的行为在孟子那里未被特别提起，但受到过孔子的严厉批评。《论语·为政》中孟懿子向孔子请教什么是孝，孔子的回答是"无违"。孔子在向弟子樊迟谈及这段对话时，樊迟表示不解，于是孔子解释道："生，事之以礼，死，葬之以礼，祭之以礼。"也就是说，孔子所谓的"无违"，是在父母活着时，要对他们依礼相待，不违迕他们，死后也要依照礼节来安葬他们，祭祀他们。可见善事父母的基本要素就是要对他们保持礼貌和尊重。《父母生男女》中子女对父母"角睛难共语"，显然非但未能做到"无违"，反而是违迕到了令人发指的程度。最后两句"五逆前后事，我死即到汝"，直接以"我"和"汝"代替了前面的"父母"与"男女"，使读者产生强烈的代入感，可以感知父母对儿女的这种不敬怀有的深切怨怒，甚至带有点诅咒的成分：儿女现在这样对待父母，将来他们的儿女也会这样对待他们，这种不孝行为会因此变成恶性循环。这实际上是作者王梵志发出的诅咒，也是他出于对人性的了解而得出的自然推论。

《父母是怨家》一诗，继续谈论"五逆子"的行为。这次是说儿女长大后不能承担自身的责任和义务，给父母带来意想不到的苦难。"养大长成人，元来不得使"，是指父母本以为养儿可以防老，却没料到儿子根本靠不住。"身役不肯料，逃走皆家里"，是说儿子不肯担负起自身的差科赋役，而是逃之夭夭，将一切都留给父母去承受，其结果是，父亲在垂垂老矣的情况下还要替儿子去服徭役和兵役，而母亲则被气得大病一场，一命呜呼。孔子曾说："父母在，不远游，游必有方。"（《论语·里仁》），认为父母健在时，子女有义务在家陪伴父母，晨昏定省，照顾父母的起居，也避免父母因子女远游而担心；即使儿女不得已要离开父母去远方，也要告知父母自己的行踪，以免其终日悬心。敦煌《父母恩重经讲经文》也借佛之口说道："大凡世上不孝人，多在家费父母心神，出入又不依时节。致使父心愁戚，母意忧惶，终日倚门，空垂血泪云云。书云：'积谷防饥，养子备老。'纵年成长，识会东西，抛却耶娘，向南向北。男女虽然不孝，父母未省憎慊。如斯恩念最多，争忍抛离出外。父母在，劝君莫向他乡住。"也认为儿女远行之所以被认为是不孝，一是不能在家侍奉父母，二是儿女在外东奔西走会导致父母的惦念与忧虑。但是，无论是孔子还是佛祖都并不完全否定儿女为了自我追求而离开父母，只是前提是要"游必有方"或"依时节"，即尽量减少外出给父母带来的无人赡养或心情忧虑的状况。但是《父母是怨家》中的儿子不但连这些基本的条件都达不到，还将自己的赋役扔给父母去承担，可谓不孝之至。诗中还以恶来这个虽孔武有力却怙恶不悛的人物作为例子，说"腹中怀恶来，自生煞人子"。恶来是商纣王的宠臣，善于奔跑，且"力角犀兕，勇搏熊虎"，却不走正道。《晏子春秋·内篇谏上第一》："昔夏之衰也，有推侈、大戏；殷之衰也，有费仲、恶来。足走千里，手裂兕虎，任之以力，凌轹天下，威戮无罪，崇尚勇力，不顾义理，是以桀纣以灭，殷夏以衰。"可见恶来这样的人被视为夏、商灭亡的原因之一。父母是多么不幸，才会生下恶来这样的"煞人子"？这也正是孟子所说的"好勇斗狠，以危父母"之不孝。"虫蛇来报恩，人子合如此"则说明虫蛇尚知报恩，那么不知报恩的"人子"就连虫蛇都不如了。这是不孝子的第二幅画像。

《只见母怜儿》一诗，是不孝子的第三幅画像：不孝子无法像母亲爱怜儿子那样去爱怜父母，"长大取得妻，却嫌父母丑。耶娘不瞅睬，专心听妇语。生时不供养，死后祭泥土"。"长大取得妻，却嫌父母丑"是儿女成人之后对待父母的心理变化，看似只是嫌弃，实际是种忘恩负义的行为。《父母恩重经讲经文》中诉说母亲养儿不易："十月之内，受无限艰辛；三年之中，饮没量多血乳。致使娘娘形貌，日日汪羸，慈母颜容，朝朝瘦悴。"为了养育儿女，母亲从如花似玉的青春少女变成了容颜憔悴的衰老妇人，儿女看在眼中，正常的心理都是心疼母亲，想要报答母亲，可不孝子却会生出嫌弃之心，真是不可理喻。至于"耶娘不瞅睬，专心听妇语"，则是儿子成家后对父母态度上的变化。民间有歌谣云：花喜鹊，尾巴长，娶了媳妇忘了娘。可见儿子在娶妻生子之后，情感向小家庭倾斜是一种普遍现象，也算是人之常情。但诗中批评的并非儿子生活重心的转移，而是其对父母态度的变化，即嫌弃父母，完全不听从父母的意见，不行使对父母的赡养义务，也即孟子所说的"好货财，私妻子，不顾父母之养"。在古代父子同居的家庭中，儿媳妇作为外来者，如果不能很好地融入新家庭，确实容易造成家庭矛盾。如敦煌《齖𪘓书》中的新妇："阿婆嗔着，终不合嘴。将头自搕，竹天竹地，莫著卧床，佯病不起。见婿入来，满眼流泪。夫问来由，有何事意。没可分疏，口称是事：'翁婆骂我，作奴作婢之相，只是担眠夜睡，莫与饭吃，饿急自起。'阿婆向儿言说：'索得个屈期丑物入来，与我作底！'"这位齖𪘓新妇，只因为婆婆的一句嗔怪，就破口大骂，以头撞地，撒泼打滚，还假装生病，卧床不起。更过分的是，她还以"翁婆骂我"为由，挑拨婆婆与儿子之间的关系，令公婆大为烦恼。在这种情况下，儿子如果一味偏听偏信，自然会与父母生出嫌隙，变得疏离，从而不去履行对父母的赡养义务。敦煌《舜子变》中也有一位恶妻，她为陷害继子舜，用了各种计谋，其中最重要的，就是以言语挑拨舜与父亲瞽叟的关系。这位妻子在丈夫外出归来之后，"向床上卧地不起。瞽叟问言：'娘子前后见我不归，得甚能欢能喜？今日见我归家，床上卧〔口〕（地）不起，为复是邻里相争，为复天行时气？'后妻忽闻此言，满目堆堆下泪。'自从夫去辽阳，遣妾勾当家事，前家男女不孝，见妾后园摘桃，树下多埋恶刺。刺我两脚成疮，疼痛直连心髓。当时便拟见官，我看夫妻之义。老夫若也不信，脚掌上见有脓水。见妾头黑面白，异生猪狗之心。'……瞽叟忽闻此言，闻嗔且不可嗔，闻喜且不是喜，高声唤言象儿：'与阿耶三条荆杖来，与打杀前家歌（哥）子！'"后母一番巧舌如簧，便引得瞽叟信以为真，要将亲生儿子打杀，可见男子偏听妇言的结果，只是在这个故事中，受害者不是他的父母，而是他的亲生儿子。"生时不供养，死后祭泥土"则描写了在父母死后儿子的虚伪表现。父母已死，儿子再怎么对着泥土大加祭祀，都已失去了意义。王梵志称这样的儿子是"倒见贼"，也就是颠倒黑白、不论是非的恶徒，认为这种人被人打死也不会有人出面维护。

《生时不共作荣华》和《造作庄田犹未已》两首，都涉及不孝子在父母死后的表现，是他们的终极画像。他们在父母死后的哭喊并不是因为子欲养而亲不待，而只是一种惺惺作态。"生时不共作荣华，死后随车强叫唤"，一个"强"字，将不孝子根本没有失去父母的悲痛却又想让旁人觉得自己很难过的虚情假意点出，一针见血。"齐头送到墓门回，分你钱财各头散""哭人尽是分钱人，口哭元来心里喜"的诗句，道尽不孝子们假悲痛后的真欢喜。不得不说，王梵志对于世态炎凉的认知十分深刻，这使得其诗歌中包含的嘲讽完全是有的放矢。

有关王梵志其人，历史上有些记载。如晚唐范摅《云溪友议》卷下《蜀僧喻》称："梵志者，生于西域林木之上，因以梵志为名。"五代冯翊子（严子休）《桂苑丛谈·史遗》云：

> 王梵志，卫州黎阳人也。黎阳城东十五里有王德祖者，当隋之时，家有林檎树，生瘿大如斗。经三年，其瘿朽烂。德祖见之，乃撤其皮，遂见一孩儿，抱胎而出，因收养之。至七岁，能语，问曰："谁人育我？"及问姓名。德祖具以实告："因林木而生，曰梵天（后改曰志）；我家长育，可姓王也。"作诗讽人，甚有义旨，盖菩萨示化也。

《太平广记》卷82《王梵志》与此略同。这些材料显然有虚构的成分，但也可由此推知，王梵志生于隋末，活跃于初唐时期，因其对佛学的领悟而"作诗讽人"。关于他的诗作，敦煌《王梵志诗集》卷上的开头有不知名的编者所撰的序云："但以佛教道法，无我苦空。知先薄之福缘，悉后微之因果。撰修劝善，诫勖非违。目录虽则数条，制诗三百余首。具言时事，不浪虚谈。"他以通俗的语言写了 300 多首诗歌，惩恶扬善，教导民心，最终达到宣扬佛教的目的。也正是因为这样，我们看到，在此处的几首关于不孝子的诗歌中都包含着佛教的语言和观念。《父母生男女》中的"五逆前后事，我死即到汝"，既是对不孝子的诅咒，也体现了佛教的因果报应观念；《父母是怨家》中，"腹中怀恶来，自生煞人子。此是前生恶，故故来相值"的诗句将父母生下不孝子的原因归结为他们自己前世的恶业；《造作庄田犹未已》中的"造作庄田犹未已，堂上哭声身已死"，体现的是佛教的无常与空的观念。不过，无论王梵志怎样以佛教的轮回与报应之说去看待父母与不孝子的关系，他还是对不孝子们充满了切齿的痛恨，发出"如此倒见贼，打煞无人护"的怒斥来。

与佛教对不孝子的报应式惩戒相类似，中国民间有不少天打雷劈不孝子的故事。宋代洪迈的志怪集《夷坚志》中就记载了不少此类故事。如"熊二不孝"故事中逆子熊二秉性悖戾，将年迈无依的老父赶出家门，致其乞讨于市，结果熊二被雷神震死，且"剜其眼，截其舌，朱字在背，历历可认，曰'不孝之子'"。"不孝震死"故事中，江西鄱阳乡民王三一因更换和变卖父母自备的香木棺材，甚至在母死之后，将已经十分廉价的株板留以自用，而用更廉价的松棺殓母，结果被雷击死，且两次埋葬后都被雷将尸体震出。"雷击王四"故事中，王四"事父不孝，常加殴击"，父亲忍无可忍，准备去县里告他不孝，他不但不害怕，还在半路上给父亲二百元投状费，以表示自己无所忌惮，结果"父行未半里，大雷雨忽作，急避于旁舍，雨止而出，闻恶子已震死"。这些待天以雷劈的形式惩罚不孝子的故事，都说明了民间对不孝子的深恶痛绝，故王梵志的此类刻画不孝子的诗作在民间的接受度会非常高。

王梵志的这些诗歌仍有现实意义。历史上深受中国文化影响的韩国在 2015 年 9 月和 10 月提出了所谓的"《不孝子防止法》"，规定如果接受父母财产赠予的子女虐待或不正当对待父母，可取消赠予；对父母施以暴力的子女，不经父母申诉即可接受刑事处罚。韩国之所以会提出这样的法案，与韩国社会孝文化的衰落趋势密切相关。"韩国统计厅的调查结果显示，韩国人越来越认为赡养老人的义务不应该仅仅由子女承担。在 2002 年，首尔市民中有 64.8% 认为老人应该由子女赡养，到了 2014 年，这一比例下降到 31.2%。""2007 年至 2013 年，韩国法院受理的有关父母赡养费的诉讼共 144 起，到了 2014 年，此类诉讼达在当年就达到了 260 起。在赡养父母意识衰退的同时，老人受虐待的案件不断增加。韩国保健福利部 2014 年的调查结果显示，9.9% 的老人有被虐待的经历，施虐者中占比最高的是儿子。"[1]中国正在快速进入老龄化社会，所以韩国的这种现象应当引起我们的关注和警惕。在这种情况下，读一读王梵志有关不孝子的诗歌，体味一下其中辛辣的讽刺意味和强烈的批判意味，无疑是有一定意义的。

---

[1] 王晓玲：《韩国"不孝子法"惹争议》，《世界知识》2016 年第 3 期。

崔氏夫人训女文[1]

香车宝马竞争辉[2]，少女堂前哭正悲。

吾今劝汝不须哭，三日拜堂还得归[3]。

教汝前头行妇礼[4]，但依吾语莫相违。

好事恶事如不见，莫作本意在家时[5]。

在家作女惯娇怜，今作他妇信前缘[6]。

欲语三思然后出，第一少语莫多言。

路上逢人须敛手[7]，尊卑回避莫荡前[8]。

外言莫向家中说，家语莫向外人传。

姑嫜共语低声应[9]，小郎共语亦如然[10]。

[1] 作品见敦煌 S.4129、S.5643 及 P.2633 三个抄本。历来研究者颇多，如陈祚龙《关于敦煌古钞"崔氏夫人训女文"》(《东方杂志》，复刊第 9 卷第 2 期，1975 年 8 月)；郑阿财《敦煌写本〈崔氏夫人训女文〉研究》(《中兴法商学报》第 19 期，1984 年)；高国藩《敦煌本〈崔氏夫人训女文〉及其由来》(《古典文学知识》1995 年第 6 期)；郑阿财、朱凤玉《敦煌蒙书研究》(甘肃教育出版社，2002 年，第 409—422 页) 等。此据郑阿财、朱凤玉录文迻录。

[2] 香车宝马：用香木做的车和珍贵的马匹，泛指华丽的车驾。

[3] 拜堂：古代婚礼上的仪式，新郎与新娘拜天地、双亲及对拜。归：指新嫁娘在婚礼后回娘家，即拜门、回门，如《东京梦华录》卷五"娶妇"云："婿往参妇家，谓之拜门……三日七日皆可。"

[4] 前头：今后，将来。

[5] 本意：本来的想法。

[6] 前缘：前定的缘分。

[7] 敛手：古代女子所行的拜手礼。如五代和凝《江城子》："含笑整衣开绣户，斜敛手，下阶迎。"

[8] 回避：遇见尊长，须避开以示恭敬。荡：荡突，即唐突。荡前：唐突向前。

[9] 姑嫜：古代妻子对丈夫的母亲和父亲的称呼。

[10] 小郎：一说古代女子称丈夫的弟弟为小郎，即小叔子；一说女子称自己年轻的丈夫为小郎。因后文称丈夫为夫婿，故此处当为第一种。

早朝堂上起居了[1]，诸房伯叔并通传[2]。

姒娌相看若鱼水[3]，男女彼此共恩怜[4]。

上和下睦同钦敬，莫作二意有庸偏[5]。

夫婿醉来含笑问，迎前扶侍送安眠。

莫向人前相辱骂，醒后定是不和颜。

若能一一依吾语，何得翁婆不爱怜[6]。

故留此法相教示，千秋万古共流传。

白话译文

　　门口娶亲的华丽车驾正相互争奇斗艳，堂前要出嫁的少女却在大放悲声。母亲我劝你不必哭泣不已，婚礼过后三天，你就能够回门探亲。我要教给你未来须遵守的为妇礼仪，你只管依顺我的言语，千万不要违逆。遇到好事和坏事都要装作看不见，不要像在娘家时那么任性随意不收敛。在娘家你是个小小女儿家，习惯了父母的娇纵与爱怜，现在你要嫁出门去做媳妇，要相信这必定是前定的姻缘。说话前要反复思量再开口，最重要的是少说话，不多言。在路上遇到熟人要行拜手礼，在长辈面前要知道让路回避，莫要唐突地走向前去。外人说的话不要向家人说，家人说的话也不要向外人传递。公公婆婆跟你说话时要低声作回应，跟小

---

[1] 起居：向长辈问候、请安。

[2] 通传：通报传达，此指一一问候。

[3] 姒娌：兄弟的妻子的合称。

[4] 男女：儿女，如敦煌本《太公家教》："亲爱尊卑，教示男女。"恩怜：加恩垂怜。

[5] 二意：异心，二心。庸偏：庸鄙的偏私想法。

[6] 翁婆：古代妻子对丈夫的父母的称呼，即公公婆婆。

叔子说话也要这样不改变。晨起先上堂向公公婆婆请安，然后将各房的伯伯叔叔都问候一遍。妯娌间应相处得如鱼得水，对待男孩女孩要一视同仁，垂恩爱怜。上下和睦，对谁都要敬重相待，不要怀有异心，像庸人那样把爱只偏向一边。丈夫醉酒回来要带着笑容表示问候，迎上前去，搀扶侍候，让他安眠。不要当着别人的面将他辱骂一番，那样他酒醒之后必定对你怒目相向，脸色难看。如果你能把我的话一一照做，怎么会不博得公公婆婆的爱怜？所以我把这些法子传授给你，且让它千秋万代都能流传。

品　读

　　赵树理的小说《三里湾》中有个女性形象外号"能不够"，"村里人对她的评论是'骂死公公缠死婆，拉着丈夫跳大河'"。到她女儿小俊要结婚的时候，她把自己做媳妇的经验总结成一套理论讲给小俊：

　　　　她说："对家里人要尖，对外边人要圆——在家里半点亏也不要吃，总得叫家里大小人觉着你不是好说话的；对外边人说话要圆滑一点，叫人人觉得你是个好心肠的人。"她说："对男人要先折磨得他哭笑不得，以后他才能好好听你的话。"从前那些爱使习的女人们常用的"一哭二饿三上吊"的办法她不完全赞成。她告小俊说："千万不要提上吊——上吊有时候能耽搁了自己的性命；哭的时候也不要真哭——最好是在夜里吹了灯以后装着哭；要是过年过节存了一些干粮的话，也可以装成生气的样子隔几天不吃饭。"

这两个办法她都用过，要不天成老汉也不会像现在这

样听她的话。[1]

在"能不够"的教唆之下，小俊和丈夫玉生的日子过得鸡飞狗跳，最终以离婚收场。"能不够"是不爱女儿吗？并非如此，只是她的爱太过自私，对女儿的教导便失于偏狭。这又让人想到了《世说新语·贤媛》的记录：

赵母嫁女，女临去，敕之曰："慎勿为好！"女曰：
"不为好，可为恶邪？"母曰："好尚不可为，其况
恶乎！"

这位"赵母"，是三国时吴国的一位大名鼎鼎的才女，博闻强识，在孙权打算亲征公孙渊时，还曾"上疏以谏"。她还为刘向的《列女传》做了注解，被后世人称为"赵母注"。赵母有如此高超的见识，为什么要告诫女儿在出嫁后千万别做善事呢？她又为什么会因为这番言论而被收入《世说新语》的"贤媛"篇呢？原来依照当时人们的看法，做善事有出风头的嫌疑，有了善的名声，就容易招来别人的嫉妒，所以赵母只是不想女儿树大招风，希望她能平静地过好自己的生活罢了，因而她在不让女儿"为好"的同时，也禁止她"为恶"。

上面两位母亲，都是怀着一颗拳拳爱女之心，从自己的见识和人生经验出发，在女儿出嫁前为其提供人生指导，只是一个过

---

[1] 赵树理：《三里湾》，北京：人民文学出版社，2005年，第15—16页。

于自私，一个令人费解，其结果自然也是如人饮水，冷暖自知。但我们知道，有一位母亲对女儿的婚前教导是朴素明白且合乎情理的，因而也是受人称赞并普遍传扬的，这就是《崔氏夫人训女文》中的崔氏夫人。

这位崔氏夫人是极爱女儿的。她的女儿"在家作女惯娇怜"，说明崔氏夫人对她从小就娇生惯养，以致她有些自己的小性子，"好事恶事如不见，莫作本意在家时"一句也表明她在出嫁前颇为天真烂漫，自然率性，遇事是非分明，言行无所顾忌。也正是因为如此，崔氏夫人非常担心将这样一个娇憨的女儿嫁为人妇后，女儿会因为不知道怎么与婆家人圆滑地相处而受到委屈，于是，她先是一方面安慰大哭不止的女儿，告诉她依照风俗，在婚礼过后三天，她便有机会回到娘家，一方面则恨不得将毕生经验都当作锦囊妙计在此时传授给女儿。

众所周知，中国古代对女子的要求是三从四德，《后汉书》卷84《列女传》引班昭《女诫》："女有四行，一曰妇德，二曰妇言，三曰妇容，四曰妇功。……清闲贞静，守节整齐，行己有耻，动静有法，是谓妇德。择辞而说，不道恶语，时然后言，不厌于人，是谓妇言。盥浣尘秽，服饰鲜洁，沐浴以时，身不垢辱，是谓妇容。专心纺绩，不好戏笑，洁齐酒食，以奉宾客，是谓妇功。此四者，女人之大德，而不可乏之者也。"这样看去，这四德的要求是相当高的，能够样样达标的女子，必定是个完美的人。可是，崔氏夫人似乎并没有想让女儿当个完人，对女儿也就没有这样的高要求，她出于对自己那个时代的家庭构成的清醒了解，知道"夫虽云爱，舅姑云非，此所谓以义自破者也"（班昭《女诫·曲从》），也就是说，无论丈夫多么爱自己的妻子，只要这妇人得不到公婆的喜爱，那么夫妻最终也会恩断义绝，于是她把劝导女儿的重点放在了如何让她获得翁婆的喜爱上。结果就是，崔氏夫人将传统的德、言、容、功四德压缩在了两个方面：言辞与礼貌。

"欲语三思然后出，第一少语莫多言"是崔氏夫人的第一个教诲。其实这是古代社会对所有人的希望，如敦煌本《太公家教》云："人生误计，恨不三思。""多言不益其体，百使不妨其身。""十言九中，不语者胜。"只不过，在女子身上，三思而后言要更为重要，因为男子如果会说话、有辩才也许会受到推崇，而快人快语、喜欢与人讲论是非的女子在当时则不大受欢迎。《清平堂山话本》收录的《快嘴李翠莲记》里的李翠莲，"姿容出众，女红针指，书史百家，无所不通。只是口嘴快些，凡向人前，说成篇，道成溜，问一答十，问十道百"，因而在出嫁前，惹得爹娘满面忧愁，双眉不展。翠莲对此感到不解，父母不高兴地向她解释说："因为你口快如刀，怕到人家多言多语，失了礼节，公婆人人不欢喜，被人笑耻，在此不乐。"果然，翠莲出嫁之后，因为嘴快，被公公婆婆视为"没规矩、没家法、长舌顽皮村妇"，最终强迫儿子休了翠莲。就连话本作者也知道，翠莲这样一个自在随性、快人快语的女子，是完全不适合那个时代的婚姻的，所以最终只得给她安排了出家一条生路。也许正是因为崔氏夫人清楚地知道社会对翠莲这样的女子的排斥，所以她将谨言慎行当作最重要的事情对女儿作了交待。

由谨言慎行可引申出以下两点：一是"外言莫向家中说，家语莫向外人传"，也就是不在家里家外说长道短，搬弄是非。敦煌本《丑妇赋》中，女子之丑并不仅仅只表现在容貌之丑上，咋咋呼呼、在邻里间说长道短也是极大的丑恶："豪豪横横，或恐马而惊驴；咋咋邹邹，即喧邻兮聒里。仡脂磨逻之面，恶努脴肛之嘴。尔乃只爱说非，何曾道是。"一是"姑嫜共语低声应，小郎共语亦如然"，即要轻言细语地回应公婆和小叔子等与她的交谈，不得放高声音。轻声细语是古人衡量一个女子贤惠与否的重要标准。清陆圻《新妇谱》"声音"条："妇人贤不贤，全在声音高低言语多寡中分，声低即是贤，高即不贤；言寡即是贤，多即不贤。"以说话声音大不大来评判一个女子贤不贤，现在看来近乎荒唐，但在古人眼中，却仿佛颠扑不破的真理，如《丑妇赋》中的女子，就因"打女而高声怒气"而被讥为"只是丑上添丑，衰中道衰"。这也就难怪崔氏夫人要如此郑重其事地加以强调了。

　　除了言的方面，就是礼的方面，涉及与各色人等的交往礼仪。"路上逢人须敛手，尊卑回避莫荡前"是与外人打交道的基本礼仪：路上遇到平常认识的人要行拜手礼，如遇到长辈，则要为之让路，以示尊敬，不能唐突地上前就打招呼。这种礼仪其实并不限于女性，而是带有普遍性，如 P.2718《王梵志诗》："逢人须敛手，避道莫前汤。"敦煌本《太公家教》："路逢尊者，齐脚敛手。"

　　"早朝堂上起居了，诸房伯叔并通传"是与丈夫的主要家人打交道的基本礼仪：新妇要早起，向公公婆婆问安，向大伯子小叔子问好。唐代郑氏所著《女孝经》云："女子之事姑舅也，敬与父同，爱与母同。……鸡初鸣，咸盥漱衣服以朝焉。"这显然承自《礼记·内则》，要求当儿媳妇的要在每日鸡叫头遍之时就起床，仔细地梳洗打扮后，去向公公婆婆问安。可见新妇晨昏定省是自古以来都必须恪守的常规。《红楼梦》中，宝玉的母亲王夫人已是贾府中的长辈，但仍要每日去向自己的婆婆贾母请安，吃饭时，只要贾母在，王夫人便会从旁侍候，不敢随便坐下。如第三回黛玉刚进贾府时，贾母那边才说传晚饭，"王夫人忙携了黛玉出后房门"，赶过去，吃饭时，虽有一屋子的下人，却是"贾珠之妻李氏捧杯，熙凤安箸，王夫人进羹"，三个不同辈分的媳妇都在做着相同的事体。

"妯娌相看若鱼水"是与自己相同身份的兄弟之妻打交道的基本礼仪。《颜氏家训·兄弟篇》云："娣姒之比兄弟，则疏薄矣；今使疏薄之人，而节量亲厚之恩，犹方底而圆盖，必不合矣。"这里的娣姒即妯娌，意思是妯娌相比于兄弟，关系要更加疏远一些，要让她们也像兄弟般亲厚，就如给方形器物盖上圆形盖子，是完全不匹配的，这也说明了妯娌相处之难。敦煌本《辩才家教》"善恶章第十二"更将兄弟妯娌的和睦与否视为家庭兴衰的关键因素："居家何以贵？兄弟妯娌常欢喜。居家何以破？兄弟妯娌争人我。居家何以成？兄弟妯娌有恩情。居家何以失？兄弟妯娌相啾唧。居家何以委？兄弟妯娌如鱼水。"《快嘴李翠莲记》中就记述了李翠莲与大伯子的妻子施氏之间的争斗：施氏让丈夫不要理翠莲，说"好鞋不踏臭粪"，翠莲随即回击："阿姆又不惹你，如何将我比臭污？左右百岁也要死，和你两个做一做。我若有些长和短，阎罗殿前也不放过！"这边妯娌俩是斗嘴，而那边兄弟俩则已差点打了起来。想象一下此情此景，就可知道妯娌相争给家庭带来的诸多问题了。

"男女彼此共恩怜"说的是对待儿女的态度要一视同仁，要将身为母亲的爱平均地分配到每个孩子身上。虽然我们历来认为古人重男轻女，对儿子的关注要远远大于女儿，但在崔氏夫人这里，儿女同样重要，她对他们的爱也如出一辙，所以前面才会说女儿"在家作女惯娇怜"。她也希望女儿也能像自己这样，将来对每个孩子都给予同样的爱怜。

最后，"上和下睦同钦敬，莫作二意有庸偏"是对如何处理各种人际关系的总结：无论是对待长辈还是晚辈，都要以尊重为前提，一视同仁，不要有偏心偏爱，这样才能举家和睦，勠力同心。

交待完这些，崔氏夫人才将重点放到了夫妻相处之道上："夫婿醉来含笑问，迎前扶侍送安眠。莫向人前相辱骂，醒后定是不和颜。"有意思的是，崔氏夫人在这里只选择了夫妻相处的一个瞬间：当丈夫喝醉酒回到家中时。由此看来，男子醉酒归家在当时是一种普遍现象，也是最容易带来家庭矛盾的一种行为。在诗歌的世界里，醉酒是一种人生境界，无论是陶渊明的"悠悠迷所留，酒中有深味"，还是李白的"三杯通大道，一斗合自然"，都仿佛非醉酒不能体验，但在现实生活中，男子在外醉酒确实会造成很多问题。敦煌本《太公家教》言："丈夫好酒，揎拳捋肘，行不择地，言不择口，触突尊卑，斗乱朋友。"《新集严父家教》也说酒醉之人"酒后触忤人，不知有亲老"，哪怕在路上遇到了，也要"避醉客"，躲到小道上去。所以男子醉酒，不但酒后无德，丢人现眼，还会影响正常的家庭生活。李白《赠内》诗就因为喝酒而对妻子表示抱歉："三百六十日，日日醉如泥。虽为李白妇，何异太常妻。"李白的妻子如何对待李白整日醉酒这件事不为人知，但放在普通人身上，这足以让妻子忍无可忍，当众辱骂酒后失仪的丈夫。这样做带来的后果是什么呢？对喝醉酒的人发脾气一方面是对牛弹琴，一方面是让丈夫醒后觉得没面子，进而对妻子摆脸子，耍脾气，甚至争吵打人，导致夫妻矛盾的扩大化。崔氏夫人教导女儿在这种情况下自己不能失态，反倒要"夫婿醉来含笑问"，给足丈夫面子，"迎前扶侍送安眠"，照顾丈夫上床睡觉，似乎她的言外之意是：一切等他醒来之后再说。崔氏夫人的这种处理方式是否适合现代社会权且不论，但在当时的环境下，若公公婆婆看到儿媳妇这样对待自己犯了错的儿子，肯定会十分安心，也会更加怜爱她，那么崔氏夫人教女的目的也就达到了。

总之，崔氏夫人显然既具备充足的人生经验，了解人性的种种弱点，也具备应对各种家庭问题的智慧，所以她并没有教女儿该如何守节、如何打扮、如何勤苦，而只教她如何注意自己的说话方式，如何礼貌待人，因为只要做到这些，就基本能够保证女儿在一个正常的人家过上相对安稳平静的生活了。从结果来看，她的教导得到了社会的普遍认同，在这篇抄文之后，又有托名白居易的《白侍郎赞》："崔氏训女，万古传名。细而察之，实亦周备。养育之法，方拟事人。若乏礼仪，过去父母。"

在敦煌家训类文献中，不乏与《崔氏夫人训女文》内容相同的写本。如 S.4329、P.2515《辩才家教》第八章：

> 孝养堂前父母，出入总须安委。夜间即须脱服，旦朝还须早起。侍来参却大人，便须庭前扫地。然可梳头洗面，处分厨中妯娌。出语切莫高声，少长□在分义。叔母抱柴着火，伯母则即耽水。一个拣择菜蔬，一个便须淘米。妯娌切须和颜，人人须知次第。各若有指拟，切莫强来说理。男女恩爱莫偏，递互莫令有二。孝顺和颜姑嫜，切莫说他兄弟。内外总得传名，亲族必应欢喜。若乃依此如（而）行，便是孝名妇礼。[1]

这也是教导女子要早起侍奉翁婆、说话轻声细语、与妯娌和睦相处、不要强词夺理等，内容与《崔氏夫人训女文》如出一辙，但不同的是，它有的只是一副高高在上的教训人的面孔，短短一段中便出现了七次"须"，三次"切莫"，完全是在生硬地发号施令，没有让人感受到这教训背后有丝毫的情感。相形之下，《崔氏夫

[1] 录文参见朱凤玉：《敦煌家训类蒙书所见唐代女子生活教育》，《童蒙文化研究》（第四卷），2019年，第121页。

青山烂，黄河枯：敦煌文书里的纸短情长

人训女文》只在"吾今劝汝不须哭"一句中出现"须"字,"莫"字虽常出现,但语气都较温婉,没有"切莫"这样的断然语气。《辩才家教》这段话结尾处的"若乃依此如(而)行,便是孝名妇礼"也与《崔氏夫人训女文》结尾的"若能一一依吾语,何得翁婆不爱怜"存在着情感上的差异。相形之下,《崔氏夫人训女文》让我们更能感受到其背后蕴含的一位母亲的爱,也便更能打动人心。

有趣的是,在抄有《崔氏夫人训女文》的三个写卷中,S.4129与P.2633两个写卷都是先抄有《齖䶗书》或《齖䶗新妇文》,再抄有本文。所谓"齖䶗",有言语不正[1]和妇人狠恶[2]两种解释,表明其文刻画的是一个喜欢高声骂人、与夫家不能和睦相处的女子:"夫齖䶗新妇者,本自天生,斗唇合舌,务在喧争。欺儿踏婿,骂詈高声,翁婆共语,殊总不听。"这是个快嘴李翠莲式的人物,天生喜欢与人争吵,且声音响亮,对丈夫动辄打骂,对公婆傲慢无礼,以致公婆抱怨:"齖䶗新妇甚典砚,直得亲情不许见。千约万束不取语,恼得老人肠肚烂。"最终她主动索"离书"而去,临走时还"口里咄咄骂詈:'不徒钱财产业,且离怨家老鬼。'"无论现代人如何看待这位齖䶗新妇,可以肯定的是,在当时的背景下,没有一位母亲会愿意自己的女儿有其结局。她仿佛是崔氏夫人的一个反面教材,崔氏夫人的种种教诲,完全是有的放矢。

崔氏夫人是何许人也?其实崔氏夫人并非实有其人,仅是托名而已。那么为何要托名为"崔氏"?唐代,清河崔氏和博陵崔氏都属高门望族,清河崔氏出了11位宰相,博陵崔氏出了12位

---

[1]　郭在贻:《郭在贻文集》,北京:中华书局,2002年,第104页。蒋礼鸿等:《敦煌文献语言词典》,杭州:杭州大学出版社,1994年,第358页。黄征、张涌泉:《敦煌变文校注》,北京:中华书局,1997年,第1217页。

[2]　张铉:《"齖䶗"考》,复旦大学出土文献与古文字研究中心网站,http://www.fdgwz.org.cn/Web/Show/514,发布日期:2008年9月25日,访问日期:2024年4月17日。

宰相，两个崔氏家族与范阳卢氏并称为"崔卢"，在社会上享有极高的声望。史载，唐文宗曾有意为自己的皇子求娶宰相郑覃的孙女，却没想到郑覃宁可把孙女嫁给当时只是九品官的崔某也不愿与皇家结亲，文宗不由感慨："我家二百年天子，顾不及崔、卢耶？"(《新唐书·杜中立传》) 所以在某种程度上，"崔"这个姓氏代表着出身、教养和社会影响力，托名"崔氏夫人"，无疑会更有利于文本的传播。事实上，P.2633号《崔氏夫人训女文》最后有"上都李家印崔氏夫人一本"的题记，表明该文之前在长安已有印本，此敦煌写本是据印本抄录的，这说明该文在当时确实流传极广。然而，这种托名方式并没有减弱我们在阅读时感受到的一位母亲对女儿的爱与担忧，反而让我们体会到，它代表着全天下母亲对女儿的殷切祝愿。

二娘子家书[1]

□□□离日久，思恋尤深。耐（奈）烟水以阻隔[2]，□□□期，空深瞻暮（慕）之至[3]！季夏极□（热）[4]，□□（伏惟）□□尊体起居万福[5]。即日二娘子荣侍外□□[6]，不审别后尊体何似[7]。伏惟顺时[8]，倍加保重，愚情祝望[9]。二娘子自离彼处[10]，至今年闰三月七日，平善与天使司空一行到东京[11]。目下并得安乐，不用远忧。今则节届炎毒[12]，更望阿孃、

---

[1]《二娘子家书》为清末许承尧从敦煌写经褙纸中揭出，1951年入藏安徽省博物馆。邓之诚《骨董琐记》(北京：中国书店，1996年，第298—299页)最早进行过抄录。此处据原件照片，参考李正宇《安徽博物馆藏敦煌遗书〈二娘子家书〉》《敦煌研究》2001年第3期，第90—96页)等的录文进行了重新校录。

[2] 烟水：雾气迷漫的水面。

[3] 瞻慕：仰慕，思慕。

[4] 季夏：农历六月，亦即夏季的最后一个月。《礼记·月令》："季夏之月，日在柳，昏火中，旦奎中。"

[5] 伏惟：伏在地上想，表示希望，愿望，多用于奏疏或信函，是下级对上级或晚辈对长辈陈述时的表敬之辞。尊体：贵体。起居：泛指一切与饮食起居相关的日常生活情况。万福：多福，祝祷之词。

[6] 即日：近日。荣侍：侍奉父母，此语通常用于父母俱在的情况下。缺字处疑为"家恩"或"清泰"，依据是P.3502V2《新集诸家九族尊卑书仪》中《与伯叔兄姊姑姨兄姊书》中"即日公蒙恩"下注云："如父母即云侍奉外家恩"；《与女婿书》中"愿某郎荣侍外情（清）泰"下注云："如无父母，不要此言"。

[7] 不审：不知。

[8] 顺时：顺应时节变化。

[9] 愚：己之谦词，愚情即谦称自己之衷情。祝望：祝愿和盼望。

[10] 彼处：此指离开之处，即故乡。

[11] 平善：平安，平顺。天使：中原王朝派往边地的使臣。司空：唐宋时的重臣加官。东京：东汉、北周、隋朝、唐朝均以洛阳为东京；后晋、后汉、后周、北宋时期，以开封为东京。

[12] 节：节气。届：到达某一日期。炎毒：酷热。苏轼《寄周安孺茶》诗："况此夏日长，人间正炎毒。"

彼中骨肉[1]，各好将息[2]，勤为茶饭，煞好将息[3]，莫忧二娘子在此。今寄红锦一角子[4]，是团锦[5]，与阿姊充信[6]，素紫罗裹肚一条[7]，亦与阿姊；白绫半匹，与阿孃充信。比拟剩寄物色去[8]，恐为不达，未敢寄附，莫怪微少。今因信次，谨奉状，起居不备[9]。女二娘子状，拜上阿孃几前[10]。

六月廿一日

通询末厮、裹（怀）珠外甥[11]，计得安乐。今寄团巢红锦两角[12]、小镜子一个，与外甥收取充信。

白话译文

……分离的时间越来越长久，对您的思念与依恋愈来愈深切。无奈相隔万水千山……极其瞻望思慕！六月是一年中最热的时候，祈祝母亲您的日常生活多福少忧。前不久二娘子我还得以侍奉在您的身边，不知分别之后您的身体怎样？只希望您顺应时

---

[1] 阿孃：即阿娘，指母亲。彼中：即上文的"彼处"，指故乡。
[2] 将息：调养休息，保养。
[3] 煞好：敦煌俗语，意为最好、很好。
[4] 角子：亦作"角"，敦煌常用量词，用于布帛、文书之类可卷展折叠之物。
[5] 团锦：团花纹样的织锦。
[6] 充信：充作信物、礼物。
[7] 素紫罗：没有花纹的紫色罗缎。裹肚：此处当指兜肚，即古人的贴身内衣。
[8] 比拟：原打算。剩寄：敦煌俗语，意为多寄。物色：各类物品。
[9] 不备：古代用在书信结尾的套语，表示言不尽意。
[10] 几前：古人书信中，常在收信人姓名后缀以"阁下""几前""座前"等代称以示尊敬。
[11] 通询：即问候之意。末厮、裹（怀）珠当为两外甥之名。

[12] 团巢红锦：团巢纹样的红色织锦。角：同前之"角子"。

节的变化，多多保重身体，这便是我对您的祝福与盼望。二娘子我自从离开故乡，到今年的闰三月七日，与朝廷使臣司空大人等一行人平安地抵达了东京。眼下大家都平安和乐，您不用为远方的我担忧。现在时节正值酷暑，更加希望阿娘以及故乡的亲人都各自好好保养，多多喝茶吃饭，得到最好的调养，不要为在这里的二娘子我担忧。现寄去一角红锦，是团花纹样的织锦，算作给阿姐的礼物，还有没有花色的紫色裹肚一条，也给阿姐；半匹白绫，算作给阿娘的礼物。本打算多多寄些物品回去，可担心不能送达，所以没敢随信寄去，请不要责怪东西微薄量少。现借有人传信之机，奉上此书，日常生活情况无法一一详说。您的女儿二娘子，寄信拜上阿娘。

六月二十一日

顺便问候末厮、怀珠两个外甥，想来他们都平安快乐吧？现寄去团巢纹样的红锦两角、小镜子一个，算作给外甥们的礼物。

品　读

《二娘子家书》是一篇由远在异乡的女儿写给自己母亲的一封家书，内容非常简单：一是问候母亲的起居，希望母亲多加保重；二是简单说明自己的生活现状，让母亲不要为自己担忧；三是随信寄上一些礼物，给母亲以及自己的阿姐及两个小外甥。如此家常的信件，却在千年之后，仍向人们传递着其不曾泯灭的温情，究其原因，便在于佛教所谓的"共相"。根据《佛学大辞典》的解释，"共相"是"自相"的对称。"自相"是指个体的存在与体验，如青色，有华之青、果之青乃至金之青、衣之青等，这些不同的青，皆为"自相"。而"共相"则是众人共同所感、共同受用之相，如上述之华之青、果之青等，皆有"青"的特征，为人所共知共感。很显然，《二娘子家书》有其自相，亦有其共相，其自相让人体察到千余年前一个普通女子的心境与家事，而其共相则令人感受到普遍而长久存在的亲情，从而引发了内心的感动。

我们先来看《二娘子家书》中的"自相"。

敦煌文中存有不少的"书仪"作品，如杜友晋《吉凶书仪》《新定书仪镜》、郑余庆《大唐新定吉凶书仪》、张敖《新集吉凶书仪》以及11个写本的《朋友书仪》等。这些书仪乃书信之仪范，人们可依照其文字及格式来进行模拟，从而进行自己的书信写作。这类书仪作品虽个别取自真实书信，但大多流于格式，缺乏真实的生活内容，也因此缺乏真情实感。如 P.3502V 张敖《新集诸家九族尊卑书仪》中的《翁婆父母状》云：

> 违离已久，恋结伏深，不奉告勒，无慰驰情。时
> 唯(候)。伏惟翁婆耶孃尊体万福，兄姊康和，弟妹宁泰。
> 即日某乙蒙恩，未由侍奉，恋结伏增。谨奉状，起居
> 不备。男某再拜，翁婆座前，耶孃几前。[1]

这是封子女或儿妇写给父母或公婆的书仪，给出了此类书信的基本格式，但只有泛泛的问候与祝福，虽则面面俱到，实际却看不出真正的"恋结"所在。但《二娘子家书》则是普通人写的真实书信，所以它是具体而微的，是有血有肉的，带有鲜活的个性色彩。

[1]　录文参见赵和平：《敦煌写本书仪研究》，台北：新文丰出版公司，1994年，第612页。

信件之所以被称为《二娘子家书》，缘于信中四次出现的"二娘子"这一自称："即日二娘子荣侍外□□""二娘子自离彼处""莫忧二娘子在此""女二娘子状"。信件的作者以"二娘子"自称，表明了其在家中的排行与身份。这种以排行加"娘子"来称呼女子的称谓方式是敦煌常例，如 S.4617V《孔员信三子为遗产纠纷上司徒状》中也有一位"二娘子"："右三子父孔员信在日，三子幼少，不识东西，其父临终，遗嘱阿姨二娘子，缘三子小失父母，后恐成人，忽若成人之时，又恐无处活命，嘱二娘子比三子长识时节，所有些些资产，并一仰二娘子收掌。"[1] 状中的"二娘子"，当为孔员信妻子之姐妹，在家排行第二，故孔员信的三个孩子称之为"阿姨二娘子"。又如莫高窟供养人题名有"第十一小娘子延胜""第十二小娘子延荫"等，也是在女子姓名前加了其排行和"娘子"之谓。这样看来，《二娘子家书》中的二娘子无疑是家中的二姑娘。

二娘子的信是写给母亲的，因为信的最后说："女二娘子状，拜上阿嬢几前"，中间亦有"白绫半匹，与阿嬢充信"之语。这里特别值得注意的是，虽然现在"嬢"通写作"娘"，但在早期，这两个字显然有分别，女儿"二娘子"用的是"娘"字，母亲则被写作"阿嬢"。二娘子在信中，对母亲表达了殷切的思念。她在信的开始时说："……思恋尤深。耐（奈）烟水以阻隔，□□□期，空深瞻暮（慕）之至！"虽然根据前面提及的书仪可知，这样的文字属于书信套语，但考虑到二娘子与母亲确实一在"彼处"（敦煌），一在东京，中途相隔遥远，其思恋瞻慕之情实际并非虚言。她还说，自己曾在父母身边"荣侍"，"不审别后尊体何似，伏惟

---

[1] 录文见李功国等：《敦煌莫高窟法律文献和法律故事》，兰州：甘肃文化出版社，2011 年，第 157 页。

顺时，倍加保重，愚情祝望"，真心实意地表达了对母亲的祝福。虽然古人通常在父母俱在的情况下才会使用"荣侍"二字[1]，可二娘子只把信写给了母亲，且信中说"更望阿孃、彼中骨肉，各好将息"，并未专门提及父亲，所附礼物，也没有送给父亲的，这便让人多少有些难解。但细思之，这种不似《翁婆父母状》中的那种面面俱到，反倒是一种真实：二娘子与母亲的关系更加亲密，因而更愿意向母亲表达心意，也更愿意向母亲倾吐心声。除了母亲之外，她心中惦记的"彼中骨肉"还有"阿姊"。二娘子既是家中的二姑娘，自然她上面还有一个姐姐，显然她与这个姐姐的关系十分亲密，所以尽管信是写给"阿孃"的，但随信寄去的大部分礼物，都是"与阿姊"的："今寄红锦一角子，是团锦，与阿姊充信，素紫罗裹肚一条，亦与阿姊。"另外她还惦记着两个外甥末厮和怀珠，以附语的形式，专门问候了他们，且寄上了红锦和小镜子作为礼物。既然文中没有提及其他姊妹，则这两个外甥应当也是姐姐的孩子，足见二娘子与姐姐的关系之密切。

二娘子在信中说："二娘子自离彼处，至今年闰三月七日，平善与天使司空一行到东京。"这句话涉及了母女分别的时间、地点与原因。信既在敦煌发现，表明二娘子的信寄达的目的地是敦煌，所以这里的"彼处"当指敦煌无疑。"闰三月七日"是判断这封信的写作日期的一个重要线索。自唐开国至宋皇祐四年（1052）沙州（即敦煌）最后一次遣使至宋贡方物，期间共有 17 个闰三月，经李正宇先生考证："《二娘子家书》独与太平兴国五年闰三月二十八日沙州贡宋一事契然相合，将《二娘子家书》的写作时间落实到北宋太平兴国五年（980）六月二十一日最为合

---

[1] 参见张小艳：《敦煌书仪语言研究》，北京：商务印书馆，2007 年，第 400—401 页。

辙。"[1] 由此，我们也可判断"东京"当指北宋的都城开封。"敦煌与开封相距 5000 里（见《通典》及《元和郡县志》），按法定驿马行程'日七十里'计算，需要每日不停地连续走 72 天。"[2] 那么二娘子离家的时间当在这一年的正月十一日左右。二娘子于当年正月离开敦煌，于闰三月七日到达东京，于六月二十一日写信给母亲，母女未通音信长达半年之久。

文中"与天使司空一行到东京"的话，则说明了二娘子离开故乡的原因。所谓"天使"，是敦煌人对中原朝廷派来的使臣的称呼。如敦煌《张淮深变文》："尚书授（受）敕已讫，即引天使入开元寺。亲拜我玄宗圣容。天使睹往年御座，俨若生前。""天使两两相看，一时垂泪。""天使以王程有限，不可稽留。"其他各种官府文件中也常有"天使"之称。"司空"看似名头颇重，但在唐宋时期多为加官，李正宇先生分析认为："当朝廷遣使远蕃，因路途遥远且多险阻，高官重臣不便遣往时，常是派遣官阶不甚高的官员出使，但为表示对外蕃的尊重，往往授使臣以'检校'高衔或'假衔'，以与蕃国首领之品衔对等或差称，如加授检校左右仆射、司空、尚书、常侍，或假、摄鸿胪卿之类是也。"所以"二娘子所称'天使司空'，是指朝廷遣往敦煌而带有司空衔的使臣，属高衔文职官员"[3]。由此我们可以得知，二娘子是在被派往敦煌的朝廷使臣返回东京时，与之一路同行，最终抵达东京。作为女性，她不可能单独与使臣同行，所以当是伴随天使同行的敦煌归义军政府人员的眷属。

二娘子显然是个情感丰富、热情周到的人。她因为与母亲长

[1]　李正宇：《安徽省博物馆藏敦煌遗书〈二娘子家书〉》，《敦煌研究》2001 年第 3 期，第 95 页。
[2]　同上，第 94 页。
[3]　同上，第 93 页。

二娘子家书

达半年的睽违而对之思念不已，'又因写信时的农历六月是一年中最炎热的时候，所以十分担心母亲的身体与日常起居。当她有机会给母亲带信时，不但送上文字的问候，更寄去了各种礼物，似乎迫不及待地想与家里的亲人分享她在东京见到的各种或新奇或美丽的物什。她给母亲寄去半匹白绫。《汉书·食货志下》："布帛广二尺二寸为幅，长四丈为匹。"据此可知，半匹白绫就是两丈白绫，足以制衣，而母亲年长，衣白颇见素雅，这份礼物定能让母亲开心。她给姐姐寄去了一角红锦，还特别强调"是团锦"。锦是彩色的丝织品，敦煌本地不产丝，故当十分罕见，更何况上面还有团花图案，想来姐姐收到一定会十分欣喜。除此之外，她又送给姐姐"素紫罗裹肚一条"。裹肚有多种解释，如宋元时男子长衣外包裹腰肚的绣袍肚和妇女的贴身内衣都称裹肚。二娘子的裹肚既然是寄给姐姐的，自然是贴身内衣，而其素紫罗的材质一定会让姐姐穿着时又漂亮又舒服。她还记挂着两个外甥，所以本来已经说了因为担心寄太多的东西无法送达，便"未敢寄附"，希望家人"莫怪微少"，可最终还是加上了给外甥们的礼物："今寄团巢红锦两角、小镜子一个，与外甥收取充信。"想想两个孩子拿到这些精致可爱的礼物，该是多么喜笑颜开，也一定会把她这个当小姨的牢牢记在心上吧？可见二娘子以女儿、妹妹和小姨的身份而为母亲、姐姐和外甥准备的每一份礼物都经过精心挑选，每一份礼物都蕴含着她对收礼者的了解与关爱，而她也通过这些礼物充分表达了自己对他们的思念之情。

以上都可见《二娘子家书》之"自相"，亦即二娘子作为个体写下的家信，有其鲜明的个人色彩。但这封书信亦有其"共相"，也就是一些人同此心的情感表达。

首先是孩子对母亲的思念与爱。所谓儿行千里母担忧，那"临行密密缝"的游子身上衣，是母亲对远游的孩子的殷切关爱与关怀，而反过来，身在千里之外的孩子，又怎么能不思念母亲和家乡？宋代李觏《乡思》诗云："人言落日是天涯，望极天涯不见家。已恨碧山相阻隔，碧山还被暮云遮。"这不正是《二娘子家书》中的"奈烟水以阻隔"吗？而越是路途遥远，便越是思念之深，即所谓"空深瞻慕之至"。这种身在远方的儿女对于母亲的爱和思念，古今中外并无分别。如冰心在《纸船——寄母亲》中写道：

> 母亲，倘若你梦中看见一只很小的白船儿，
> 不要惊讶它无端入梦。
> 这是你至爱的女儿含着泪叠的，万水千山，
> 求它载着她的爱和悲哀归去！[1]

著名诗人歌德写下《致我的母亲》：

> 尽管长时间没有向你问安，
> 没给你写信，可是，别让你心里
> 产生怀疑，好像你儿子应有的
> 对你的深爱已经从我的胸中
> 消失。决非如此，就像那岩石，
> 在水底深深扎下永远的万年根，
> 它决不离开原处，哪怕是流水，
> 时而用风浪，时而用柔波从它
> 上面流过，使人们看不到它，

[1]《冰心作品精选》，北京：光明日报出版社，2008年，第97页。

二娘子家书

我对你的爱，也是如此离不开

我的胸中，尽管人生的长河，

时而受痛苦鞭笞，汹涌地卷过，

时而受欢乐的静静的抚爱，

遭到覆盖和阻拦，使它不能

向太阳露面，不能映射四周围

返照的阳光，在你这慈母的眼前

向你显示你儿子是怎样崇敬你。[1]

　　一个人，只要对情感有基本的感知能力，那么无论他处于人生的哪个阶段，也无论他身在何处，对于母亲的爱与崇敬都会伴随着他，二娘子如此，冰心如此，歌德如此，作为读者的我们也是如此。

　　其次，《二娘子家书》中传达爱的方式也是最家常但又是最普遍的。她说："今则节届炎毒，更望阿嬢、彼中骨肉，各好将息，勤为茶饭，煞好将息，莫忧二娘子在此。"二娘子写信是在农历六月，这是一年中最炎热的时候，P.3502V 张敖《新集诸家九族尊卑书仪》中对于六月的形容为："季夏极热；中夏（夏末）毒热；晚夏炎热。"《二娘子家书》之前已用了"季夏极热"的说法，然后又强调了现在时节的"炎毒"，正如杜甫的咏叹"永日不可暮，炎蒸毒我肠"（《夏夜叹》）的咏叹。中国自古便有苦夏之说，指人在夏季，由于气温升高，会出现胃口下降、不思饮食、身体乏力、精神不振的情况。作为女儿的二娘子自己显然深感酷暑带来的苦楚，念及母亲和家人，难免为他们担心，所以殷切地嘱咐他

---

[1]　歌德著，钱春绮编：《歌德诗歌精选》，太原：山西出版集团·北岳文艺出版社，2010 年，第 5 页。

们要多多调养自己，注意休息，好好喝茶吃饭，并且不要担心自己。叮嘱人好好吃饭似乎是中国人特有的关怀形式，古代此类诗句层出不穷。汉代民歌《饮马长城窟行》中写道："客从远方来，遗我双鲤鱼。呼儿烹鲤鱼，中有尺素书。长跪读素书，书中竟何如？上言加餐食，下言长相忆。"同样是书信，内容似乎也一致，一方面叮咛收信人要多多吃饭，一方面则表达着自己长长久久的思念之情。《古诗十九首·行行重行行》则说："思君令人老，岁月忽已晚。弃捐勿复道，努力加餐饭。"也是用"加餐饭"来勉励自己，因为只有多吃饭才能保持健康，那样才能让自己有等待的机会和希望。到了唐代，岑参《送王大昌龄赴江宁》中最后也是叮嘱朋友："惜君青云器，努力加餐饭。"鼓励仕途失意的王昌龄多多吃饭以保重自己，以待将来施展鸿图之时。元稹《莺莺传》中，莺莺给张生所写的信的最后说"千万珍重！春风多厉，强饭为嘉"，所谓"强饭"，即勉强多吃点饭，保持身体的健康，从中见出莺莺对张生的体恤与爱。即使到了现在，当孩子离开家外出工作和学习时，父母也都会无一例外地嘱咐他们，一定要好好吃饭。所以当千年后我们看到二娘子"各好将息，勤为茶饭"的语句，会特别自然地心领神会，深知这句朴素的话语中蕴含了多少对家人的关心与关爱。

再次，《二娘子家书》中多次提到以红锦等物"充信"，这种在写信时附上礼物的做法也是唐人遗下的风俗。最早抄录《二娘子家书》的邓之诚评论说："其曰'充信'者，皮日休《答陆龟蒙》诗云：'明朝有物充君信，沈酒三瓶寄夜航。'白氏《长庆集》有《寄两银榼与裴侍郎》诗云：'贫无好物堪为信，双榼虽轻意不轻。'唐人寄书必致物料示信，明末犹有书帕侑函，不知何时直目书札为信，而无充信之物矣。"[1] 从其他文献看，唐人确实多在寄信时附送礼物，如《莺莺传》中，张生离开莺莺至京师后，因科举不第，便留在了京城，因而写信给莺莺告知此事，莺莺回信说："捧览来问，抚爱过深，儿女之情，悲喜交集。兼惠花胜一合，口脂五寸，致耀首膏唇之饰。虽荷殊恩，谁复为容？睹物增怀，但积悲叹耳。"这说明张生在给莺莺寄信时，又附寄了花胜这种花形的首饰和唇膏为礼物。而莺莺在给张生回信时，也附上了自己的礼物："玉环一枚，是儿婴年所弄，寄充君子下体所佩。玉取其坚润不渝，环取其终始不绝。兼乱丝一绚，文竹茶碾子一枚。此数物不足见珍，意者欲君子如玉之真，弊志如环不解，泪痕在竹，愁绪萦丝，因物达情，永以为好耳。"莺莺寄给张生的每件礼物都有特殊的用意，"充信"的意味便更加明显了。虽然按照邓之诚的说法，在寄信时同时附送礼物的做法在明末之后已消失，但人们通过礼物来传达情意的做法却从未断绝过，而且随着邮递服务的日益便捷，不在一地的家人朋友逢年过节时互寄礼物之举在现代社会更十分常见，越是在意的人，所寄的礼物也越要精心挑选。也因此，我们在读《二娘子家书》时，便特别能够体会到她在挑选、寄送礼物时的厚重心意。

《二娘子家书》为清末翰林、诗人、方志学家、文物鉴藏家许承尧从敦煌写经褙纸中揭出并收藏，他在得到此件文书后，兴奋异常，赋诗云："天使持唐节，明驼入汉关。上都从婿乐，隔岁寄书还。团锦聊充信，加餐祝驻颜。千年遗此纸，珍异抵琅环。"[2] 他不但自己有所题咏，而且还邀请当时的一些著名学者和名士为作题跋，其中李景堃题诗云："红粉成灰后，难磨字里香。隔年

---

[1]　邓之诚：《骨董琐记》，北京：中国书店，1996年，第299页。

[2]　转引自鲍义来：《许承尧与敦煌遗书拾掇》，《档案》2001年第5期，第23页。

思骨肉，一纸语家常。持节随夫婿，裁绫寄阿孃。料知缄泪日，肠断镜台旁。"[1] 从这些题诗中，我们也会发现，大家都不约而同地关注到家书中"团锦聊充信，加餐祝驻颜"之类的"一纸语家常"，也都不约而同地感受到了其中包含的无限深情，这正缘于这封普普通通的家书中具有的某些"共相"，也就是所有读者都能感同身受的情感。由此看来，虽许承尧在其《疑庵所藏书画录》中称《二娘子家书》为"奇品"，实则它的"奇"是用常得奇的结果，也就是说，那些最本真、最质朴的文字，才是最能打动人心的珍品。

[1] 转引自张飞莺：《唐二娘子家书 蕴含千古文明》，《书法》2001 年第 3 期，第 47 页。

慈父遗书一道[1]

夫悲世事以衰，然命应南阎[2]，气如风烛，人生共寿百岁，七十者希[3]，暂住世间之生荣[4]，现而鲁电（殿）之光炎[5]，死时忽就[6]，无路避逃，固病时渐加深重[7]。吾想此疾，似不成人[8]，留嘱遗言，归他逝路[9]。吾以生存之时所造家业[10]，一切委付生存[11]。闻吾惺（醒）悟[12]，为留后语[13]。吾若死后，或有喧叫[14]，（不）依吾嘱矣，更莫相逢。谨例舍田、家产、畜牧等，及忆念[15]，录依后耳[16]。长男厶甲[17]、次男厶

---

[1] 写卷编号为 S.6537 之 5V、6V，笔者根据原卷，参考唐耕耦、沙知等的辑录进行了重新校录。参见：唐耕耦、陆宏基编：《敦煌社会经济文献真迹释录》（第二辑），北京：全国图书馆文献缩微复制中心，1990 年，第 182 页；沙知：《敦煌契约文书辑校》，南京：江苏古籍出版社，1998 年，第 529 页。

[2] 南阎：南阎浮提的略称。《阿含经》："南面有洲，名阎浮提，其地纵广七千由旬，北阔南狭。"通常用以代指人类所生存的世界。

[3] 希：通"稀"，稀少。

[4] 生荣：受人尊敬地活着。《论语·子张》："其生也荣，其死也哀，如之何其可及也？"

[5] 现而，疑两字颠倒，当为"而现"，而为转折词，现即展现、表现。鲁（电）殿：即鲁灵光殿，为汉景帝子鲁恭王时修建的宫殿，遗址在今山东省曲阜市东。鲁灵光殿是在汉代中叶以后的战乱中唯一幸存下来的宫殿，故常用来比喻仅获遗存的人或事物。光炎：火光，光芒。

[6] 就：靠近。

[7] 固病：旧病，痼疾。

[8] 成人：成就为人，指令人继续活下去。

[9] 逝路：死亡之路。

[10] 造：营造。

[11] 委付：交托给。生：活着人。存：存留，保存。

[12] 闻：趁，乘。醒悟：清醒明白。

[13] 后语：此处指遗言。

[14] 喧叫：争吵。

[15] 忆念：此处当指想得到的物品。

[16] 录依后耳：记录如后。

[17] 厶甲：即某甲，用于指称不知名或匿名者，相当于后世的"某人"。

甲，某女。右通前当自己内分配[1]，指领已讫[2]，后时更不得啾唧[3]。吾自多生[4]，辜负汝等，今以劣弱[5]，死路来奔，未及恩怜，便归空道[6]。吾若死后，不许相诤[7]。如若不听母言教[8]，愿三十三天圣贤不与善道[9]，眷属不合[10]，当恶坏憎[11]，百却（劫）他生[12]，莫见佛面，长在地狱，兼受畜生[13]。若不听知，于此为报[14]。千万重情，莫失恩颜[15]，死将足矣。

时厶年厶月厶日　慈父遗书一道

白话译文

想那世间之事真是令人悲哀，可我的命运让我托生在了这人类生存的世界，气息奄奄如风中的蜡烛。人最多也就能活一百来

[1]　右通：指在右通列之物。此文为遗书样本，故无特定的遗物清单，只是依例这样写出。
[2]　指领：指定、领取。讫：完结。
[3]　啾唧：原指虫、鸟细碎的叫声，此指人多烦杂之声，即争吵。
[4]　多生：佛教用语，指众生造善恶之业，受轮回之苦，生死相续。此处指生于人世。
[5]　劣弱：衰弱。
[6]　空道：指死亡。
[7]　诤：纷争。
[8]　言教：言语教诲。
[9]　三十三天：佛教用语，即忉利天，为三十三诸天所居之地，在须弥山顶中央的为帝释天，四方又各有八天，合为三十三天。即通常所说的天堂。圣贤：住于三十三天之诸天。善道：犹正道。
[10]　眷属不合：夫妻不和睦。
[11]　当恶：面对恶人。坏憎：疑为"怀憎"，即心怀憎恨。
[12]　百却（劫）：灾难众多。他生：来生，下一世。
[13]　畜生：佛教用语，指六道轮回中的畜生道。
[14]　报：报应。
[15]　恩颜：犹慈颜，指和善的面容。

岁，寿命能到七十已十分罕见，我只是在这人间暂作停留，体尝一下活着的荣耀，显露出鲁灵光殿那种孤存于世的光芒，死亡便已忽然靠近，让人无路可逃，原有的痼疾随着时间而逐渐加重。我想这病啊，似乎不会让我继续活下去，所以留下遗嘱，然后便走向那死亡的归路。我将活着的时候创造的家业全部交付给仍旧存活于这世间之人。趁着我还头脑清醒明白，为你们留下这身后之语。如果在我死后，你们有什么喧嚣争闹，不听我的嘱咐，那我们来世就再也不要相见。我把田地、房屋、家产、畜牧以及能够想得到的东西，都一一列在下面，（留给）长子某某，次子某某，女儿某某。以上所有财产都应当进行了内部分配，指定、领取完毕后，大家不得再次为之你争我吵。我生于人世，辜负了你们大家，现在因为身体衰弱，行将奔赴死亡之路，还没来得及对你们加恩垂怜，便要回归空寂的大道。我若死后，你们不得相互争来争去。如果不听母亲的言语教诲，我便诅咒你们得不到天堂中的圣者们的指引，夫妻不能和睦相处，经常面对恶人，心怀憎恨，来世经历百种磨难，死后见不着佛祖之面，长久地生活在地狱中，轮回时还要托生为畜生。如果不听我的话，这就会成为你们的报应。你们千万要重情重义，不要失去和善的面容，那么我死了也心满意足了。

某年某月某时，爱你们的父亲

品　读

庄子有云："人生天地之间，若白驹之过隙，忽然而已。"（《庄子·知北游》）人在天地间如微尘般渺小，生命如朝露般短暂，而人的情感却又极其丰富，爱恨情仇都在一念之间。不过，这世间最不讲条件、最令人难以割舍的，可能是父母对子女的爱吧。父母将子女带到人间，抚养他们长大成人，即使在行将离世时，仍对子女放心不下，有许多后事需要向他们一一交待，于是便有了遗嘱这种特殊的文体。不过，作为当代的法律文书的遗嘱，其格式往往单一，语言往往简洁冰冷，没有多少情感表达，而我们在这里收录的这份敦煌《慈父遗书一道》，却充满了复杂而纠结的情绪，既有对人生终将一死的了悟，也有对子女"未及恩怜"的愧疚，还有对子女在其死后争夺家产的担忧，以及对尚留于人世的妻子的保护，读来令人不由为之动容。

这篇敦煌遗嘱的第一个令人瞩目之处，便是它被冠以"慈父"之名。我们对古人一向有严父慈母的刻板印象，一想到父亲，便会想到《红楼梦》中为了教育宝玉成人而不惜对其"痛下杀手"的贾政。但古人似乎并不想将自己这样刻板化，比如陶渊明就是位慈父，他在自己的长子阿舒刚一生下来时就写下《命子》诗，很幽默地说："厉夜生子，遽而求火。凡百有心，奚待于我！"说一个生癞疮的人因为孩子在夜晚出生，他连忙找火把来看，生怕孩子也长了癞疮，而自己对孩子的爱也是如此殷切。他还写过《责子》诗，说自己的五个儿子有的懒，有的笨，没一个喜欢读书的，可他的态度只不过是"天运苟如此，且进杯中物"，认命罢了，对孩子们没有丝毫的疾言厉色。"诗圣"杜甫也是位慈父，他在《北征》中称自己的儿子为"平生所娇儿"，描写两个小女儿学着母亲的样子梳妆打扮时"晓妆随手抹"的天真烂漫，说虽然自己生着病，但孩子们揪着自己的胡须问东问西时，自己却只感到喜悦，完全不会对他们加以嗔喝。敦煌 S.5647《遗书》（样式）之二的署名也是"时厶年厶月厶时慈父母某专甲遗书"。所以这篇敦煌的《慈父遗书一道》并不是个例外，"慈父"之谓发自天然，而他文中的各种嘱托，都让我们看到了这位父亲之慈。

这位慈父显然是个佛教徒，所以他在遗嘱中，首先表达的是对人生在世的不得已的悲叹。他采用了"命应南阎"这样的佛教用语。"南阎"是"南阎浮提"的略称，"南"指须弥山之南，"阎浮"是一种生长在印度南方的大型乔木，"提"是梵语"洲"之意，所以它指的是须弥山之南盛长阎浮树的大洲，亦即佛教传说中的四大部洲中的南赡部洲。这句话虽然泛说人生于世间，却让我们仿佛看到一个个体的人正踽踽独行于广袤无垠的世界之上，由此难免生出渺小无助之感，更何况此人已气息奄奄。于他而言，在这世间的停留是短暂的，所谓"人生共寿百岁，七十者希"，也就是我们常说的人生七十古来稀，所以"世间之生荣"不过如在战火中存留下来的鲁灵光殿那样，其光芒是孤寂而黯淡的。在这样的慨叹之余，这位父亲说出了自己立遗嘱的理由：原有的痼疾正随着时间的推移而变得越来越重，"吾想此疾，似不成人，留嘱遗言，归他逝路"。"闻吾惺（醒）悟，为留后语。"他要在自己还算清醒之时，为子女们留下最后的嘱托。

这位慈父首先要交待的，自然是家中的财产。"吾以生存之时所造家业，一切委付生存。"他显然颇为自傲，因为身为父亲，他平生创造的财富是丰厚的，有房屋、田地、家产、畜牧等，足以让子女们有安身立命之资，他把它们全部交付了出去。这里值得注意的是，分得父亲财产的，不仅有长男和次男，而且包括女儿。唐朝的法律规定，父母死后，未出嫁的女儿也有权分得财产，如《唐令拾遗·户令第九》载："诸应分田宅及财产物，兄弟均分……其未娶妻者，别与聘财，姑、姊妹在室者，减男聘财之半。"也就是说，父母死亡之后，尚未成亲的儿子在分到均分的财产后，可额外获得一份聘财，而未出嫁的女儿可以获得未婚男子的聘财的一半。不过，如果父母事先写有遗嘱，那么财产的分割就要按照遗嘱来执行。[1] 在重男轻女的古代社会，父亲若不"慈"，便也有可能将财产尽数分给儿子，而将女儿排除在析产之外。所以这篇敦煌遗嘱中的父亲心中是有女儿的。这不由让人想到了另一篇敦煌遗嘱：P.3410《沙洲僧崇恩处分衣物凭据》。这是敦煌一位名叫崇恩的僧人分配自己死后的财物的契约，其中有一段写道："娲柴小女，在哺乳来作女养育，不曾违逆远心。今出嫡（适）事人，已经数载。老僧买得小女子壹口，待老僧终毕，一任娲柴驱使，莫令为贱。"[2] 可以看出，崇恩作为僧人，曾收养了一位名叫娲柴的养女，娲柴从小便被崇恩带在身边，乖巧听话，深得崇恩的喜爱，所以哪怕她已出嫁多年，仍然惦记着她，要把自己买的一个婢女在死后留给娲柴驱使。透过崇恩，我们似乎可以依稀看到《慈父遗书一道》中的"慈父"画像。

但是，这位慈父立遗嘱的目的并非简单的财产分配，他担心的是死后子女们因争夺财产而失去亲情的可能性。所以他反复说："吾若死后，或有喧叫，（不）依吾嘱矣，更莫相逢。""右通前当自己内分配，指领已讫，后时更不得啾唧。""吾若死后，不许相诤。"这才是遗嘱的重心所在：避免子女们的"喧叫""啾唧"和"相诤"。"喧叫"是当面大吵大闹，"啾唧"是背后嘀嘀咕咕，"相诤"是你来我往地争论是非，无论哪种，都不利于家庭的和睦。其实古代大部分涉及财产分配的遗嘱，都是为了防止子女争夺家产的后

---

[1] 巨虹：《传统社会分家析产及纠纷规避探究——以敦煌契约文书为中心》，《中原文化研究》2003年第6期，第104页。

[2] 唐耕耦、陆宏基编：《敦煌社会经济文献真迹释录》（第二辑），北京：全国图书馆文献微缩复制中心，1990年，第152页。

患。如 S.6537 号 2V、3V《遗书（样式）》中，一面说"因缘房资贫薄，遗嘱轻微"，一面还是要说"恐有争论，盟路之间，故勒私契，用为后凭"，更何况本遗书中是殷实之家。唐朝贤相姚崇有《依令诫子孙文》云："比见诸达官身亡以后，子孙既失覆荫，多至贫寒。斗尺之间，参商是竞，岂唯自玷，乃更辱先。无论曲直，俱受嗤毁。庄田水碾，既众有之，递相推倚，或致荒废。陆贾、石苞，皆古之贤达也，所以预为定分，将以绝其后争。吾静思之，深所叹服。"在姚崇看来，子孙若有争夺家产之举，往往导致诤讼败家，不仅会玷污自己的名声，而且会让逝去的先祖受辱，所以他佩服陆贾、石苞等人预先分配家产以杜绝子孙争夺之举的做法，并且也像他们一样，"先分其田园，令诸子侄各守其分"。（《旧唐书·姚崇传》）这样看来，父亲最大的"慈"，就在于未雨绸缪，在活着时，将家产进行妥帖的分配，令子孙们可以安居乐业，相处和睦。

这位慈父在立遗嘱之时，表达了自己不能长久地抚育子女们的愧疚："吾自多生，辜负汝等，今以劣弱，死路来奔，未及恩怜，便归空道。"他仍用佛教之说，说自己虽在轮回之中生于人世，却因为疾病而不得不归于寂灭，还没有来得及很好地照顾子女们，觉得辜负了他们。"辜负"二字，将一位父亲对子女的愧疚之心道尽：他再也不能陪伴在子女们身边，不能给他们更多的帮助，不能怜惜他们、爱护他们了。这拳拳爱子之情，非"慈父"不能道出。同时，他似乎还是一位爱妻子的丈夫，因为他担心，自己死后，孩子们不听从母亲的教诲。很显然，妻子在孩子们面前并没有他这位父亲那般的权威，他预感到妻子在他死后的不易，所以只能预先发出警告："如若不听母言教，愿三十三天圣贤不与善道，眷属不合，当恶坏憎，百却（劫）他生，莫见佛面，长在地狱，兼受畜生。若不听知，于此为报。"这种近乎诅咒的语言，充满了恐吓，甚至有些恶毒，表面上与"慈父"的形象背道而驰。作为虔诚的佛教徒，活着夫妻不睦，死后不得入西天净土，来生还要经历百折千难，反复在恶鬼、畜生道中轮回，永远不能见到佛祖的慈颜，这前景是多么可怖。不过，相较于 S.0343.11V《遗书》中的"如若违吾论者，吾作死鬼，掣汝门铠，来共汝语，一毁地下，白骨万劫，是其怨家"之语，这位"慈父"已算是嘴下留情了。有学者认为，这种诉诸佛、鬼的报应的做法，"不仅和一个民族的民间信仰相关，借唐君毅先生的说法，也与农业与和平对中国文化精神的形成有关。不是动辄诉诸诉讼，而是以言辞的方式做温婉的劝谕，力使析产遗嘱无'讼'化。这也与西方民族的法文化大异其趣。"[1] 俗话说爱之深则责之切，父亲越是想要孩子们在他死后能够听母亲的话，和和气气地平静度日，就越要把话说得重些，以期达到威慑之功效。因而遗书最后"千万重情，莫失恩颜"两句，再次回归正题，可谓千叮咛万嘱咐，强调大家一定要把情义放在第一位，要和颜悦色地和谐共处，只有这样，他才能安心地归于九泉。至此，他最终落下"慈父"的署名，结束了他殷切而又言犹未尽的遗言。

中国古代不乏父亲在活着时就预立遗嘱，将财产分给子女的做法。如在南朝时期担任过吴兴太守、"以宽恕著名"的张岱，就曾"初作遗命，分张家财，封置箱中，家业张减，随复改易，如此十数年"（《南齐书·张裕附子岱传》）。也就是说，张岱不但早早立下了分配家产的遗嘱，而且在十几年间，多次根据家产的增减而改变遗嘱的内容。前文提到的姚崇在其《依令诫子孙文》

[1] 王斐弘：《敦煌析产遗嘱文书探微》，《北方法学》2012 年第 6 期，第 53 页。

中提及了陆贾和石苞。陆贾就是那位告诫汉高祖刘邦虽马上得天下而"宁可以马上治之乎"的汉代贤士，在汉朝初立之时，他奉命出使南越，说服南越王对汉称臣，并获得南越王的千金之赠。孝惠帝时，吕太后当权，陆贾称病居家，将从南越王那里得来的千金之赠分给五个儿子，每"子二百金，令为生产"（《史记·郦生陆贾列传》）。这就是著名的陆贾分金的由来。石苞则是那位喜爱炫富的石崇的父亲，"苞临终，分财物与诸子，独不及崇。其母以为言，苞曰：'此儿虽小，后自能得。'"（《晋书·石崇传》）石苞之所以在分家产时没有把财产公平地分给时年幼小的石崇，是知道他一定会凭自己的努力获得财富，也算是知子莫若父的典型了。姚崇本人也学着这两位预立了遗嘱。我们发现，越是有智慧的人，越是对子孙怀着真挚的关爱的人，便越是重视对死后财产的预先分配，目的是杜绝子孙的纷争。敦煌《慈父遗书一道》也正是出于这个目的而立，字里行间都充满了为父之"慈"，使原本有些冷冰冰的遗嘱，因之带有了父爱的温度。

忆北府弟妹二首 [1]

殷济

骨肉东西各一方，弟兄南北断肝肠。

离情只向天边碎，壮志还随行处伤。

不料此心分两国 [2]，谁知翻属二君王。

艰难少有安中土，经乱多从胡虏乡。

独美春秋连影雁，每思羽翼再成行。

题诗泣尽东流水，欲话无人问短长 [3]。

与尔俱成沦没世 [4]，艰难终日各东西。

胡笳晓听心长苦 [5]，汉月霄（宵）看意自迷。

独泣空房襟上血，孤眠永夜梦中渧（啼）。

何时骨肉园林会，不向天涯闻鼓鼙 [6]。

白话译文

兄弟如骨肉，却各在东西，分属南北，令人想断肝肠。离别之情让身处遥远天边的我心碎难当，曾经的雄心壮志也随着我的

---

[1]　见 P.3812 敦煌诗集残卷，录文由作者据敦煌原卷抄校而成。诗题中的北府，当为北庭都护府。

[2]　两国：此处指唐王朝与吐蕃两国。

[3]　短长：此处指生死。《尚书·盘庚上》："矧予制乃短长之命。"孔传："况我制汝死生之命。"

[4]　沦没世：沦陷丧亡之世。

[5]　胡笳：古代少数民族乐器。

[6]　鼓鼙：大鼓和小鼓，古代军中用来发布进攻号令，多借指战争。

195

所到之处而渐渐消磨。谁能料到我们分在了两个国度，归属了两个君王。艰难时世，无法见到平安的中原乐土，战乱频仍，人们大多流落至胡虏之乡。真羡慕春秋之季成群结队地飞过的群雁，常常希望能与弟妹们重新团圆。写下诗句时，眼泪已流成了河，想要倾诉，却没有人来问候我的生死存亡。

我与你们都处于沦陷丧亡之世，日日生活艰难，不得不各奔东西。早晨听到胡笳的声响，内心苦不堪言，傍晚望着照见故乡的圆月，不由心绪凄迷。在空荡荡的房间里独自哭泣，衣襟上沾满了血泪，独自沉沉睡去，一夜都在做梦，发出阵阵悲啼。什么时候我们骨肉才能重新团聚，再也听不到那隆隆作响的战争号令响彻天际。

品　读

《忆北府弟妹》二首的作者为殷济，他曾在唐朝最后一位北庭大都护杨袭古的幕下任职。贞元五年（789），吐蕃进攻北庭，次年五月，杨袭古与吐蕃作战失利，败退西州，这年秋季，杨袭古再次在与吐蕃的交战中失利，并被回纥首领颉干迦斯所诱杀，从此北庭与唐朝中原政府的联系遂绝。殷济显然是在杨袭古与吐蕃作战失利后沦为了吐蕃的阶下囚，因而与留在北庭都护府的弟弟妹妹分别，从此骨肉分离。出于对家人的思念之情，他写下了这两首沉痛的思念之作。

第一首诗主要对兄弟姐妹分离的现状及原因作了交待。骨肉分离，天各一方，诗人"向天边"越走越远，而走得越远，其离别之思便越强烈，心碎的程度便也越高。他曾经壮志凌云，雄心万丈，想要建功立业，保家卫国，但这一切现在都化为了泡影。这都只因为那场巨大的变故："不料此心分两国，谁知翻属二君王。"诗人从唐朝大将的幕僚，一变而为吐蕃的阶下囚，还可能在吐蕃的威逼利诱之下，不得不为其卖命。这种境况，既造成了他个人的矛盾痛苦，也导致了事实上的骨肉分离。他的这种状况是否能用一句"忠臣不事二主"来加以评判呢？可又是什么导致了他的现状呢？"艰难少有安中土，经乱多从胡虏乡。"唐朝后期，国势日衰，对西北部地区的控制越来越无力和松弛，后来更使河西至北庭一带落于吐蕃之手，令这些地区中断了与中原的联系，生活在这里的人们，虽然心有不甘，却不得不随波逐流，艰难度日。如此一来，心分两国、臣事二主，并非仅仅是个体忠诚与否的问题，而是国家是否强大到能够保护自己的子民不受外族凌辱的问题。所以，诗人的没入蕃中，是由国家命运导致的个体命运，充满了无奈与凄凉。但诗人仍不愿放弃希望，声称"独羡春秋连影雁，每思羽翼再成行"。《礼记·王制》云："父之齿随行，兄之齿雁行，朋友不相逾。"意思是说，在道路上遇到和自己父亲年龄差不多的人，要跟在其后面行走；遇到和自己兄长年龄差不多的人，可以像大雁的队列那样稍微靠后一点并排而行；和朋友同行，不可争先恐后。从此列阵飞行的大雁便成了兄弟的象征。有不少唐代诗人都借成行的大雁来传达兄弟之情，如杜牧《寄兄弟》："南望仍垂泪，天边雁一行。"李群玉《自澧浦东游江表途出巴丘投员外从公虞》："不如天边雁，南北皆成行。"刘沧《怀汶阳兄弟》："终日路歧归未得，秋来空羡雁成行。"这也就无怪乎诗人每当看到春来秋去结队飞翔的大雁，便禁不住想起家中的弟妹，盼望着能与他们再度相逢。诗句中的"独"字，令人想见失群的孤雁，前途未卜，脆弱无助。他只能将一腔思念之情，付诸诗句，可即使眼泪流成了河，也无人能够理解他的心情，甚至没有人关心他的生死，这真是孤独绝望之至。

第二首诗主要描写诗人独在异乡的生活。由于家园沦陷，骨肉分离，大家各奔东西，诗人独自生活在吐蕃统治之下。诗人说"与尔俱成沦没世"，表明不但自己没于蕃中，弟妹们所在的北庭都护府，也已与中原成隔绝之势，所以他们是同病相怜。"胡笳晓听心长苦，汉月宵看意自迷"写的是从早到晚的情绪：一早传来的胡笳之音，声声都让他意识到自己是在异国他乡，令他的内心苦不堪言；到了晚上，月亮升起，望着那轮明月，他一定会想起曾经的团圆时光，也会在恍惚间生出幻觉，忘记了自己身处何方，可是到了早晨，那胡笳声一起，他便又不得不回归现实，这种日复一日的重复，任谁都难以忍受。这里特别值得一提的是"胡笳"与"汉月"的意象。蔡文姬《胡笳十八拍》云"胡笳本自出胡中，缘琴翻出音律同"，说明该乐器乃出自胡地；岑参《胡笳歌送颜真卿使赴河陇》曰："君不闻胡笳声最悲，紫髯绿眼胡人吹。吹之一曲犹未了，愁煞楼兰征戍儿。"这表明胡笳的音质以悲为特征，能使听者为之愁情万端。唐诗中许多提及胡笳的句子都与边塞相关，且都充满伤感的情调。如"宁知心断绝，夜夜泣胡笳"（骆宾王《晚度天山有怀京邑》）；"异方之乐令人悲，羌笛胡笳不用吹"（孟浩然《凉州词》）；"出入关山十二年，哀情尽在胡笳曲"（刘商《胡笳十八拍》）。因而在殷济诗中，"胡笳"声起，不仅是在提醒他身处异域的现状，而且也会以其悲伤的曲调勾起他的思乡之情。如果说"胡笳"代表着边地，"汉月"则代表着家乡。我们在很多以王昭君为吟咏对象的诗歌中，都可以看到"汉月"的意象。如"汉月正南远，燕山直北寒"（董思恭《昭君怨》）；

"汉月割妾心，胡风凋妾颜"（戎昱《苦哉行》）；"胡风似剑镂人骨，汉月如钩钩胃肠"（胡令能《王昭君》）。在殷济这里，他眼前的一切都属于异域，只有那一轮月亮是可以千里共婵娟的，所以他将所有的心思都寄托在这轮可以照见家乡的月亮之上。但月亮看罢，还是得回到房间去，那又是一重伤心："独泣空房襟上血，孤眠永夜梦中渧（啼）。"回到空荡荡的房中，诗人只能再度面对现实：他依旧孤苦伶仃，不得不独自入眠。他终日哭泣，连梦中也在流泪，眼睛都哭出血来，沾染了衣襟，却没有人来帮他擦拭。"何时骨肉园林会，不向天涯闻鼓鼙"是他唯一的念头，也就是希望有一天能天下太平，再无战争的喧嚣，他们兄弟姐妹再度相聚，欢乐宴饮，畅叙离情。也许，正是这一点点的希望在支撑着诗人，使他得以度过那一个个漫漫长夜。

这两首诗令人想及杜甫的《月夜忆舍弟》：

戍鼓断人行，边秋一雁声。露从今夜白，月是故乡明。

有弟皆分散，无家问死生。寄书长不达，况乃未休兵。

杜甫写下此诗的时间是乾元二年（759），这是在安史之乱爆发的四年后，且这一年的九月，史思明从范阳引兵南下，攻陷汴州，西进洛阳，山东、河南等地都处于战乱之中，而杜甫的几个弟弟正好分散在这几个地方，由于音信不通，他对弟弟们十分挂念，写下了这篇不朽的诗作。对比杜甫和殷济的诗，我们会发现同样的情绪、相似的描写。如杜甫写"戍鼓断行人"，将夜晚戍楼上的更鼓声响起之际的环境的冷落沉寂借助声音得以传达，殷济则有"胡笳晓听心长苦"的句子，让清晨不知何处传过来的胡笳声提醒作者是身在异乡，衬托其苦涩无奈的心境；杜甫说"边秋一雁声"，既是写大雁南飞的秋日景象，也借孤雁的哀鸣来表达兄弟分散的孤独感，殷济亦有"独羡春秋连影雁，每思羽翼再成行"句，以对成群结队的大雁的羡慕来体现自己的孤独和兄弟重逢的愿望；杜甫说"露从今夜白，月是故乡明"，将白露节气的气候特质与对月明的主观感受联系起来，感物伤怀，传达思念之情，殷济则有"汉月宵看意自迷"之句，将在异乡的月说成是"汉月"，也就是故乡的月，同样是借明月以寄相思；杜甫写"有弟皆分散，无家问死生"，殷济则写"骨肉东西各一方，弟兄南北断肝肠""与尔俱成沦没世，艰难终日各东西"，同样点出了骨肉分离的现状；杜甫写"寄书长不达，况乃未休兵"，殷济写"题诗泣尽东流水，欲话无人问短长""艰难少有安中土，经乱多从胡虏乡"，都传达了与亲人音信不通的痛苦，表明了战乱带给普通民众的苦难，指出战乱是造成骨肉分离的原因。从这种相似性来看，殷济诗在传情达意方面颇有点杜甫的影子。当然，杜甫以一首五律诗歌，就将殷济在两首诗中传达的情感说尽，且写下了"露从今夜白，月是故乡明"这种妙绝古今的佳句，其才情绝非殷济所能望其项背，但考虑到殷济只是个籍籍无名的边庭幕僚，我们也就不得不对他刮目相看。殷济诗与杜甫《月夜忆舍弟》的一个很大的不同之处在于，杜甫在诗中没有直接提及自己的感受，而殷济却一再诉说自己的情绪，说断肝肠，说离情碎，说壮志伤，说独羡，说每思，说心长苦，说意自迷，说独泣，说孤眠，让人觉得他的孤苦真是到了泣血的地步。也许他有些用力过猛，可他毕竟与杜甫不同：杜甫虽与兄弟分离，但他最小的弟弟杜占还在他的身边，且杜甫当时所在的秦州相对平静，没有直接的战乱，而殷济却是"不料此心分两国，谁知翻属二君王"，而且他又身在"胡虏乡"，其孤独感自然要更加强烈，其为异族君王效力的行为也更需要他人的理解，那他也就难免要竭尽全力地将自己的情绪传达出去。

统观殷济的这两首诗，其最大的特点，是将诗人骨肉分离的个人悲剧放在了历史的大背景下加以叙述，无论是"艰难少有安中土，经乱多从胡虏乡"，还是"与尔俱成沦没世，艰难终日各东西"，都充满了现实带来的无奈与无力之感。在这样的背景下，诗人无论是在羡群雁，泣题诗，还是在听胡笳，望汉月，都显得那样的孤独和无助。这也就使得诗人的思乡之情愈加浓重，他与家人团聚的渴望愈加强烈。而同样，诗人对家人团聚的畅想又非仅仅是个人的，而是可推己及人，表达了对一个没有战争、没有离乱、天下太平的社会的向往。

分　书[1]

盖闻人之情义，山岳为期。兄弟之恩，劫石不替[2]。况二人等，忝为叔侄[3]，智意一般[4]；箱柜无私[5]，蓄积不异[6]。结义之有（友）尚□（怀）让金之心，骨肉之厚[7]，不可有分飞之愿[8]。叔唱侄和，万事周圆[9]。妯娌谦恭[10]，长守尊卑之礼。城隍叹念[11]，每传孔怀之能[12]；邻里每嗟，庭荆有重滋之瑞[13]。已经三代，不乏儒风。盖为代薄时浇（浇）[14]，人心浅促[15]。佛教有氛氲之部[16]，儒宗有异见之□（愆）[17]。兄

---

[1]　写卷编号为 S.5647，笔者根据原卷，参考唐耕耦、沙知等的辑录进行了重新校录。参见：唐耕耦、陆宏基编：《敦煌社会经济文献真迹释录》（第二辑），北京：全国图书馆文献微缩复制中心，1990 年，第 164—171 页；沙知：《敦煌契约文书辑校》，南京：江苏古籍出版社，1998 年，第 460—465 页。

[2]　劫石：时间久远，出自《大智度论》卷五："佛以譬喻说劫义。四十里石山，有长寿人，每百岁一来，以细软衣拂拭此大石尽，而劫未尽。"替：废弃，消亡。

[3]　忝：谦词，意为辱、有愧于。

[4]　智意：想法，意愿。一般：一样。

[5]　箱柜：箱子和柜子，代指存藏的财富。私：私蓄。

[6]　蓄积：指积聚存存的财物。不异：没有差别，相同。

[7]　骨肉之厚：亲情深厚。

[8]　分飞：离别，此指分家。

[9]　周圆：圆满，周全。

[10]　妯娌：兄弟的妻子的合称。

[11]　城隍：地方守护神。

[12]　孔怀：兄弟的代称，出自《诗经·小雅·常棣》："兄弟孔怀。"能：亲善，和睦。

[13]　庭荆：庭中紫荆。南朝梁吴均《续齐谐记》载，田真兄弟分家时，欲将庭中紫荆也一分为三，结果紫荆枯死。田真兄弟因之感动，决定不再分家，紫荆也重新变得枝繁叶茂。滋：荣，繁盛，茂盛。瑞：祥瑞。

[14]　代薄时浇（浇）：时代浇薄，社会风气浮薄，不淳厚。

[15]　浅促：心胸狭隘，不开阔。

[16]　氛氲之部：不同于佛教主流的分支。

[17]　最后一字漫患不清，疑为愆，意为违背、违反。

弟之流，犹从一智[1]。今则更过一代，情义同前。恐怕后代子孙，改心易意，谤说是非。今闻家中殷实，孝行七传，分为部分根原，免后子侄疑惧（误）。盖为侄某乙三人[2]，少失父母，叔便为亲尊，训诲成人，未申乳哺之恩[3]。今生房分[4]，先报其恩，别无所堪[5]，不忏分数[6]，与叔某物色目[7]。

已上物色献上阿叔[8]，更为阿叔殷勤[9]，成立活计[10]，兼与城外庄田车牛驼马家资什物等[11]，一物已上分为两分[12]，各注脚下[13]，其名如后。

右件分割家沿（什）活具十（什）物[14]，叔侄对坐，以诸亲近[15]，一一对直（值）[16]，再三准折均亭[17]，抛钩为定[18]。更无曲受人情[19]，偏藏活业[20]。世代两房断疑[21]，

---

[1] 一智：同上所言"智意一般"。
[2] 某乙：同"某某"，代指匿名或不知姓名者。
[3] 乳哺之恩：哺育之恩。
[4] 房分：分房，分家。
[5] 堪：承受。
[6] 不忏：不悔。分数：分得的数目。
[7] 色目：各色名目。
[8] 已上：以上。物色：诸色物品。
[9] 殷勤：思虑周到。
[10] 活计：生活费用或生活资料。
[11] 什物：各种物品器具。多指日常生活用品
[12] 两分：两份。
[13] 各注脚下：分别标注在各自的名下。
[14] 沿：沿的俗字，沿袭意。活具什物：各种生活用具、用品。
[15] 以：相当于"与""同"。亲近：近亲。
[16] 对直（值）：核对价值。
[17] 准折：折价。均亭：即亭匀、停匀，意为均匀、妥帖。
[18] 抛钩：钩有钩子、镰刀、圆规、兵器等义，此处抛钩当指抛掷此类物品，作用相当于抓阄。
[19] 曲：不公正。人情：礼物，赠品。
[20] 偏藏：偏私，藏匿。活业：家产，家业。
[21] 断疑：断绝疑虑。

莫生怨溼（泥）[1]。然则异门[2]，前以结义[3]，如同往日一般。上者更须临恩[4]，陪（倍）加优恤[5]；小者更须去（趋）义[6]，转益功（恭）勤[7]。不令有唱荡五逆之子[8]，一则令人尽笑，二则污辱门风。一依分书为凭[9]，各为居产[10]。更若后生加谤[11]，再说偏波[12]，便受五逆之罪，世代莫逢善事。兼有不存礼计，去就乖违[13]，大者罚绫锦，少者决肉至骨[14]。分析为定[15]，更无休悔[16]。如若更生毁伍（诋）[17]，说少道多，罚锦一匹，充助官门[18]。恐后子孙不省[19]，故勒分书[20]，用为后凭。

[1] 怨溼：溼，古通泥。怨泥（nì），即怨恨。
[2] 异门：分为两家。
[3] 以：通"已"。结义：本义为结拜，此处指缔结情感深厚的关系。
[4] 上者：长辈，尊者。临恩：垂恩，施予恩泽。
[5] 优恤：体恤，优待照顾。
[6] 小者：小辈，晚辈。趋义：追求道义。
[7] 转：变得。益：更加。恭勤：恭敬，殷勤。
[8] 唱荡：同倡荡，指行为不俭。
[9] 分书：分家文书。
[10] 居产：家产。
[11] 加谤：诽谤。
[12] 偏波：当作"偏颇"，不公平，偏袒。
[13] 去就：举止行动。乖违：乖戾、反常。
[14] 决：杖责。
[15] 分析：分割。
[16] 休悔：后悔。
[17] 伍："低"的俗字，此同"诋"。毁诋：诋毁，诽谤。
[18] 官门：即公门，指官署。
[19] 不省：不领悟，不明白。
[20] 勒：刻，写。

白话译文

听说人与人之间的情义，如同山丘那样长久不变；兄弟之间的恩德，哪怕经历再久远的时间也不会消除。更何况我们双方是叔侄的关系，智谋相当，心意同一。箱柜中没有任何私藏，积蓄的财产完全一样。结拜的友人尚且怀着礼让金钱的心思，像我们这样的骨肉至亲，自然不能有分家单过的思想。叔侄之间一唱一和，相处和谐，一切都圆满周全。妯娌间彼此谦让，相互尊敬，长期遵守着长幼尊卑的礼仪。连保护地方的神明都表示赞叹，常常传扬这兄弟情深的和睦关系；邻里乡亲也每每感慨，竟能看到庭前紫荆重新变得茂盛的祥瑞。我们这样已经度过了三代，没有缺失过儒家的门风。即使社会风气变得凉薄浇伪，人心变得浅薄狭隘，佛教尚有分出去的支系，儒学也有意见不同的宗派，但兄弟间的关系，却仍然一心一意。现在又过了一代人，我们之间的情义还同先前一样。我们很担心后世的子孙改变了心意，相互诽谤，争论是非。众所周知，我们家境殷实，孝顺的风气已传延了七代人，应当进行分家，以免后世子侄间产生怀疑和误解。我们三个做侄子的，从小便失去了父母，叔叔就是我们最亲近的长辈，将我们训责教诲成人，我们还没有报答这养育之恩。现在要分家了，请让我们先报答一下叔叔的恩泽，别的没有什么可做的，唯有对分得的物品数量不加反悔，将某某物品等都给予叔叔。

以上各种各样的物品都献给阿叔，还要为阿叔做周全的考虑，生活所需物品，以及城外的田庄车辆、牛马骆驼、家用物品等，一种东西但凡有两样以上的，都分为两份，分别标注在各自的名下，其名称如下。

我们叔侄面对面对坐下来，请诸位近亲为证，将前面列出要分割的家庭生活器具物品，一一核对价值，再三折价均分，最终通过抛钩的形式确定下来。不存在不公平地接受赠礼、私藏家产的情况。世世代代两房断绝怀疑，不生怨恨。虽然我们分成了两家，但之前已经结下了深厚的情意，以后也会像往日一样相处。长辈还须垂恩，对我们倍加体恤照顾；小辈更要追求道义，变得更加恭敬殷勤。不要让我们中出现行为不检、犯下五逆大罪的子孙，这一方面会令别人笑话，一方面也会玷辱我们的门风。一切都以这份分书为凭据，各自经营自己的产业。如果以后有人横加诽谤，再三说分家不公，就让他遭受五逆之罪，世世代代都遇不到好事发生。另外若有不讲礼义、行为乖张的情况，是长辈的话就罚以绫罗锦缎，是小辈的话就要杖责至皮开肉绽、见到骨头为止。财产分割之后就确定下来，不要再感到后悔。如果以后又加诋毁，说自己得的少、别人得的多的，罚他出锦缎一匹，充入官府。恐怕以后的子孙不了解情况，所以写下这分家文书，用作后来的凭证。

品　读

中国人重家庭，尤喜几世同堂的大家庭，"累叶忠孝，千代同居"（S.4374《分书样文》），几乎是一种至高的人生理想，以致有学者说："使中国的家成其为家的本质性的要素还是同居共财这样的生活样式。"[1]所以分家之举历来被认为是件不大好的事情。例如那个非常著名的关于紫荆的故事：东汉时期，京兆尹田

[1]（日）滋贺秀三著，张建国、李力译：《中国家族法原理》，北京：法律出版社，2003年，第56页。

真与兄弟田庆、田广分家，最后分至院子里的一株紫荆，为了公平起见，大家商议要将树破为三份，可是没等第二天来做这件事，这株紫荆便突然枯死，就像被火烧过一样。田真对两个弟弟说："这树原本是一株，听说我们要把它一斫为三，便绝望地枯死了，这样看来，人连树木都不如啊。"于是大哭不止。三兄弟在感动之余，决定不再分家，而那株紫荆又重新变得枝繁叶茂了。这个故事让人觉得，就连上天也不愿看到兄弟分家这样的事情发生。大诗人李白显然熟知此典，还将其写入了诗中。他在《上留田行》这首诗中记述道，曾经有兄弟二人，弟弟死后，哥哥没有为他安葬，反而是别人为弟弟做了这事，以致弟弟的坟墓在千年之后仍寸草不生。李白感叹："一鸟死，百鸟鸣。一兽走，百兽惊。桓山之禽别离苦，欲去回翔不能征。田氏仓卒骨肉分，青天白日摧紫荆。"在李白的眼中，那位对弟弟无半点情义的哥哥真是连鸟兽都不如，而田真兄弟不顾骨肉亲情的做法，导致了紫荆在光天化日之下的莫名摧折。李白虽然在诗中表彰了彼此出让国君之位的孤竹君的儿子伯夷与叔齐，以及同样让出帝位给兄弟的吴王寿梦的小儿子延陵季子，可他这首诗的结尾却落在了汉文帝与兄弟淮南厉王的水火不容上。当时的民谣唱道："一尺布，尚可缝；一斗粟，尚可春；兄弟二人不相容。"李白痛心地说："尺布之谣，塞耳不能听。"实际上，延陵季子等人的高风亮节实在罕有，而兄弟相争这样的事件却数不胜数。所谓"第人心不古，世事如棋，即欲勉强同居，尤恐反生嫌隙"（明熊寅几《尺牍双鱼》卷七）。与其在财产、地位不清不楚的情况下大家争个头破血流，是不是大家面对面地坐下来，心平气和地把财产进行分割，反而会让兄弟之情得到延续呢？这也正是我们此处看到的这封敦煌《分书》产生的原因。

分书即分家文书，是一种分家契约。这件敦煌《分书》，虽是叔侄分家契约，实际上是兄弟分家的一种延续，是适用于我们上面讨论的情况的，因为《唐令拾遗》卷九《户令》规定："诸应分田宅及财物者，兄弟均分……兄弟亡者，子承父分。"这份文书一方面在条分缕析地分割家产，另一方面则一再表明，分家是为了维护家庭亲情关系。由是，我们从中既看到了古人在处理家居产业方面的淳朴与务实，也看到了他们在情感追求方面的浪漫与理想。

《分书》从兄弟之情起笔："盖闻人之情义，山岳为期。兄弟之恩，劫石不替。""山岳为期"实际就是古人所说的"山无陵""青山烂"，"劫石不替"就是古人所说的"天地合，乃敢与君绝"，所以听起来，兄弟亲情应当是长久不变的，是经得起时间的考验的。"况二人等，忝为叔侄，智意一般"，交待了《分书》的双方：叔叔与侄子，在他们看来，思谋一致的叔侄关系似乎比兄弟关系还要来得可靠些。从分书的内容来看，三位侄子从小便失去了父母，是叔叔将他们"训诲成人"，对他们有抚育之恩，三位侄子对此感恩戴德。他们叔侄关系良好的表现是什么呢？一则"箱柜无私，蓄积不异"，大家的财产都放在一起，没有人搞小金库，实现了王梵志在《兄弟须和顺》诗中表达的愿景："兄弟须和顺，叔侄莫轻欺。财产同箱柜，房中莫蓄私。"[1]一则"叔唱侄和，万事周圆"，叔叔作为主导，他的一切要求都得到了侄子们的遵从，所以事事都处理得非常周到圆满；还有就是"妯娌谦恭，长守尊卑之礼"，兄弟的妻子们（这里当指叔叔的妻子与侄子们的妻子）相处和睦，谦恭守礼。后面这一点尤其难得，因为正如南朝著名教育家颜之推在《颜氏家训·兄弟篇》中指出的，妯娌相比于兄

---

[1] 张锡厚：《王梵志诗辑校》卷四，北京：中华书局，1983年，第105页。

弟，关系要更加疏远一些，要让她们也像兄弟般亲厚，就如给方形器物盖上圆形盖子，"必不合矣"。这样看来，《分书》中的家庭是一个极和谐的理想大家庭，完全没有分家的理由，正所谓"骨肉之厚，不可有分飞之愿"。可他们为什么还是要分家呢？作为读者的我们明白，兄弟子侄永远相亲相爱固然是古人的家庭理想，但现实中，情况总会有所变化。颜之推在《颜氏家训·兄弟篇》说："兄弟者，分形连气之人也。"他们在小时候，在父母的养育过程中，穿衣吃饭、学习游历时往往都形影不离，所以"虽有悖乱之人，不能不相爱也"。但等他们长大成人后，"各妻其妻，各子其子，虽有笃厚之人，不能不少衰也"。可见兄弟们在成长之后，随着各自的娶妻生子，其情感发生转移也是人之常情，如果不问情由，一味要求他们始终如小时候那样，只将关注点放在彼此身上，未免有些苛求。不过，在《分书》中，分家的叔侄倒是没有这么明确地从内部找原因，而是为了解决其看似有些自相矛盾的情况，把分家的原因归于外在因素："盖为代薄时滴（浇），人心浅促。"也就是我们常说的世风日下，人心不古。文书作者用了两个很好的例证："佛教有氛氲之部，儒宗有异见之□（愆）。"敦煌百姓多为虔诚的佛教信徒，而儒家的忠孝思想于他们来说更是一种集体潜意识，因而佛教与儒教在他们的心目中极具神圣感，但就连它们也会有不同的分支与派别，会有各种不同的认知与见解，这就说明世事是多么芜杂混乱了。在这种情况下，虽然叔侄间的和睦始终如一，得到了邻里乃至神明的称许，他们也不得不未雨绸缪，"恐怕后代子孙，改心易意，谤说是非"。人心既不可测，那么谁也不能保证后世的子孙就永远不会改变心意，若他们真闹到了鸡飞狗跳的地步，反而让目前的一片和气变得有些虚无可疑了。于是，分家便水到渠成，因为这种做法反倒成了维护亲情的手段。

说完分家的原因，便进入了分家的实质部分：财产分割。这是个殷实之家，不但有基本的生活物资，还有"城外庄田车牛驼马家资什物等"，要一一分析，着实不易。但在这里，这份文书的书写方，也就是三位侄子们，显然做得非常体面。他们感念"阿叔"对他们的"乳哺之恩"，所以在正式分家之前，先将一部分"物色""献上阿叔"，并表示这完全出于自愿，决不后悔。在敦煌文书中，有一篇与此举相类似的叔侄分家的真实案例，即日本藏《敦煌秘笈》之羽053《天复八年（808）吴安君分家遗书》[1]。这篇文书的特殊性在于，吴安君虽身为叔叔，但因为他在其兄亡故后娶嫂为妻，所以又是自己侄子吴通子的继父，而自己与嫂子成亲后"亦有男一人、女二人"。在分家时，"北边堂一口，准合通子四分，内有一分，缘通子小失慈父，阿叔待养，恩义进与阿叔；又西边小房一口，通子分内，恩义进与阿叔"。也就是说，吴通子为表达对"阿叔"养育之恩的感谢，将分到自己名下的两处房屋"恩义进与"吴安君。《分书》中将一部分物品"献上阿叔"，显然也属"恩义进与"。这种做法体现了古人知恩图报的淳厚心性，在分家契约之中，显得特别温暖人心。

在此之后，《分书》示意要将进行分割的其余家产一一列出，"一物已上分为两分，各注脚下，其名如后"。这份《分书》属于分家契约的样文，所以并没有将具体财物一一写明，但我们在敦煌文献中看到不少实际的分家文书，里面将本文中的财产分割落到了实处。如P.2685《年代未详（公元828年？）沙州善护、遂恩兄弟分家契》云："城外捨（舍）：兄西分三口，弟东分三口。院落两头，小牛舞（庑），捨（舍）外空地，各取一分。南园：

---

[1]　录文见马德：《敦煌本〈天复八年吴安君分家遗书〉有关问题》，《中国古代法律文献研究》（第十二辑），2018年，第350—354页。

于李子树已西大郎，已东弟。北园：渠子已西大郎，已东弟；树各取半……"其他如锅子、铛子、铧、镰、鞍乃至被头、剪刀等，都一一分在兄弟两人的名下。[1]这种物品的开列与分配越是细致，家便分得越是公平，也越是容易避免日后的矛盾。

此后"叔侄对坐，以诸亲近，一一对直（值），再三准折均亭，抛钩为定"的描写，是财产分割的具体操作过程：分家的双方面对面坐下来，在亲友的见证下，对物品的价值一一进行核对，仔细折成等价的钱粮，然后通过类似于抓阄的"抛钩"方式，确定具体的物品归属。这个程序也可在具体的分家契约中得到印证，如北周14号《年代不详令狐留留叔侄共东四防兄弟分产书》中云："叔侄三人……共坐商量，矩作人价直……有大头钏一，小头钏一，矩作麦粟拾硕，兄弟三人各得三硕三斗……"[2]这是对都只有一件因而不大好分的大头钏、小头钏的价值进行"对值"，"准折均亭"为十硕麦粟，然后兄弟三人再将这十硕麦粟进行均分。值得注意的是，"抛钩为定"这种确立具体财产归属的方式，看似随机，却相对公平，因而成了后世常用的析产方式。中国社会科学院历史研究所藏《胡氏阄书》是徽州黟县胡氏家族在明清时期的分家文书，福州林则徐纪念馆收藏的《阄书》是林则徐与弟弟林霈霖的分家文书，它们采用的正是与敦煌《分书》"抛钩为定"的做法相似的方式，"这就说明了规则或习俗不因地域不同而不同，而是超越地域和时间具有相通性"[3]。

财产分割完毕之后，是对亲情关系的再次强调。虽然在某些

分书

[1] 唐耕耦、陆宏基编：《敦煌社会经济文献真迹释录》（第二辑），北京：全国图书馆文献微缩复制中心，1990年，第142—143页。
[2] 沙知：《敦煌契约文书辑校》，南京：江苏古籍出版社，1998年，第451—453页。
[3] 王斐弘：《敦煌析产遗嘱文书探微》，《北方法学》2012年第6期，第48页。

敦煌分书中，财产分完，大家就一拍两散，正所谓"自今已后，别开门户，树大枝散，叶落情疏"[1]，但在这篇《分书》中，叔侄间显然还是想要维持基本的体面，所以强调："然则异门，前以结义，如同往日一般。上者更须临恩，陪（倍）加优恤；小者更须去（趋）义，转益功（恭）勤。"虽然分了家，但他们希望还能像没分家之前那样你来我往，长辈依旧有长辈之威德，晚辈依旧有晚辈之恭顺。这非常符合宋朝袁采在《袁氏世范·睦亲·同居长幼贵和》中的描述：兄弟子侄生活在一起，经常出现的情况是，年长的依仗年龄优势，欺凌年少之人，独自专横地使用大家的财物，账目的收入和支出不告知年少之人，致使年少的到了饥寒交迫的地步，必然引发争端。可也有相反的情况：年长之人处理家庭事务极为公正，年少之人却不对之表示顺从，暗中偷盗家中财物，干一些偷鸡摸狗之事，这样一来，家庭就不可能和睦了。"若长者总提大纲，幼者分干细务，长必幼谋，幼必长听，各尽公心，自然无争。"[2]《分书》强调，这样的家风可以防止家族之中出现行为不检的"五逆之子"。"五逆"是佛教中包括杀父、杀母在内的五种将招致堕无间地狱报应的恶业大罪，家里有这样的子孙出现，必然"一则令人尽笑，二则污辱门风"。从这种表述中可看出，维护家族亲情与门风清誉在人们心目中占据着重要地位，所以分家并不会被人笑话，但不遵守基本的礼仪道德则会让家族颜面扫地，这才是要竭力避免的事情。

《分书》的最后，是对不遵守契约的做法的惩罚与诅咒。这分为抽象与具体两种。抽象的是精神层面的苦楚："更若后生加

[1] S.6537V《分书样文》，见沙知：《敦煌契约文书辑校》，南京：江苏古籍出版社，1998年，第458页。
[2] ［宋］袁采著，刘云军校注：《袁氏世范》，北京：商务印书馆，2017年，第25—26页。

谤，再说偏波（颇），便受五逆之罪，世代莫逢善事。"笃信佛教的敦煌人对五逆所带来的堕入无间地狱的报应充满了畏惧，对来世的生活充满期待，所以文中的这种诅咒不可谓不重，这说明了分书契约在他们心中的重要性，而这也是维护日后亲情关系的一种保障。具体的惩罚因人而异：年长者罚绫锦，年少者受杖责。这也体现了敦煌人的朴质之处：一方面要尽量公平，一方面也要考虑到长辈身体的衰弱与晚辈财富的短少，所以分别从物罚和体罚两个方面分别处置。此外，对于契约成立之后又对契约内容表示不满，"说少道多"的，也要加以惩处："罚锦一匹，充助官门。"将罚没的东西充官的做法，让这种惩罚行为具有了一定的严肃性，同时这种方式似乎也让契约在官府那里得到报备，进而能得到官府对于契约的维护，是一种非常睿智而合理的做法。最后，《分书》说明了它的实质用途："恐后子孙不省，故勒分书，用为后凭。"也就是说，它的订立，是为了防止未来的纷争。

经过细读，我们发现，这篇《分书》的直接作用是分割家产，但它的最终目的却是维护亲情，因而它以亲情表达始，又以亲情维护终。这便很好地解决了我们在开始时提到的问题：兄弟亲族之间是碍于情面而强行捆绑在一起，最终招致更大的纷争好，还是干脆亲兄弟明算账，对财产进行清楚地分割，进而使大家能够和平相处好？在著名的《郑伯克段于鄢》的故事中，郑伯对弟弟公叔段步步忍让，导致公叔段得寸进尺，最终发起反叛，而郑伯则趁机以此为借口清除了弟弟这个他深藏于心的忌惮对象。如果没有身为兄长的郑伯之前的那表面上的谦和忍让，也许便也不会有后来兄弟间的白刃相向了。上文提及的李白《上留田行》诗有云："交柯之木本同形，东枝憔悴西枝荣。无心之物尚如此，参商胡乃寻天兵。"诗中的参商指的是永远不会在天空中同时出现的参星和商星。《左传·昭公元年》记录了子产讲的一个故事：相传帝喾（高辛氏）有两个儿子，大的叫阏伯，小的叫实沉，他们住在荒山野林里，不能和睦相处，每天动刀动枪，互相征伐不止。后来帝喾为避免两人争斗，把阏伯迁到商丘，主管商星；把实沉迁到大夏，主管参星。商星在东，参星在西，此出彼没，永不相见。李白的本意是讲述兄弟不睦的恶果，但身为黄帝的曾孙和五帝之一的帝喾，不可谓不圣明，可他解决问题的方式，并不是将兄弟二人硬性地拉扯在一起，而是将他们永远分在两地，这种做法难道没有合理性吗？兄弟俩貌似永不再见，但至少他们不再相互征讨，消弭了争斗，也就各自保全了性命。这不也正是《分书》中所说的"世代两房断疑，莫生怨塑（泥）"吗？《袁氏世范》卷上《睦亲·兄弟贵相爱》就仿佛是对本《分书》的目的所作的注解：

> 兄弟义居，固世之美事。然其间有一人早亡，诸父与子侄其爱稍疏，其心未必均齐。为长而欺瞒其幼者有之，为幼而悖慢其长者有之。顾见义居而交争者，其相疾有甚于路人。前日之美事，乃甚不美矣。故兄弟当分，宜早有所定。兄弟相爱，虽异居异财，亦不害为孝义。一有交争，则孝义何在？[1]

分家并非不讲情义，通过分家，使家人间的疑虑和误解得到了断，不再相互怨恨，反倒是更加有情的做法，这便是《分书》向我们讲述的古人智慧。

---

[1] ［宋］袁采著，刘云军校注：《袁氏世范》，北京：商务印书馆，2017年，第30页。

青山烂，黄河枯：敦煌文书里的纸短情长

世情篇

白云歌 [1]

予时落殊俗，随蕃军望之，感此而作。

遥望白云出海湾，变成万状须臾间。

忽散鸟飞趁不及 [2]，唯只清风随往还。

生复灭兮灭复生，将欲凝兮旋已征 [3]。

因悟悠悠寄还（寰）宇 [4]，何须扰扰徇功名 [5]。

灭复生兮生复灭，左之盈兮右之缺 [6]。

从来举事皆尔为 [7]，何不含情自怡悦。

殊方节物异长安 [8]，盛夏云光也自寒。

遶戍只将烟正起 [9]，横峰更似雪犹残。

白云片片映青山，白云不尽青山尽。

展转霏微度碧空 [10]，碧空不见浮云近。

渐觉云低驻马看，联绵缥眇（缈）拂征鞍 [11]。

一不一兮几纷纷 [12]，散不散兮何漫漫 [13]。

东西南北〔□〕驱驰，上下高低恣所宜 [14]。

---

[1] 见于 P.2555 卷唐诗文丛抄的背面，此处文本据徐俊：《敦煌诗集残卷辑考》，北京：中华书局，2000 年，第 753 页。

[2] 趁不及：追赶不上。

[3] 凝：聚焦，集中。旋：随即，极短的时间。征：行，此处指云的飘散。

[4] 悠悠：怡然自得的样子。寄：寄托。寰宇：宇宙。

[5] 扰扰：纷乱劳碌的样子。徇：谋求。

[6] 盈：满。缺：损。

[7] 举事：行事，办事。尔：你。

[8] 殊方：异域。节物：节俗风物。

[9] 遶：同绕，围绕，环绕。戍：戍守，此指边塞之地。

[10] 展转：同"辗转"，翻来覆去，不安定的样子。霏微：云气弥漫的样子。

[11] 联绵，同"连绵"，接连不断之貌。缥眇（缈）：隐隐约约、若有若无的状态。

[12] 一：聚合。几：何。纷纷：多而乱的样子。

[13] 漫漫：遍布貌。

[14] 恣：放纵，无拘束。所宜：适宜，妥当。

影碧池冰萤□底，光浮绿树霰凝枝[1]。

欲谓白云必从龙[2]，飞来飞去龙不见。

欲谓白云不从龙，乍轻乍重谁能变。

一重未过一重催，一畔萦岩一畔开[3]。

栾巴噀酒应随去[4]，子晋吹笙定伴来[5]。

披襟引袖遽迎风[6]，欲□吹云置袖中[7]。

云飞入袖将为满，袖卷看云依旧空。

雷殷殷兮雨朦朦（濛濛）[8]，成阴润下云之功[9]。

倏然云晴销四极[10]，所润宁知白云力[11]。

大贤济世徒自劳[12]，一朝运否谁相忆[13]。

不知白云何所以，年年岁岁从山起。

云收未必归石中，石暗翻埋在云里。

世人迁变比白云[14]，白云无心但氛氲[15]。

白云歌

---

[1] 霰：在高空中的水蒸气遇到冷空气凝结成的小冰粒，多在下雪前或下雪时出现。

[2] 从龙：语出《易经·乾卦》："云从龙，风从虎，圣人作而万物睹。"

[3] 一畔：一边。萦：萦绕。

[4] 栾巴噀酒：栾巴为东汉成都人，精于道术。噀酒：将酒从口中喷出。据说，栾巴一次在朝廷大宴中，将皇帝赐的酒喷向西南，朝廷要治他不敬之罪，他说，这是因为他发现成都市场上出现了火灾，故喷酒灭之。经过调查，果然如此。

[5] 子晋吹笙：汉刘向《列仙传·王子乔》："王子乔者，周灵王太子晋也。好吹笙，作凤凰鸣。"后修道成仙。故子晋吹笙指悠然自适的仙道生活。

[6] 披襟引袖：敞开衣襟和广袖。遽：急忙的样子。

[7] 吹云：吹起云气。

[8] 殷殷：雷声。朦朦（濛濛）：形容雨细。

[9] 成阴：使树木生长成阴。润下：水性就下以滋润万物。

[10] 倏然：迅疾的样子。

[11] 所润：受到滋润的物体。宁知：岂知，怎么会知道。

[12] 济世：济助世人。徒自劳：在无人帮助的情况下独自劳作。

[13] 运否：命运不好。

[14] 迁变：变迁。

[15] 氛氲：云雾朦胧的样子。

217

白云生灭比世人，世人有心多苦辛[1]。

旋生旋灭何穷已，有心无心只如此。

当须体道有贞素[2]，不用浮荣说非是[3]。

望白云，白云辽（缭）乱满空山，

高低赋象非情欲[4]，余遂感之心自闲[5]。

望白云，白云天外何悠扬，

既悲出塞复入塞，应亦有时还帝乡。

白话译文

我当时流落在风俗完全不同的异乡，跟随吐蕃军队行进时望见这白云，心有所感，写下此诗。

遥望白云从海湾出现，转瞬之间便可转变为各种形状。忽地散去，连飞鸟都追赶不上，只有清风可以随之来来往往。白云一会儿出现，一会儿消失，看似即将聚合，不久已四散无踪。由此我产生了这样的领悟：应当自由自在地寄身于宇宙之中，哪里需要纷纷扰扰地追求功名。白云一会儿消失，一会儿又出现，左边的圆满了，右边的又缺损了。从来的行事作为都由你自己决定，为什么不怀着深情，自怡自乐。

异域的风俗物产都与长安的不同，就连盛夏季节的云光也带

---

[1] 苦辛：犹辛苦。

[2] 体道：体悟大道。贞素：坚定，有节操。

[3] 浮荣：虚荣。非是：是非。

[4] 赋象：赋予形态。情欲：人的各种情感和本能欲望。

[5] 自闲：悠然自得的状态。

有寒意。绕着边塞，仿佛云烟正在升起；横亘峰头，好似残雪仍未化去。片片白云与青山辉映，青山消失的地方，白云依旧弥漫无尽。浮云起伏翻滚，云气弥漫，在碧空中穿行，将天空遮蔽不见，变得与地面如此接近。我逐渐感觉到云层变低，于是停下马来观看，看它连绵不绝、若有若无地拂过征鞍。它要聚不聚，散散乱乱，要散不散，弥弥漫漫。东西南北任意驰骋，上下高低恣意浪迹。云影使池冰变得青碧，云光浮于绿树之上，在枝头凝成小小冰粒。

想说白云一定与龙相随，但飞来飞去也没见到龙影，想说白云并非与龙相随，可它一会儿轻，一会儿重，谁又能有此神通？一重云尚未飘尽，又一重云又从后赶来，一边的云萦绕着岩石，另一边的云又散乱开去。栾巴噀酒的时候，它应当曾相伴而去，子晋吹笙的时候，它也一定曾相随而至。敞开襟袖急忙迎接风的到来，想吹起云气，将之纳入袖中。云飞入衣袖，将袖子灌得满满，可把袖子一卷，发现里面依旧空空。雷声隆隆，细雨濛濛，使树木生长成阴，滋润着土地上的万物，这都是白云之功。转眼间密云消散，晴空万里，那些受到滋润的万物哪里知道白云的力量。伟大的贤者凭一己之力救济世人，一朝遭遇了厄运，又有谁会记得起他的功勋？

不知道白云的来龙去脉，只见它年年岁岁都从山中升起。云收起时，未必会归于山石之中，反倒是山石变暗，被埋在云雾里面。拿人世的变化与白云相比，白云无思无虑，只是缭绕不去。拿白云的出现和消失来与世人相比，世人心事重重，多了多少辛苦。白云一会儿出现，一会儿消失，哪里有穷尽的时候，无论有心还是无心，情况不过如此而已。应当体悟大道，秉持坚定的决心，不要靠虚荣之事来评判是非。

眺望白云，白云缭乱，布满空山，高高低低，形状各异，全都不是出自人的情感或本能，于是令我顿生感慨，心情也放松了下来。

眺望白云，白云在天外何其悠扬，看着它既可出塞，又可入塞，不由令人倍感神伤，真希望我也总有一天可以回到帝国之乡！

品　读

《白云歌》见于抄录了大量唐代诗文的敦煌 P.2555 卷背面，有关诗歌的作者是谁颇多争议，最初的分析者认为其作者为马云奇[1]，后有人推测他可能是卷中《胡笳十九拍》的作者"落蕃人毛押牙"[2]，还有人认为"包括《白云歌》在内的 12 首陷蕃诗的作者是在唐朝和吐蕃战争中奉命出使而被拘系的一位佚名僧人"[3]。从诗歌题注"予时落殊俗，随蕃军望之，感此而作"以及诗中"殊方节物异长安"等言语来看，作者是沦陷吐蕃的中原人士无疑，至于他是在敦煌地区任职的中原人，还是直接由唐王朝派往吐蕃的使节，则有待进一步的讨论。

《白云歌》的题注云："予时落殊俗，随蕃军望之，感此而作"，可知作者写诗时正沦落于吐蕃军中，他望见白云，有所感慨，于是写下了这首诗。这种身份和背景对于理解此诗的情感与内容非

[１]　舒学《敦煌唐人诗集残卷》，《文物资料丛刊》第 1 辑，1977 年；张锡厚《敦煌文学》，上海：海古籍出版社，1980 年，第 6 页；高嵩《敦煌唐人诗集残卷考释》，银川：宁夏人民出版社，1982 年。

[２]　潘重规：《敦煌唐人陷蕃诗集残卷校录》，《幼狮学志》1979 年第 15 卷 4 期；《敦煌唐人陷蕃诗集残卷作者的新探测》，《汉学研究》1985 年第 3 卷第 1 号；柴剑虹：《敦煌伯二五五五卷"马云奇诗"辨》，《中华文史论丛》1984 年第 2 辑。

[３]　王志鹏：《敦煌写卷 P.2555〈白云歌〉再探》，《敦煌研究》2004 年第 6 期，第 83 页。

常重要，因为对于一个沦落在吐蕃军中的汉人而言，内心一定存在许多矛盾与纠结、无奈与渴望，需要自我开解，也需要宽慰和鼓励。因而"感此"二字，与白云之歌紧紧地联系在了一起。

诗歌的第一感是种领悟。诗歌一开始便抓住白云"变成万状须臾间"的特点，说它"生复灭兮灭复生，将欲凝兮旋已征"，"灭复生兮生复灭，左之盈兮右之缺"。云起云灭，倏如闪电，或散或聚，无有定时。这是种无常，恰如佛教大乘十喻中所说："是身如浮云，须臾变灭。"既然人生无常，自当无须执着，所以作者从中悟出的道理是："因悟悠悠寄寰宇，何须扰扰徇功名。""从来举事皆尔为，何不含情自怡悦。"一切功名，皆为虚妄，不如寄情于自然，悠然忘我，欣欣自乐。很显然这是作者的自我开解之语：落于殊俗，一切功名之望便化为了泡影，可能还会陷入忠君与否的道德反省之中，但看看天上白云的瞬息变化，这一切都算得了什么呢？为什么不放下这一切，去追寻心灵的自由与愉悦呢？

诗歌接下来写了异域的云下风光。"殊方节物异长安，盛夏云光也自寒。"一句对比，使作者的身份得到揭示，也抓住了"殊方"的气候特点：寒。此处的白云无论是缭绕在军营的上空，还是盘桓在山峰之上，都如烟似雪，寒意逼人。它铺天盖地，虽与青山相映，但青山有尽而白云无尽；它遮天蔽日，在碧空中翻滚弥漫，"碧空不见浮云近"。"渐觉云低驻马看，联绵缥缈拂征鞍"的诗句极具画面感：阴云密布，气势压人，征鞍之上的诗人驻马眺望，形成云与人的对话。诗人眼中的浮云，聚散不一，纷纷漫漫，天南地北，任意东西。它掠过水池，使池水结为冰，浮于绿树，在枝上凝成霰。所以它具有寒冷的力量。作者身处异域，对这种力量有了深刻的体味，他对此既有不适，又有赞叹。

"欲谓白云必从龙，飞来飞去龙不见。欲谓白云不从龙，乍轻乍重谁能变。"这几句诗，典出《易经·乾卦》之"云从龙，风从虎"句。龙飞不见，令人怀疑云的意义，但云之变幻，又让人深信龙的存在。它还令作者想到了两个神异和出尘之人：噀酒救火的栾巴，吹笙成仙的子晋，他们的来去，都当与白云相伴吧？这些典故的运用，将白云与仙道联系了起来，则作者对白云的描写，便带有了对超凡脱俗的想往。所以他"披襟引袖遽迎风"，想把白云纳入袖中，但"云飞入袖将为满，袖卷看云依旧空"，一时的"满"转瞬即变为恒久的"空"，与前文的"生"与"灭"的转换并无二致。

"雷殷殷兮雨朦朦（濛濛），成阴润下云之功"，伴随着雷声，满天的浮云转化成了雨水，使万物得到滋润与生长。《诗经·召南·殷其雷》："殷其雷，在南山之阳。"毛传解释说："山出云雨，以润天下。"古人认为石为云根，《春秋公羊传·僖公三十一年》："触石而出，肤寸而合，不崇朝而遍雨乎天下者，唯泰山尔。"意思是泰山之云因石而生，可在极小的空间内迅速合为大片乌云，不到一天的时间便能使天下得被雨泽。作者在此显然化用了《诗经》和《公羊传》有关云的言语来肯定云"成阴润下"的功德。但是，"倏然云晴销四极，所润宁知白云力"，一旦云开雾散，天空放晴，谁还记得云的功德？这就好比"大贤济世徒自劳，一朝运否谁相忆"。显然作者在此联想到了自己：他曾为国立下功勋，但一旦遭遇不幸的命运，沦陷于吐蕃，有谁还记得他的过往？

那么，该怎么面对这世道的不公呢？还是看看白云吧，它起自于山，却未必归之于山，有时反而将山石埋于云下。拿人世的变迁与白云相比时，白云因为无心，所以自在无虞；拿白云的生灭与世人相比，世人因为有心，所以有诸多的辛苦。"旋生旋灭何穷已，有心无心只如此。"白云的自在与世人的苦辛的区别就在于"有心"与"无心"而已。自从陶渊明写出"云无心以出岫，鸟倦飞而知还"（《归去来兮辞》）的诗句起，"无心"就成了云的标签。杜甫说："上有无心云，下有欲落石。"（《白水崔少府十九翁高斋三十韵》）柳宗元说："回看天际下中流，岩上无心云相逐。"（《渔翁》）辛弃疾说："无心云自来还去，元共青山相尔汝。"（《玉楼春》）在《白云歌》里，"白云无心但氤氲"与"世人有心多苦辛"形成对比，更显出云之逍遥与世人之拘束。这是诗人的又一重要体悟：无心无我，才不会汲汲于功名，才不会心怀怨恨，抱怨世道之不公。

"望白云，白云辽（缭）乱满空山，高低赋象非情欲，余遂感之心自闲。"这是对全诗体悟之总结：人如同白云一样，若无情无欲，则心当自闲。到这时，诗人似乎已经完全超脱开去，不再纠结于过往的一切。可是，接下来他又说："望白云，白云天外何悠扬，既悲出塞复入塞，应亦有时还帝乡。"这句话似乎出自《庄子·天地》："千岁厌世，去而上仙，乘彼白云，至于帝乡。"可是，庄子的"帝乡"是天帝所居之地，而本诗中的"帝乡"，却是人间帝王所在之乡，也就是作者的故乡。原来他还有放不下的东西，那就是对于"还帝乡"的渴望，诗人原本辛苦建立起的超凡脱俗之姿，到此又被打回了原形。这正是落于殊俗者的矛盾心境：他再怎么自我开解，仍绕不过对于故园的思念之情去。

我们来总结一下《白云歌》中作者的心中历程。首先，他从白云的变幻之中体悟到了佛教的无常与空。《维摩诘经》之《方便品二》说："诸仁者，是身无常，无强、无力、无坚。……诸仁者，如此身，明智者所不怙……是身如浮云，须臾变灭。"在佛教的观念里，无论人的肉身还是意识都只存在于刹那，流转无定，随时变化，无有常性，所以是不可依恃的。《白云歌》中的"生复灭兮灭复生，将欲凝兮旋已征。……灭复生兮生复灭，左之盈兮右之缺"正体现了这种认知：云的生生灭灭，凝散盈缺，就是无常，了解了人生的无常，功名利禄便毫无意义。对于作者来说，他因为"扰扰徇功名"而忙碌奔波，结果却是没入蕃中，事与愿违，这岂非一种无常？与无常相伴的是佛教的"空"，即所谓"披襟引袖遽迎风，欲□吹云置袖中。云飞入袖将为满，袖卷看云依旧空。"风云相伴，似有却无，正如《金刚经》偈子所云："一切有为法，如梦幻泡影，如露亦如电，应作如是观。"如果将功名利禄看作云，就会明白它看似盈满了自己的衣袖，实际要去抓握时，却只会两手空空，正如作者没入蕃中后，曾经向往的一切都化为了泡影，能够活着已经不易，真是想要得到的越多，失去的反而越多。可见作者对于"无常"和"空"的感悟，完全来自于个人经历。

在领悟了佛教的"无常"和"空"之后，《白云歌》又从白云的变幻中体悟到了道教所追求的超然物外的精神。"从来举事皆尔为，何不含情自怡悦"实际用了道教人物陶弘景的典故。陶弘景一生慕道，虽曾获得世人眼中的功名，却毅然辞去朝廷食禄，隐居茅山，开道教茅山宗。梁武帝即位后，多次派使者请他出山，都被他坚决拒绝，于是梁武帝问他山中有何让他留恋，他赋《诏问山中何所有赋诗以答》云："山中何所有？岭上多白云。只可自怡悦，不堪持寄君。"陶弘景所表达的那种自得其乐、超然物外的精神情态，无疑成为了《白云歌》作者所追求的理想。作者还提到了两个道教人物："栾巴噀酒应随去，子晋吹笙定伴来。"栾巴为东汉成都人，精于道术，相传他有一次在朝廷大宴中，将皇帝赐的酒喷向西南，朝廷要治他不敬之罪，他说，这是因为他发现成都市场上出现了火灾，故喷酒灭之。皇帝便下诏差人到成都调查，得到的报告是：大年初一成都市上大火，延烧到午时，有雨从东北来，浇灭了火势，怪的是雨里还有一股酒气。但作者此处的重点并非栾巴的高明道术，而是"应随去"三字：白云若得助神人，即可大有作为，为民消灾。子晋指周朝的王子乔。汉刘向《列仙传·王子乔》："王子乔者，周灵王太子晋也。好吹笙，作凤凰鸣。"后子乔于嵩山乘白鹤登仙而去。陆机赞之曰："遗形灵岳，顾景忘归。乘云倏忽，飘飘紫微。"（《艺文类聚》卷七十八）《白云歌》的作者想象，王子乔在吹笙之时，白云一定就萦绕在其左右，对他那种"乘云倏忽"的悠然自适的仙道生活充满了向往之情。栾巴噀酒与子晋吹笙这两句加起来，正体现了老子所谓的"功成身退，天之道也"（《道德经》第九章）。作者这里似乎是在表达后悔之意：自己本可以遵循天道，及早功成身退，却因为留恋世俗虚名，不但迟迟未去，反而以身犯险，终遭困厄。

道家的这种功成身退的思想，在《白云歌》中又与儒家的"穷则独善其身，达则兼济天下"的济世思想形成了呼应。诗云："欲谓白云必从龙，飞来飞去龙不见。欲谓白云不从龙，乍轻乍重谁能变。"《易经·乾卦》："云从龙，风从虎，圣人作而万物睹。"意指同类相求，相偕之物皆彼此有感，如云之于龙、风之于虎、圣人之于万物。这里，作者化用此典，表现了一种迷茫心境：就像他不确定白云与龙的从属关系一样，他也想知道，到底万物是否能够感知到圣人的出现和作为呢？作者似乎自问自答，最终给出了自己的答案。在作者眼中，白云并非只顾自己逍遥，而是也有济世之功，只不过这种功勋不为人知罢了，这就是诗中所云："雷殷殷兮雨朦朦（濛濛），成阴润下云之功。倏然云晴销四极，所润宁知白云力。"与之相对应的，是"大贤济世徒自劳，一朝运否谁相忆"，有才德的人用尽气力想要治国平天下，但往往时乖命蹇，即使有所建树，人们也不会记住他们曾经的功业。这虽从另一个侧面反映了上述功成身退的道家思想，但实则是在为"大贤"鸣不平，也是在为作者自己鸣不平。作者出于职责，或是出于家国情怀，付出了自己的自由，也许还有可能付出自己的生命，但这换来的会是什么呢？也许人们早已忘记了他，也许人们会因为他的没入蕃中而怀疑他，这让他怀疑自己付出的意义。但好在他找到了对这种问题的解决之道："当须体道有贞素，不用浮荣说非是。""贞素"二字，令人想及曹植的《蝉赋》。在曹植笔下，蝉"实淡泊而寡欲兮，独怡乐而长吟。声皦皦而弥厉兮，似贞士之介心"，但是，蝉虽性情高洁，与世无争，与"贞士"一样耿介正直，可是，它却时时处于危险之中，到处都是对它虎视眈眈的眼睛，最终在嘶哑的哀鸣中丧生。最后曹植评价说："皎皎贞素，侔夷节兮。"也就是说，蝉高洁正直的品格，可比不食周粟的伯夷的气节。《白云歌》的作者最后决定，他还是要恪守自己对于"道"的持守，而不去在意他人的评判。至此，我们发现诗人终于在心理上真正得到了开悟和解脱。

《白云歌》由白云的变幻不定感悟了佛教的无常和空无，由这种无常的认知进入到对道家超然物外的神仙思想的渴望，希望自己能够功成身退，但在无法做到这一点的情况下，他回到了儒家达则兼济天下，穷则独善其身的立身之道上。"世人迁变比白云，白云无心但氛氲。白云生灭比世人，世人有心多苦辛。旋生旋灭何穷已，有心无心只如此"是全篇的总结，那就是无论是白云的"无心"，还是世人的"有心"，其实最终的结果都是相同的，只不过无心的要轻松自在一些，有心的要辛劳痛苦一些。当然，作者在心理上可以通过层层感悟最终达成与自我的和解，但有一种情感是他凭一己之力所无法解决的，那就是他对"帝乡"的思念。这让人想到了最早的以白云为咏的诗歌《白云谣》，这是当周朝的第五代帝王周穆王率众西行、得会西王母于瑶池之上时，西王母为其所唱出的歌谣："白云在天，山陵自出。道里悠远，山川间之。将子无死，尚能复来？"（《穆天子传》）由于路途的遥远与人的寿命的有限，穆天子这一介凡人大概是再也不能重新来与西王母相会了，但是，西王母依旧没有放弃这种希望。那么，对于一个陷落于吐蕃军中的汉人来说，他"应亦有时还帝乡"愿望，也是有机会得到实现吧？！

面对白云，古往今来有无数诗人生出了自己的感悟。陶渊明的"云无心以出岫，鸟倦飞而知还"（《归去来兮辞》）代表了对于人的本性的回归，王维的"行到水穷处，坐看云起时"（《终南别业》）获得的是穷尽复通的一片化机之妙，皎然的"万物有形皆有著，白云有形无系缚"（《白云歌寄陆中丞使者长源》）表达了对白云自由无系的欣赏，杜甫的"水流心不竞，云在意俱迟"（《江亭》）却是焦灼苦闷之余的强行超脱。而所有这些感受，都可以在《白云歌》中找到同调，就中也可见诗人思想的深刻。此外，《白云歌》采用了楚辞体与歌行体相结合的创作风格，可以说更加契合白云这一诗歌吟咏对象变幻飘逸的特质。可惜的是，作者较以上诗人都更为不幸，他不但身处异乡，而且"时落殊俗"，处于地理兼心理上的完全的孤独之中，而诗歌本身也长久地湮没在了敦煌藏经洞里。好在我们现在终于有机会去了解这位籍籍无名的诗人，以及他面对白云时的复杂情感和伟大思考。

撩乱失精神 [1]

王梵志

撩乱失精神[2]，无由见家里。

妻是他人妻，儿被后翁使[3]。

奴事新郎君[4]，婢逐后娘子[5]。

骊马被金鞍，镂镫银鞦䩭[6]。

角弓无主张[7]，宝剑抛著地。

设却百日斋[8]，浑家忘却你[9]。

钱财他人用，古来寻常事。

前人多贮积，后人无惭愧[10]。

此是守财奴，不免贫穷死。

白话译文

在一片纷乱中死去，没办法再见到家里人。妻子成了别人的

---

[1] 录文情况见前《王梵志诗五首》之说明。

[2] 撩乱：同"缭乱"，纷乱，错乱。失精神：死亡。

[3] 后翁：后父，继父。

[4] 郎君：奴仆对主人之子的称呼，亦泛指主人。

[5] 逐：跟随。娘子：奴仆对女主人的称呼。

[6] 镂镫：有雕饰的马镫。鞦：同"䩭"，套车时络在牲口股后尾间的皮带。䩭：马缰绳。

[7] 角弓：用动物的角装饰的弓。张：以手挽弓。

[8] 百日斋：死者去世满一百日时，家人为之请僧设斋，超度亡灵。

[9] 浑家：全家。

[10] 惭愧：感幸之词，表示感激、侥幸等。唐王绩《过酒家》诗之五："来时长道赏，惭愧酒家胡。"

妻子，儿子被后爹颐指气使。奴仆侍奉了新的主子，婢女跟在新主妇的身后。拉车的四匹马披着金鞍，还有镂刻的马镫及银饰的缰绳、股带。兽角装饰的弓没有人拉开，宝剑也被抛在地上。摆完了百日斋后，全家都把你忘得一干二净。钱财被别人使用，这从古至今已司空见惯。前人积累了许多财富，后人用起来全无感激之心。这样的守财奴啊，难免至死贫穷。

品　读

公元前 1 世纪的古希腊诗人卢喀利俄斯写过一首题为《吝啬鬼》的诗：

> 吝啬鬼赫库剌特斯临终时，亲自在遗嘱上
> 写上他的财产继承人的名字，
> 他躺在床上算计，病好起身时要付
> 医生多少钱。他发现，若能得救，
> 要多花一块钱币，他就说："宁可死去，
> 有利可图。"他就这样伸直了。
> 他躺在那里，嘴里只有一个俄玻洛斯，
> 他的几个继承人喜得钱财。[1]

这首诗令人莞尔，因为它对吝啬鬼的刻画着实生动，也让人为这个吝啬鬼不值：他为了一块钱币而放弃生命，只留下一块含

---

[1] 罗念生译著：《古希腊碑铭体诗歌选》，《罗念生全集·补卷》，上海：上海人民出版社，2007 年，第 241 页。

在嘴里作为渡过冥河的船资的银币，而他节衣缩食获得的财富，却都分给了几个继承人，那么他生前对金钱的种种算计又有什么意义？读罢这首诗，再来读王梵志的《撩乱失精神》，就更觉得天底下的守财奴原来都这么可笑。

如果说《吝啬鬼》写的是这位吝啬鬼临死前的表现，那么《撩乱失精神》则刻画了一个守财奴死后的种种：妻子再嫁，儿子当了拖油瓶，家中奴仆成了别人家的跟班，金鞍银镫的高头大马也成了别人的座驾。他死去刚过百日，已被全家人忘记，也并没有人觉得应该对他表示感激，所以他终日积攒财富，到底是为了什么呢？

这首诗的最后一句："此是守财奴，不免贫穷死"，看上去有点令人费解，为什么守着财富，结果还贫穷至死呢？这其实就要说到守财奴的吝啬本性了：对于钱财的悭吝使他们不肯多花一分钱去享受生活。《喻世明言·宋四公大闹禁魂张》中有位张富，"是个一文不使的真苦人。他还地上拾得一文钱，把来磨做镜儿，扦做磬儿，掐做锯儿，叫声'我儿'，做个嘴儿，放入箧儿。人见他一文不使，起他一个异名，唤做'禁魂张员外'"。"这员外有件毛病，要去那：虱子背上抽筋，鹭鸶腿上割股。古佛脸上剥金，黑豆皮上刮漆。痰唾留着点灯，将松将来炒菜。"他虽然是个开当铺的有钱人，却终日里"白汤泡冷饭吃点心"。这位"真苦人"，因为自己的贪婪与吝啬，得罪了走江湖的宋四公等人，结果落得个人财两空、自缢而死的下场。明徐复祚的戏剧《一文钱》中的主人公卢至，也是"累世仕宦，家道富饶。区宅僮牧，何止数百千；水碓膏田，不下亿万计"，可他视钱如命，不但自己节省，家里人也被限定"每人一日，给米二合，其余一些不管"，儿子吃了一个他卖的李子，他便扣掉了儿子一天的二合米，家里人都跟着他过着苦不堪言的日子。在西方文学作品中也有不少守财奴形象，如《威尼斯商人》中的夏洛克、《悭吝人》中的阿尔巴贡、《欧也妮·葛朗台》中的葛朗台老头、《死魂灵》中的泼留希金等，莫不是守着大笔的钱财而自己过得如同乞丐一般。马其顿人安提法涅斯《咏守财奴》这样写道：

> 你在数钱，倒霉的人，岁月生子息，
>
> 也会追上你，生出白发老年，
>
> 你不肯饮酒，两边鬓角不肯戴花，
>
> 你不识香膏，不识美妙的爱情，
>
> 临死时你签署遗嘱，留下一大笔财产，
>
> 这么多钱，只带走一块小银币。[1]

这样看来，古今中外的守财奴都是一样的，他们看重的是钱财本身的积累，而非钱财带给人生活上的改变，所以他们怎会不"不免贫穷死"呢？

王梵志批判守财奴的诗非只一首，这里还可举出两例：

> 有钱不造福，甚是老愚痴。自身不吃著，保投
> 受妻儿。打脊眼不痛，十指不同皮。饱吃身自稳，
> 饿肚身自饥。积十年调宁，知身得几时。一朝身磨灭，
> 万事不能窥。妻嫁后人妇，子变他家儿。奴婢换曹主，
> 马即别人骑。闻强急修福，莫于百年期。

---

[1] 罗念生译著：《古希腊碑铭体诗歌选》，《罗念生全集·补卷》，上海：上海人民出版社，2007年，第208页。

审看世上人，有贱亦有贵。贱者由悭贪，□财
不布施。贵贱既有殊，业报前生值。有钱但吃著，
实莫留填柜。一日厌摩师，他用不由你。妻嫁亲后夫，
子心随母意。我物我不用，我自无意智。未有千年身，
从作千年事。

在王梵志看来，有钱不花的人除了是守财奴外，也是"老愚痴"，是"贱者"。他对金钱的使用态度有二：一是得钱自吃用，一是造福和布施。这两种态度都与佛教理念有关。前者缘于无常观，亦即"积十年调宁，知身得几时。一朝身磨灭，万事不能窥"，人无法以一己之身对抗突然就可能产生的变化，所以没有必要克扣自己，使得"钱财他人用"，与其把钱放在柜子里，不如放进自己的肚子里，"饱吃自身稳"。至于造福与布施，实际是一回事。布施是佛教修行的一个重要法门，通过布施可广结善缘，舍去悭贪，培植善根，这就是一种造福。事实上，"守财奴"这一词语的产生本身就与佛教有关[1]，在佛经中就有不少吝啬鬼形象。托名康僧会译的《旧杂譬喻经》卷上有一则故事云："昔有四姓，名伊利沙，富无央数，悭贪，不肯好衣食。时有贫老公，与相近居，日日饮食，鱼肉自恣，宾客不绝。四姓自念：'我财无数，反不如此老公。'"后由于这位伊利沙不肯将自己的吃食布施给化身为犬的天帝，天帝便变作他本人的样子，把他的家财散尽，并教训他说："积财不食不施，死为饿鬼，恒乏衣食。若脱为人，常堕下贱。汝不觉无常，富且悭贪不食，欲何望乎？"最后他在天帝的感召下改变了悭吝之心，"施给尽心"，因而得道。另《卢至长

---

[1] 高列过：《"守财奴"源流考证》，《社会科学家》2012年第9期。

者因缘经》也有类似的故事，前面提到的《一文钱》即在此经的基础改编而成。由此看来，王梵志诗中竭力批判守财奴，是有其佛教根源的。

不过，王梵志的这些诗歌尽管有宣传佛教思想的目的，却也源于他对于世俗人情的洞察。在一个世态炎凉的社会上，家庭成员间若无深厚的情感相维系，就会像《撩乱失精神》中描写的那样，丈夫一旦死去，过不了多久，便会妻子改嫁，儿子改姓，"设却百日斋，浑家忘却你"。所以在某种程度上，《撩乱失精神》与《红楼梦》中跛足道人唱的《好了歌》异曲同工：

世人都晓神仙好，唯有功名忘不了；
古今将相在何方？荒冢一堆草没了！
世人都晓神仙好，只有金银忘不了；
终朝只恨聚无多，及到多时眼闭了！
世人都晓神仙好，只有娇妻忘不了；
君生日日说恩情，君死又随人去了！
世人都晓神仙好，只有儿孙忘不了；
痴心父母古来多，孝顺儿孙谁见了！

放良书[1]

（前缺）素本良家[2]，贱非旧族，或桑梓埋没[3]，自鬻供亲[4]，或种落支离[5]，因是为隶。一身沦陷，累叶沉埋[6]。兴言及兹[7]，实所增叹[8]。更念驱驱竭力[9]，岁月将作，勤勤恪恭[10]，晨昏匪怠[11]。寻欲我并放[12]，逡巡未间[13]。复遇犬戎大举[14]，凌暴城池[15]，攻围数重[16]，战争非一。汝等皆亡躯徇节[17]，供奉命输诚[18]，

---

[1]　写卷编号为 S.5706，录文参见沙知：《敦煌契约文书辑校》，南京：江苏古籍出版社，1998 年，第 492—493 页。

[2]　良家：家世清白富足的人家。

[3]　桑梓：桑树与梓树，代指故乡或乡亲父老。朱熹《诗经集传》："桑、梓二木。古者五亩之宅，树之墙下，以遗子孙给蚕食、具器用者也……桑梓父母所植。"

[4]　自鬻：自行卖身为奴。供亲：奉养父母。

[5]　种落：种族部落。李白《出自蓟北门行》："单于一荡平，种落自奔亡。"支离：分散。

[6]　累叶：累世。《后汉书·耿弇传论》："三世为将，道家所忌，而耿氏累叶以功名自终。"

[7]　兴言：心有所感，发之于言。《隋书·高祖纪下》："但四海百姓，衣食不丰，教化政刑，犹未尽善，兴言念此，唯以留恨。"兹：此。

[8]　增叹：更加叹惜。

[9]　驱驱：此处指奔走辛劳之状。

[10]　勤勤：辛勤努力的样子。恪恭：谨慎、恭敬。

[11]　匪：非，表示否定。怠：懈怠。

[12]　寻：经常。放：解除约束，此处指解除其奴婢身份。

[13]　逡巡：迁延，迟疑。未间：未到其时。

[14]　犬戎：本指古代游牧民族，此处是对入侵外族的蔑称。大举：大举军旅，此处指大规模入侵。

[15]　凌暴：以势侵犯，暴虐欺侮。

[16]　攻围：攻打，包围。

[17]　亡躯：本指丧生，此处指不顾自己的性命。徇节：为保节操而死。

[18]　供奉：沙知校记："'奉'旁有删除号。'供命输诚'似不若'奉命输诚'合乎语义，疑删除号误置，应删除者当为'供'。"（沙知：《敦煌契约文书辑校》，南京：江苏古籍出版社，1998 年，第 493 页。）输诚：表明诚心，也有投降之意。

能继头须之忠[1]，不夺斐豹之勇[2]。想兹多善，须□甄升[3]。既申白刃之劳[4]，且焚丹书之答[5]。放从良兼改名，任（后缺）

白话译文

（前缺）（你们）本来出身于家世清白富足的人家，过去的家族并不微贱，有的因为故乡陷没，只好出卖自己为奴，以供养父母双亲，有的则是因为种族部落离散，于是沦为奴隶。一个人沦陷为奴之后，便世世代代相继为奴，没有出头之日。在心有所感之余说到此事，实在是令人不断叹息。我还想到，你们成年累月地奔走辛劳，竭尽所能，无论早晚，都辛勤努力，从不懈怠。我经常想着要将你们全部解放，恢复你们的自由之身，只是有些犹豫拖延，没有找到最佳时机。再加上又遇到了异族大举入侵，暴虐地侵犯我们的城池，对我们重重包围，屡屡进攻，双方的交战可不止一次。你们大家全都置自己的性命于不顾，一心拼死以保全节操，只是在接到命令之后，才不得不投降。你们能够像头须那样，虽未随主流亡，仍保持着保卫社稷的忠诚，并没有丧失斐

---

[1] 头须：春秋时期晋文公的小臣，负责管理钱财，在晋文公流亡时，为了守卫社稷，没有跟从其流亡。

[2] 夺：丧失。斐豹：春秋时晋国的奴隶。晋平公八年（公元前550），晋国爆发了一场战争，大夫栾盈率外敌袭击了晋国绛都（即新田，今山西侯马），范宣子拥着晋平公退守固宫，形势十分危急，斐豹挺身而出，以"苟焚丹书（意即解除奴隶身份）"为条件，杀死栾盈手下大将督戎。

[3] 须□甄升，疑为"须得甄升"。甄升：甄别提升。

[4] 申：申报。白刃之劳：指军功。

[5] 丹书：古时以朱笔记载犯人罪状的文书，斐豹即"著于丹书"的奴隶。焚丹书之答，即范宣子兑现了斐豹在杀掉督戎之后解除其奴隶身份的许诺。

豹那般的英勇。想到你们这么多的善行，理应对你们按功擢升。既可申明你们与敌人拼杀的军功，也可以像范宣子烧掉斐豹的犯罪记录那样对你们加以报答。解放你们的奴婢身份，让你们成为自由人，并且听任你们改换姓名，任由（后缺）

品　读

　　在中国古代，长期存在一类人群，他们男被称作奴，女被称作婢，是一些丧失了自由人身份，成为主人的财产，无偿供主人驱使的人。由于身份微贱，他们生活在社会的底层，不但饱受主人的剥削和虐待，而且还任由主人买卖，不能有丝毫的反抗。不过，也有一些奴婢与主人相处和睦，如《红楼梦》中，贾宝玉身边既有茗烟这样的小厮，也有袭人这样的丫头，他们的身份都是奴婢，似乎都得到了性格温和的贾宝玉的信任、喜爱甚至尊重。但是，即使如此，我们依旧会看到，宝玉会因为袭人为自己开门晚了点儿，便一脚踹在她的肋骨上，嘴里还骂道："下流东西们，我素日担待你们得了意，一点儿也不怕，越发拿我取笑儿了！"（《红楼梦》第三十回）虽然宝玉脚踹袭人多少是出于误会，但这也掩盖不了他在骨子里认为丫头们全都是"下流东西"的认知。而且，贾宝玉即使再同情女性，也从来只想着把自己喜欢的丫头们永远留在身边，几乎没有想过将她们解放出去，还她们自由之身。对比之下，我们再来读敦煌发现的一些由主人发出的放免奴婢使其脱离奴籍的《放良书》时，反而能感觉到一些难得的人间温情与善意。

据统计，敦煌放良书共计九件，[1] 我们此处所选的是编号为S.5706 的一件，它与其他几件放良书既有相同之处，又有其独具特色的地方。为了便于对比，我们可在此抄录另外两件较为完整的《放良书》样文：

S.0343 背《放良书样文》

奴

放良书。夫以三才之内，人者为贵。贵者是前世业通，人有高卑六礼。贱者是前缘负债，摘来下贱。前缘所及为尊贵，果保（报）不同，充为下辈。今者家长病患，△乙缘庆会。过生我家，效力季（年）深，放汝出离。自今已后，如鱼在水，跃鳞翻波，似鸟出笼，高飞自在。后有子孙兼及诸亲，更莫口谈。一任从良，随欢快乐，宽行南北，逐意东西，自纵自由，高营世业。山河日月，并作证盟，桑田遍（变）海，此终不改。谨立放书文凭，用为后验。[2]

S.0343 背《放良书样文》

婢

盖以人生于世，果报不同，贵贱高卑，业缘归异。上以使下，是先世所配，放伊从良，为后来之善。其婢△乙，多生同处，励力今时，效纳年幽，放他出离。如鱼得水，任意沉浮，如鸟透笼，翱翔弄翼。娥媚秀柳，

[1] 褚宁：《佛教伦理在唐五代契约文书中的作用及其影响》，《暨南学报（哲学社会科学版）》2017 年第 4 期，第 94 页。

[2] 沙知：《敦煌契约文书辑校》，南京：江苏古籍出版社，1998 年，第 502—503 页。

美娉窈窕之能（态），抶（拔）纂抽综（丝），巧逞芙
蓉之好。徐行南北。慢步东西，择选高门，娉为贵室。
后有儿姪，不许忤论。一任从良，荣于世业。山河为
誓，日月证盟。依此从良，终不相遗者。于时年月日，
谨立放书。[1]

以上两件《放良书》，一件对象为奴，一件对象为婢，格式
大体相同，言辞因对象的身份不同而有所差异。结合其他放良书，
我们大体可以得出放良书的基本格式：首先点出放良对象的奴、
婢身份及其为奴为婢的因由，然后肯定其在为奴为婢期间的勤恳
劳作，给出放良理由，再后是对他们被放良之后的生活的祝愿，
最后是主人在将奴、婢放良之后永不违约的誓言。S.5706 的这件
虽然后面的内容残缺，但可以看出，它也基本遵从了这样的格式，
只是，我们若仔细阅读，就会发现它又与其他放良书有着许多不
同。

一般《放良书》在"文书开头讲明贵贱缘由时，多是将其
归因于果报不同或者说受业不等，即佛家报应轮回思想在该文
书中的体现。"[2] 如 S.0343 背的两份文书，一说"贵者是前世业
通，人有高卑六礼。贱者是前缘负债，摘来下贱。前缘所及为尊
贵，果保（报）不同，充为下辈"；一说"盖以人生于世，果报不
同，贵贱高卑，业缘归异"，完全符合上述结论。而本篇《放良
书》虽也同样是点出放良对象的为奴身份及其为奴因由，却并没
有盲目地从因缘果报的角度出发，而是说："素本良家，贱非旧族，

[1] 沙知：《敦煌契约文书辑校》，南京：江苏古籍出版社，1998 年，第 504—505 页。
[2] 褚宁：《佛教伦理在唐五代契约文书中的作用及其影响》，《暨南学报（哲学社会科学版）》
2017 年第 4 期，第 99 页。

青山烂，黄河枯：敦煌文书里的纸短情长

或桑梓埋没，自鬻供亲，或种落支离，因是为隶。一身沦陷，累叶沉埋。"在主人笔下，他要解放的家奴并非天生就是这样低贱的出身，而是曾经出身于良家，也就是他们本是家世清白的自由人，只不过要么因为家乡出现变故，只好将自己卖身为奴，以获得钱财来供奉双亲，要么因为部族离散，被迫成为奴隶。这种将奴婢身份不归因于佛教业报思想的做法，显然更合乎现实。北魏延昌三年（514），尚书李平奏称："冀州阜城民费羊皮母亡，家贫无以葬，卖七岁子与同城人张回为婢。回转卖于鄃县民梁定之，而不言良状。"（《魏书·刑罚志》）这与文中所说的第一种情况何其相似。在本书选入的敦煌粟特文书《米薇的信》中，我们可知米薇母女因为负债而沦为中国人奴婢的情况，在某种情况下，也算得上是"种落支离"的结果。当然，文书执笔者也提及了一人为奴而后代累世为奴的情况。所以在这篇放良书的执笔者眼中，自己的奴婢们的低贱身份都是客观原因造成的，而非出于"果报"的理所当然。也正因为这样，他对他们的同情之心更显诚挚，让人相信他的"兴言及兹，实所增叹"确实发自肺腑。事实上，真诚正是本篇《放良书》的一大特点。

"更念驱驱竭力，岁月将作，勤勤恪恭，晨昏匪怠"几句，说明了奴仆们能够恪守本分，没日没夜地辛苦操劳，从来不曾有丝毫懈怠。对比 S.0343 背的"效力季（年）深，放汝出离"或"励力今时，效纳年幽，放他出离"的简单概括，本文中"驱驱""勤勤"的叠词使用、"岁月""晨昏"的时间表述，都让读者感到，作者决非只是泛泛而谈，而是经过年深日久的认真观察，才能这样体恤地对奴仆们的辛苦加以描绘。这些虽然触动了他，但他也诚实地说道："寻欲我并放，逡巡未间。"他有过放他们自由的念头，只是不免犹豫拖延，总想找一个更好的时机再说。

然而有的事情不及时去做，也许就没有机会做了。"复遇犬戎大举，凌暴城池，攻围数重，战争非一。"我们在其他任何一件《放良书》中都没有看到这样的描绘，它把个人的命运与时代的悲剧联系了一起。突然间，平静的生活被打破，周边异族大举入侵，恃强凌弱，残酷暴虐，将文书作者所在的城池重重包围，一遍遍地攻打，但显然遭遇了激烈的反抗，所以久攻不下。这段文字描写，很容易让我们联想到敦煌的陷落，那是一段极其悲壮的历史。"安史之乱"爆发后，唐朝国势日渐衰落，而地处西南的吐蕃却很乘势崛起，不断蚕食唐朝西北地区，至大历十一年（776），吐蕃已攻陷了除沙州（即敦煌）以外的整个河西走廊地区，只有沙州还在苦苦支撑。《新唐书·吐蕃传》记载：

> 始，沙州刺史周鼎为唐固守，赞普徙帐南山，使尚绮心儿攻之。鼎请救回鹘，逾年不至，议焚城郭，引众东奔，皆以为不可。鼎遣都知兵马使阎朝领壮士行视水草，晨入谒辞行，与鼎亲吏周沙奴共射，彀弓揖让，射沙奴即死，执鼎而缢杀之，自领州事。城守者八年，出绫一端募麦一斗，应者甚众。朝喜曰："民且有食，可以死守也。"又二岁，粮械皆竭，登城而呼曰："苟毋徙他境，请以城降。"绮心儿许诺，于是出降。自攻城至是凡十一年。

据此材料可知，吐蕃在尚绮心儿的率领下，对敦煌进行了大举进攻。沙州刺史周鼎在向回鹘求救失败的情况下，想要烧毁城郭，向东逃跑，但被部下阎朝所杀。阎朝带领敦煌民众坚守敦煌城池长达十一年之久，最终，在弹尽粮绝的情况下，才不得与尚绮心儿谈判，以不将敦煌百姓迁至其他地方为条件，投降了吐蕃。回顾这段历史，让人不得不怀疑这份来自敦煌本地的《放良书》中所说的犬戎即吐蕃，受到围攻的城池即敦煌，而文书作者曾是坚守敦煌城池的将领之一。如此一来，下面的"汝等皆亡躯徇节，奉命输诚"一句也就好解释了。若是一般奴仆，面对战争，本可以不直接参与，也就谈不上"亡躯徇节"，但作为一位将领的奴仆，就有与主人共赴国难的义务。在城池被围的情况下，主仆全都忘记了个人安危，以守城大义为重，不惜为此献出生命，真是可歌可泣。只可惜城池还是未能守住，他们只能"奉命输诚"。"输诚"一词，本也可以直白地理解为表明诚心，但表明诚心无须"奉命"，再加上下文所用的头须之典，我们只能把它理解为它的另一个意思，即归顺，投降。

《放良书》中的"能继头须之忠，不夺斐豹之勇"两句，提及了两个春秋时期的小人物：头须与斐豹。根据《左传·僖公二十四年》的记载，头须是晋文公重耳之"竖"，即宫中供役使的小臣。晋文公曾因晋国的内乱而被迫在外逃亡十九年，有不少忠于他的人都跟随他四处颠沛流离，但负责管理库藏的头须却留在了国内。晋文公回国后，头须求见，被晋文公拒绝。头须知道晋文公怪罪自己未伴其出逃，于是对传话的人说："从者为羁绁之仆，居者为社稷之守，何必罪居者！"（跟从流亡的是牵马缰绳效劳的仆人，留在国内的是国家的守卫，何必要怪罪留在国内的人呢！）晋文公听到此话后，立即接见了头须。所以，头须不追随主人流亡，而是留在国中坚守自己的职责，也是一种忠诚的表现，是值得称许的。《放良书》中说奴仆们"能继头须之忠"，一方面是将其与头须的"竖"的身份相对应，一方面也是称赞他们在大难临头之际，虽然不得已奉命投降，却依旧保持了对主人和国家的忠诚。斐豹也是晋国人，是晋国大臣范宣子的奴隶。晋平公八年（公元前550），大夫栾盈率兵袭击晋国绛都，范宣子等在措手不及之余，只好拥着晋平公退守固宫，形势十分危急。栾盈的手下督戎力大无穷，所向披靡，人人都很害怕他，这更使范宣子一筹莫展。这时，斐豹挺身而出，对范宣子说："苟焚丹书，我杀督戎。"丹书是当时以朱笔记载犯人罪状的文书，所以斐豹可能是因罪而成为了范宣子之奴，烧掉丹书，就意味着烧掉了他的卖身契约，获得了人身解放。范宣子听后大喜，以太阳为誓，答应了斐豹的条件。斐豹随后果然杀掉了督戎，这成为栾盈失败的起点。《放良书》此处用斐豹之典，也是一方面对应了自己奴仆们的身份，另一方面则称赞了他们的英勇无畏。由这两个典故可知，文书作者深谙历史，且身居要位，所以才能用头须、斐豹来称呼自己的奴仆们，这也对应了前面我们对此人是敦煌守城将领的推测。

如此，下文的"想兹多善，须□甄升。既申白刃之劳，且焚丹书之答"也便有了着落。因为奴仆们之前的英勇行为，作为主人兼将领的文书作者自然想要奖掖提拔他们。可是，作为奴仆，再提拔又能如何呢？所以对他们最好的回报，就是放他们自由，让他们在更大的天地中有所作为。至此，放良之举便顺理成章了。从某种意义上说，是奴仆们自己凭借在城池危难之际的忠诚和义勇为自身赢得了自由，这也是本文与其他《放良书》最大的不同。本篇此后的文字已经缺失，但按照放良书固有的格式，接下来理当是主人对仆从们解放后的生活的祝福。S.0343背中祝愿被解放的人"自今已后，如鱼在水，跃鳞翻波，似鸟出笼，高飞自在。……一任从良，随欢快乐，宽行南北，逐意东西，自纵自由，高营世业"。这是多么快乐的描绘，自由的人，可以像鸟儿一样在天地间随心所欲地飞来飞去，可以像鱼儿一样在水中自由自在地逐浪穿行，可以做自己想成就的一切，这样的生活，对于一个久居人下、如在牢狱中的人而言，曾是多么可望而不可即的事。想来本篇《放良书》的作者也一定会为自己的奴仆们勾勒类似的画面，为他们送上自己最诚挚的祝福。

如前文所说，本篇《放良书》最打动人的，是主人对自己的奴仆们发自内心的欣赏和称许，是奴仆们面对危难时的忠肝义胆和勇敢无畏。由此可以想见，他们的主仆关系当如家人般融洽，主人甚至可能因为舍不得、离不开奴仆们而迟迟未将解放他们的想法付诸现实。但是，奴仆们通过自身的行为进一步获得了主人的尊重，使他最终决定要以放他们自由来回报他们，甚至让他们改名换姓，以便他们忘却曾经为奴的身份和经历，从而能够有更大的作为。放良者与被放良者之间名为主仆，却有着相互间以生命相托的信任，这才使得这篇特殊的《放良书》显得与其他《放良书》有所不同，特别能够打动人心。那么，如果缺乏了这种发自内心的真诚呢？我们倒也可以为此找到一些例证。《红楼梦》中王夫人将婢女金钏逼得跳了井，然后一面猫哭耗子地流着眼泪，一面编造谎言遮掩真相，而薛宝钗则轻描淡写地说了句："她也不过是个糊涂人，死了也不为可惜。"（《红楼梦》第三十二回）奴婢的存在价值就这样被主子们无情地抹去了，但是这些主子们的伪善却成为读者心中的恶瘤，只要一想到他们的言行就觉得直倒胃口。现实中也不乏这样的人。美国第三任总统杰斐逊被美国人尊称为建国之父，把他当作神来崇拜，而他却又有"奴隶主兼性侵犯者"的另一面。他在1876年起草《独立宣言》时，"就曾谴责过英国对大西洋奴隶贸易的支持，在1882年任弗吉尼亚州长时就曾写到奴隶制将白人变成了'暴君'，在自己拥有许多黑奴时曾高调宣称如不结束人口买卖，所谓人人生来平等的自然权利就会沦为谎言，但就是这样一个人，自己最终却'还是没有摆脱这种伪善，甚至没有解放曾为他生下孩子的奴隶'，在他死后的财产账簿上，他的黑人情妇萨莉，也不过是'一个价值50美元的老妇女'"[1]。一面高喊着解放别人的黑奴，一面肆无忌惮地欺压凌辱着自己的黑奴，这位言行不一的美国总统真是极好地诠释了美国17—19世纪的历史悖论："一个民族如何可以发展出美国革命领导人所呈现出的献身于人类的自由与尊严，而与此同时，又发展和维护一种无时无刻不在否定人的自由和尊严的劳动体系。"[2]相形之下，我们更会发现敦煌《放良书》中那发自内心的真诚的可贵，也更加感受到，当个人命运与时代背景联系在一起时，那些能义无反顾地为国赴难的人，即使出身微贱，也足以赢得人们的尊重与崇敬。

［1］ 王爱松：《奴役与保护：西方殖民扩张中的悖论与逻辑》，《国际社会科学》2021年第3期，第132页。

［2］ Kenneth Morgan, *Slavery and Servitude in Colonial North America: A Short History*.New York: New York University Press, 2001, pp.4-5.

死马赋 [1]

燕地冰坚伤冻骨 [3]，胡天霜缩落寒毛 [4]。

愿君回来乡山道 [5]，道傍青青饶美草。

鞭策寻途未敢迷，希君少留养疲老。

君其去去途未穷 [6]，悲鸣羸卧此山中。

桃花零落三春月，桂枝摧折九秋风。

昔日浮光疑曳练 [7]，常时蹑景如流电 [8]。

长楸尘暗形影遥 [9]，上兰日明踪迹遍 [10]。

汉女弹弦怨离别 [11]，楚王兴歌苦征战 [12]。

---

[1] 写卷编号为 P.3619，参考校本：简宗梧、李时铭：《全唐赋》（第二册），台北：里仁书局，2011 年，第 1009—1010 页。原写本作者抄为"刘希移"，"移"当为"夷"之误。此诗仅见于敦煌文献。

[2] 连山：连绵的山脉，如骆宾王《杂曲歌辞·从军中行路难二首》："绝壁千里险，连山四望高。"

[3] 燕地：古燕国所在地，在今北京市房山区附近。此处燕地，概指北方边塞地区。

[4] 胡天：胡人居住之地。霜缩：霜凝。

[5] 乡山：家乡的山，代指故乡。

[6] 去去：远去，远行。

[7] 浮光：本指水面或物体表面反射的光，此指马的移动速度之快如浮光掠影。曳练：铺开的白绢。

[8] 蹑景：亦作"蹑影"，追蹑日影，比喻速度之快。流电：闪电。

[9] 长楸：高大的楸树，因古代常种于道旁，故后借指大路。

[10] 上兰：即上兰观，西汉上林苑内宫观之一，在今陕西省西安市西。此处代指上林苑。

[11] 汉女弹弦：汉女指王昭君。石崇《王明君辞序》："昔公主嫁乌孙，令琵琶马上作乐，以慰道路之思。"

[12] 楚王兴歌：楚王指楚霸王项羽。兴歌：《史记·项羽本纪》："于是项王乃悲歌慷慨，自为诗曰：'力拔山兮气盖世，时不利兮骓不逝。骓不逝兮可奈何，虞兮虞兮奈若何！'"

赤血霑君君不知[1]，白骨辞君君不见。

少年驰射出幽并[2]，高秋摇落重横行[3]。

云中想见游龙影[4]，月下思闻飞鹊声[5]。

千里相思浩如失，一代英雄从此毕。

盐车垂耳不知年[6]，妆楼画眉宁记日[7]。

高门待封杳无期[8]，仙桥题柱即长辞[9]。

---

[1] 霑：同"沾"。

[2] 幽并：幽州和并州的合称，约在今河北、山西北部和内蒙古、辽宁一部分地方。

[3] 高秋摇落：深秋草木凋零。《楚辞·九辨》："悲哉秋之为气也，萧瑟兮草木摇落而变衰。"横行：纵横驰骋，所向无阻，此处代指塞外征战。《史记·季布栾布列传》："上将军樊哙曰：'臣愿得十万众，横行匈奴中。'"

[4] 想见：推想而知。游龙：游动的蛟龙，代指良马。《后汉书·皇后纪上·明德马皇后》："前过濯龙门上，见外家问起居者，车如流水，马如游龙。"

[5] 飞鹊：语出曹操《短歌行》："月明星稀，乌鹊南飞，绕树三匝，何枝可依。"

[6] 盐车：即骥服盐车。西汉·刘向《战国策·楚策四》："夫骥之齿至矣，服盐车而上太行。蹄申膝折，尾沉肤溃，漉汁洒地，白汗交流。"垂耳：两耳下垂，形容驯服的样子。贾谊《吊屈原赋》："腾驾罢牛兮骖蹇驴，骥垂两耳兮服盐车。"故后以盐车垂耳用来形容才华遭到抑制，处境困厄。

[7] 妆楼：指女子的居室。沈佺期《侍宴安乐公主新宅应制》："妆楼翠幌教春住，舞阁金铺借日悬。"画眉：张敞画眉，比喻夫妻恩爱。《汉书·张敞传》："又为妇画眉，长安中传张京兆眉怃。"

[8] 高门待封：用于公高门之典。《汉书·于定国传》："始定国父于公，其闾门坏，父老方共治之。于公谓曰：'少高大闾门，令容驷马高盖车。我治狱多阴德，未尝有所冤，子孙必有兴者。'至定国为丞相，永为御史大夫，封侯传世云。"南梁·刘孝标《辨命论》："且于公高门以待封，严母扫墓以望丧。"

[9] 仙桥题柱：汉时，司马相如离蜀赴长安，曾于成都升仙桥题词，言必致通达之志。《太平御览》卷七十三引晋常璩《华阳国志》："升仙桥在成都县北十里，即司马相如题桥柱曰：'不乘驷马高车，不复过此桥！'"

八骏驰名终已矣^[1]，千金买骨复何时^[2]？

白话译文

　　抬眼四望，连绵的山岭高不可及，优秀的马匹本就是要用来替代君子的辛劳。北方的边地天寒地冻，连冰都变得坚硬无比，竟至能弄伤马骨；胡域的天气万里凝霜，甚至能够冻落马毛。但愿你回到故乡的道路上，路旁长满丰饶美味的青草。挥动着马鞭寻找方向，千万不能迷失了道路，希望你稍作停留，休养一下疲惫衰老的身体。你一去就是千里万里，道路似乎永无尽头，你发出阵阵悲鸣，衰弱地卧于这座山中。美好的春天里桃花却片片零落，秋天的风将桂花树枝根根摧折。过去你的速度如浮光掠影，疑似一匹铺开的白练，常常追蹑日影，快如闪电。长满高大的楸树的道路被扬起的尘土遮蔽了视线，转眼间你的身影已遥不可见；上林苑中阳光明媚，你的足迹无所不至，四下都跑了个遍。最终你像坐在马上弹着琵琶出塞的王昭君那样离别了故园，像楚霸王项羽唱起《垓下歌》，不得不苦苦征战。你的身上沾满了鲜红的血迹，可你一无所知，战友的白骨与你辞别，你也没有看见。意

---

[1]　八骏：传说中周穆王的八匹骏马。《穆天子传》："天子之骏：赤骥、盗骊、白义、逾轮、山子、渠黄、骅骝、绿耳。"另《拾遗记·周穆王》："（穆）王驭八龙之骏：一名绝地，足不践土；二名翻羽，行越飞禽；三名奔霄，夜行万里；四名超影，逐日而行；五名逾辉，毛色炳耀；六名超光，一行十影；七名胜雾，乘云而奔；八名挟翼，身有肉翅。"

[2]　千金买骨：用重价购买千里马的骨头，比喻求贤若渴，重金礼聘人才。典出《战国策·燕策一》："古之君人有以千金求千里马者，三年不能得。涓人言于君曰：'请求之。'君遣之，三月得千里马。马已死，买其首五百金，反以报君。君大怒曰：'所求者生马，安事死马而捐五百金？'涓人对曰：'死马且市之五百金，况生马乎？天下必以王为能市马，马今至矣！'于是，不能期年，千里马者至者三。"

气风发的少年持着弓箭向幽州和并州飞驰，在深秋草木摇荡的季节纵横疆场，一心要杀敌立功。看到白云便想起飞翔的游龙的身影，身在月下便似乎能听到飞鹊择木时发出的啼鸣。对千里之外的家人的思念浩荡无边，心情若有所失，一代英雄就这样结束了生命。空有才华的你身处困厄，浑浑噩噩地不知道过去了多少年，似乎也早已忘记了在家中夫妻恩爱的美好日子。功成名就得封王侯的时间遥遥无期，心怀衣锦还乡的壮志离开家乡，却没想到再也无法回去。即使如周穆王的八匹骏马那样声名远播，到头来还不是消失不见，千金购买良马枯骨的传说何时还会再现？

品　读

　　公元 679 年左右的一个春天，洛阳街道上的桃花片片随风飘落，落在一个不到三十岁的姿容秀美的年轻人的眼前，他即景生情，吟出这样的诗句："今年花落颜色改，明年花开复谁在？"随后他觉得这两句诗给他一些不祥的预感，便想重吟一联取代它们，结果吟出的是："年年岁岁花相似，岁岁年年人不同。"这两句诗再次让他觉得不祥，但他转念一想，死生有命，哪里会因为一两句诗而改变，于是把这两联都保留了下来。这位年轻人名叫刘希夷，他的舅舅是大名鼎鼎的宋之问。相传宋之问特别喜爱"年年岁岁花相似"这一联诗，恳求刘希夷将这两句算在自己的名下，刘希夷先是答应了，但因为自己也很喜欢这两句，因而最终反悔，宋之问由此对他怀恨在心，找个借口把他害死了，时间距他写下这首《代悲白头翁》诗不到一年，诗句带给刘希夷的不祥预感，也就是所谓的诗谶，变成了现实。且不论这件事是真是假，刘希夷诗歌对于生命无常的慨叹却真实地打动了每一个读者的心。于是人们忍不住想去看看他写的其他诗作，结果发现，无论是他的《北邙篇》，还是他的《春女行》，以及其他诸多作品，都具有一种哀苦伤感的情调，与他英年早逝的命运似相印证。《全唐诗》中存有他的一卷诗，里面并没有我们今天读到的这首《死马赋》，说明它是刘希夷的一篇亡佚的作品，幸赖敦煌文献的出土而重见天日。读罢《死马赋》，我们会不由感叹：它不愧是刘希夷的作品。

这首诗虽题为赋，却用的是七言歌行的体式，代表了当时诗赋合流的情况。[1]它以死马为题，取材便与众不同。人们想到马，总会联想到龙马精神这个成语，它给人一种精神抖擞、意气风发之感，而且古代诗人也写下了大量有关马的诗篇，总体上都有种昂扬奋发的基调。如曹植的《白马篇》："白马饰金羁，连翩西北驰。借问谁家子，幽并游侠儿。少小去乡邑，扬声沙漠垂。"写北方边塞的"游侠儿"骑着威风凛凛的白马征战沙场的英姿。"羽檄从北来，厉马登高堤。长驱蹈匈奴，左顾凌鲜卑。弃身锋刃端，性命安可怀？"写他们纵横疆场，以身报国的精神面貌。结句"捐躯赴国难，视死忽如归"则流露出大无畏的英雄气概。杜甫写马："胡马大宛名，锋棱瘦骨成。竹批双耳峻，风入四蹄轻。所向无空阔，真堪托死生。骁腾有如此，万里可横行。"（《房兵曹胡马诗》）风格超迈遒劲，有种将生命充分信任地交托给这匹神清骨峻的千里马，与之共同驰骋风云的精神气质。可是，刘希夷偏偏以死马为题，这就意味着这种奋发驰骋的终止，哀伤的情绪在人们还没有仔细品读作品时已经弥漫开来。

赋的起笔两句"连山四望何高高，良马本代君子劳"是种电

[1]　叶汝骏：《文类越界与诗赋合流——敦煌写本刘希夷〈死马赋〉艺术甄微》，《中国韵文学刊》2019年第4期。

影镜头式的画面：先是远景，群山连绵，巍峨高耸，然后镜头缓缓拉近，原来这景致出自一匹马的眼睛，然后镜头再次拉远，形成山之高与马之小的对比，从而令人生出一种马匹既孤独又坚定的感受。但作者是在单纯表现马吗？显然不是，一句"良马本代君子劳"点出作者的真实动机：马与将士是一体的，它为将士分担劳苦，与将士一起冲锋陷阵，也是将士在作战间隙的精神陪伴，这正是杜甫所说的"所向无空阔，真堪托死生"。所以以下的每一句诗，都既是在说马，也是在说人，是作者将人的思想情感融入马的心路历程的特殊表现手法，也因此，作者在说到马时，都是以"君"这一尊称相称。在这篇作品里，人与马是不可分的。

"燕地冰坚伤冻骨，胡天霜缩落寒毛"一联写北地生活的艰苦。燕地在古代是北方边塞的代称，对比中原和江南的温和气候，寒冷是它最突出的特点之一。明袁宏道曾在这里写下了著名的《满井游记》："燕地寒，花朝节后，余寒犹厉。冻风时作，作则飞沙走砾，局促一室之内，欲出不得。每冒风驰行，未百步辄返。"袁宏道写下的是一个普通游客在燕地的感受。虽然时间已在花朝节后，也就是进入仲春之后，可天气还是那么寒冷，风还是那么凛冽，让人无法迈出门去。《死马赋》写的更是严冬时的燕地，它的冰是岑参在《白雪歌》中所说的那种"瀚海阑干百丈冰"，因而极其坚硬，碰上它，会让本已寒彻骨髓的身体遭受二次伤害，它的霜雪，较岑参在《走马川行》中所说的"马毛带雪汗气蒸，五花连钱旋作冰"更加厉害，因为它甚至能把马毛从马的身体上剥离。这寒冷给人极大的痛楚，可是，马，还有骑在它身上的将士，依旧不得不在这酷寒之中坚守阵地，或是出生入死地战斗。所以作者忍不住说："愿君回来乡山道，道傍青青饶美草。"同一个时间，家乡是多么温暖啊，没有铺天盖地的风雪，没有剑拔弩张的对峙，有的是一眼望不到头的青青绿草，有的是自由自在的闲情逸志。这种对比，愈发显示出在边地生活的举步维艰。"鞭策寻途未敢迷，希君少留养疲老"也是对比。虽则老马识途，但将士依然不敢放松警惕，时时鞭策着它，在边地那陌生而险衅的环境中寻找着正确的方向。可是将士又是心疼它的，他多么希望能稍微休息一下，让坐骑疲弱的身体得到片刻的将养，也让自己稍稍放松一下紧绷的神经。"愿君""希君"都代表了善良的祝愿与同情，它们往往与现实形成了巨大的反差。

"君其去去途未穷，悲鸣羸卧此山中"便是现实。疲惫的马儿不但不能稍事休息，反而不得不越走越远，似乎道路永无止境，精疲力竭之下，它终于在这群山的环抱之中倒下了，发出临死前的哀鸣。"桃花零落三春月，桂枝摧折九秋风"两句最令人哀伤。桃花本该在三春时节盛放，以其夭夭之态冶笑于春风之中，桂树本该在金秋时节开花，以其木犀的暗香夺得"花中第一流"的美誉，可是，在于它们而言最美好的季节里，它们却香消玉殒，零落摧折了。它们代表了年轻的生命，这生命属于马，也属于骑马的人。于是再回看马儿临死前的悲鸣，它不但代表了对生命的留恋，也代表了不甘，为它的出师未捷身先死，也为它天不假年的英年早逝。作者不愧是写出"年年岁岁花相似，岁岁年年人不同"的刘希夷，他对生命无常的感悟总是与自然界中花草的盛衰联系在一起，就像在这两句诗里，他仿佛不忍直接讲述马的死去，而只以花草无端的零落来加以暗示，让读者感受到他内心的柔软，却因之发现自己的内心也在随之感到隐隐的痛楚。

"昔日浮光疑曳练"以下四句是马在即将离世时对曾经的美好岁月的回忆。它曾经是多么意气风发与肆意率性。它的速度惊人：如浮光掠影，人们仿佛只看到闪着丝光的白练在眼前一闪而过；如电光火石，追逐太阳才是它普普通通的日常。与这速度相伴的，是翩若惊鸿的潇洒，是矫若游龙的自由。它曾在两边长满高大的楸树的长街上飞奔而去，只留下飞扬的尘土与隐约的身影；它曾在上林苑的阳光下纵横驰骋，就没有它未曾到过的地方。它在这样的奔跑中只会感到欢乐，仿佛浑身有使不完的劲儿，令人想及敦煌《渥洼池天马咏》中的天马："花里牵丝去，云间曳练来。腾骧走天阙，灭没下章台。"只是，这种美好是那么短暂，就仿佛做梦一般，梦醒之后，面对的现实是："汉女弹弦怨离别，楚王兴歌苦征战。"这两句点出战马出征的背景：与匈奴的战争。"汉女弹弦"用王昭君出塞之典，即石崇《王明君辞序》所说的"昔公主嫁乌孙，令琵琶马上作乐，以慰道路之思"，指出面对匈奴的压迫，汉王朝不得不以和亲来加以绥靖，但显然并没有达到目的；"楚王"之典则以项羽高唱《垓下歌》来表现战争的惨烈与"时不利兮骓不逝"的无奈。这两句还表明了将士离开家乡奔赴边塞作战的事实，另外还非常巧妙地将马也隐藏其间。"赤血露君君不知，白骨辞君君不见"描写了战争的残酷以及沙场新锐浴血奋战的进取精神。初生牛犊不怕虎，战场上的腥风血雨似乎让骑在马上的将士愈加兴奋，他看不到马身上沾染的鲜血，也对不到阵亡的战友那曾依依不舍的眼神，一心只想奋勇争先，因为"少年驰射出幽并，高秋摇落重横行"才是他的本色。大汉将军樊哙的一句"臣愿得十万众，横行匈奴中"（《史记·季布栾布列传》）是多少梦想建功立业的青年人的座右铭，"男儿本自重横行"（高适《燕歌行》）成为了这些天之骄子的高亢口号。因而当战火于深秋之际燃起之时，他们立即付诸行动，挎弓箭，骑战马，风驰电掣地出征幽燕，志在一举击破敌人。"云中想见游龙影，月下思闻飞鹊声"则是他们的精神状态。在这些少年人看来，功名唾手可得，于百万军中取上将首级如探囊取物般简单，望见白云，便想象自己飞入天际、为世人所仰望的游龙般的身姿，看到飞鹊，便想起曹操《短歌行》中"月明星稀，乌鹊南飞，绕树三匝，何枝可依"的感叹，自觉选择了明主，这位明主一定能认可自己的功勋。

理想是丰满的，现实却很骨感，"千里相思浩如失，一代英雄从此毕"，在对家人的无限思念之中，曾经意气风发的少年人与其战马一起死于沙场。如果这时他还有力气再次望向空中的白云，不知是否还能看到游龙的身影？不过，此时的他怕是早已经放下了欲事明主的自我，心中奔涌的只有对千里之外的妻子的思念和愧疚之情，这种感情，在后来的李白的《长相思》中得到了表达："长相思，在长安。络纬秋啼金井阑，微霜凄凄簟色寒。孤灯不明思欲绝，卷帷望月空长叹。美人如花隔云端。上有青冥之长天，下有渌水之波澜。天长路远魂飞苦，梦魂不到关山难。长相思，摧心肝。"战马已死，英雄落幕，不知留下了多少遗憾。他遗憾的是，"盐车垂耳不知年"，明明是"竹批双耳峻""所向无空阔"的千里马，却不得不委曲求全地垂下双耳，拉起沉重的盐车，任人随意驱使，就这样度过了不知多少年。这个典故出自《战国策·楚策》，记录了暮年的千里马拉盐车上太行的种种困厄与苦难，"伯乐遇之，下车攀而哭之，解麻衣以幂（遮盖）之。骥（千里马）于是俯而喷，仰而鸣，声达于天"。但拉盐车的千里马尚有伯乐为之一哭，而战死沙场的无名英雄又有谁会纪念呢？他遗憾的是，"妆楼画眉宁记日"，辜负了夫妻的恩爱，像张敞那样在妆楼之上为妻子画眉的情形早已埋藏在了记忆深处，而更可怕的是，"可怜无定河边骨，犹是春闺梦里人"（陈陶《陇西行四首》其二）。他遗憾的是，"高门待封杳无期，仙桥题柱即长辞"。高门待封，用的是于公高门之典。《汉书·于定国传》记，于定国的父亲于公，因自己为官公正，从未制造过冤狱，所以认定自己的子孙会得到封侯的回报，故在修闾门之时，让人"少高大闾门，令容驷马高盖车"，后来于定国果然当了丞相，封侯传世。仙桥题柱则用的是司马相如题桥之典。司马相如离蜀前往长安时，曾于成都升仙桥题词言："不乘驷马高车，不复过此桥！"（《太平御览》卷七十三引晋·常璩《华阳国志》）后司马相如果衣锦还乡。但是与典故中的主人公们相比，《死马赋》中的英雄却封侯无期，富贵无望，像他的马一样，默默无闻地阖上了双眼。对此，作者只能感叹一句："八骏驰名终已矣，千金买骨复何时？"即使载着周穆王西行昆仑山与西王母会饮的八骏也终有一死，传说中以重金购买千里马的尸骨的做法怕是再也不会有了吧？这是有多么不甘，才会在最后仍然要说出这不抱希望的希望！作品到此收住，将死马和他主人的遗憾留给了读者。

总结来看，《死马赋》有以下几个特点。首先是托物言志。《死马赋》以死马为描写对象，却是"良马本代君子劳"，句句关涉"君子"，也即塞外征战的将士。作者在写马时，常常将人代入其中，特别是在"少年驰射出幽并"这一句后，人直接替代了马，诗句中也经常出现马与人的交替，例如"盐车垂耳不知年，妆楼画眉宁记日"，上句是马的典故，下句是张敞画眉的典故；"高门待封杳无期，仙桥题柱即长辞"，上句多少与马有关，下句则全从人的角度出发了。所以作品中的马就是人，人就是马，它既是对死于沙场的马的哀悼，也是对战死沙场的将士的祭奠。其次，《死马赋》中的对比描写特别突出。"燕地冰坚伤冻骨，胡天霜缩落寒毛"与"愿君回来乡山道，道傍青青饶美草"是边地与中原气候与物象的对比，以此来突出边塞生活的艰苦，也进而体现了人与马的坚毅与勇敢；"桃花零落三春月，桂枝摧折九秋风"是春秋景色的对比，衬托出人与马在年富力强时就告别人世的不合理与不应当，更让人生出愤郁不平之气；"君其去去途未穷，悲鸣赢卧此山中"与"昔日浮光疑曳练"几句是今与昔的对比，以青春年少时的意气风发来反照久经沙场后的疲弱衰惫，无奈与不甘的情绪溢于言表。相应地，作品中对仗的句子也特别多，除了以上已经提及的外，"长楸尘暗形影遥，上兰日明踪迹遍""云中想见游龙影，月下思闻飞鹊声"以及最后六句三联等，对仗都较为工稳。这对于一篇对对仗没有要求的赋或者歌行体诗歌而言，尤能突显作者的文字驾驭能力。再次，作品善用典故。"汉女弹弦怨离别，楚王兴歌苦征战"用王昭君和项羽之典，既写出了战争的背景，又写出了将士从征的迫不得已，以及边塞作战的艰苦卓绝；"少年驰射出幽并，高秋摇落重横行"用樊哙"横行匈奴中"之典，写出了少年将士的雄心壮志与乐观精神；"月下思闻飞鹊声"用曹操《短歌行》中良禽择木之典，突出将士得遇明主的希求；"盐车垂耳不知年"用千里马在衰老后被迫驮盐上太行的典故，写出英雄末路的无奈；"妆楼画眉宁记日"用张敞画眉的典故，表现对夫妻恩爱的过往的怀念；"高门待封杳无期，仙桥题柱即长辞"分别用于公高门和相如题桥两个典故，写出将士出师未捷身先死的遗憾；"八骏驰名终已矣，千金买骨复何时"又用了周穆王八骏与郭隗为燕昭王讲述的重金买马骨的典故，一方面自我安慰，一方面又保留了渺茫的希望。最后，这篇作品的用韵方式也较为特别，全篇三十二句较为平均地分叶七部韵：最前面的四句为第一部，叶平声豪韵（高、劳、毛）；接下来的四句为第二部，叶上声皓韵（道、草、老）；再后的四句为第三部，叶平声东韵（穷、中、风）；第四部比较特殊，由八句构成，叶去声霰韵（练、电、遍、战、见），然后又是第五部的四句，叶平声庚韵（并、行、声）；第六部的四句叶入声质韵（失、毕、日）；最后一部的四句叶平声支韵（期、辞、时）。前三部与末三部皆是四句一转，正中间的第四部是八句一转，且除第四部后半外每一部四句中皆是第三句不用韵。这种用韵方式，既可以用叶韵的不同来划分不同的段落内容，使读者较为清楚作者的思路，也使得这篇赋作具有歌行体所特有的抑扬顿挫的律动，声调流利可歌，使读者能够得到阅读的快感。

最后要说的是，这篇作品里多少也有点作者自己的影子。《唐才子传》卷一记刘希夷"美姿容，好谈笑，善弹琵琶，饮酒至数斗不醉"，且二十五岁就中了进士，这样的人无论从哪个角度看，都应当是众所瞩目的焦点，《死马赋》中"云中想见游龙影"云云，当是他年少时的自我写照。但是，他"苦篇咏，特善闺帷之作，词情哀怨，多依古调，体势与时不合，遂不为所重"，可见他有些特立独行，在宫体诗大为流行的初唐时期，显得与潮流格格不入，因此并没有受到人们的重视。《唐才子传》评价说："希夷天赋俊爽，才情如此，想其事业勋名，何所不至，孰谓奇蹇之运，遭逢恶人，寸禄不沾，长怀顿挫，斯才高而见忌者也。"了解了这些，再来读《死马赋》，看到"高门待封杳无期，仙桥题柱即长辞"的叹惜，便不难理解作者写此赋时的心情了。刘希夷不到三十岁即被害而死，与"桃花零落三春月，桂枝摧折九秋风"的死马的命运也多少有些相似。如果说，在刘希夷看来，"年年岁岁花相似，岁岁年年人不同"是种诗谶的话，那么《死马赋》简直就是他写给自己的挽歌了。

祭驴文[1]

□□□□□山馆里为觅（中缺）或醉归而冲夜[2]，亦遣人□□□□□也曾骑汝而□□□□也曾徒步以空驱，也曾深泥里陷倒，也曾跳沟时扑落[3]。吾忆得昔太行山上，一场差样[4]：天色莽莽荡荡[5]，路遥硗硗礐礐[6]，碎石里欲倒不倒，悬崖处踉踉跄跄。投至下得山来，直得魂飞胆丧[7]。又忆得向阳（扬）子江边，不肯上船。千推万扡，向后向前，两耳卓朔[8]，四蹄拳挛[9]。教人随后行棓[10]，吾乃向前自牵。烂缰绳一拽拽断，穷醋大一闪闪翻[11]。踏碎艎板[12]，筑损船舷[13]，蘸湿鞋底，呰破衫肩[14]。更被傍人大笑，弄却多小（少）酸寒。

---

[1]　写卷编号为 S.1477。此据原卷并参考柴剑虹（《敦煌写本中的愤世嫉俗之文——以 S.1477〈祭驴文〉为例》，《敦煌研究》2004 年第 1 期，第 59—60 页）及董志翘（《一生蹭蹬谁人闻，聊借"祭驴"泄怨愤——从敦煌写本〈祭驴文〉谈起》，《古籍整理研究学刊》2009 年第 1 期，第 58—59 页）录文抄录。

[2]　冲夜：犯夜，违反宵禁规定。

[3]　扑落：落下，跌倒。

[4]　差样：异常情况。

[5]　莽莽荡荡：苍茫迷离的样子。

[6]　硗硗（qiāo qiāo）：隆起突出的样子。礐礐（xué xué）：山上石头很多的样子。

[7]　直得：只有，必须。

[8]　卓朔：直竖。

[9]　拳挛：肢体屈曲，不能伸直。

[10]　棓：古同"棒"，棒子。

[11]　醋大：亦作"措大"，代指贫寒的读书人。

[12]　艎板：船面上的铺板。

[13]　筑损：触损，撞坏。

[14]　呰（cī）破：扯破。

吾乃私心有约，报汝勤恪[1]：待吾立功立事[2]，有官有爵，虽然好马到来，也不牵汝卖却。遣汝向朱门里出入[3]，瓦宅里跳跃[4]；更拟别买诸皮[5]，换却朽烂绳索，觅新鞍子以备，求好笼头与著。准拟同受荣华[6]，岂料中途疾作[7]！

呜呼！道路茫茫，赖汝相将[8]。疲羸若此[9]，行李交妨[10]。肋底气胁胁[11]，眼〔□〕（中）泪汪汪。草虽嫩而不食，豆虽多而不尝。小童子凌晨报来，道汝昨夜身亡。汝虽殒蹷[12]，吾亦悲伤。数年南北，同受恓惶[13]，筋疲力尽，冒雪冲霜。今则长辞木橙[14]，永别麻缰[15]。破笼头抛在墙边，任从风雨；鞦鞍子弃于槽下[16]，更不形相[17]。念汝畜类之中，实堪惊讶。生不逢时，来于吾舍。在家时则小刨小刷[18]，趁程时则

---

[1] 勤恪（kè）：勤勉恭谨。
[2] 立功立事：建立功勋和事业。语出［南朝·梁］丘迟《与陈伯之书》："立功立事，开国称孤。"
[3] 朱门：古代王侯贵族的府第大门通常漆成红色，以示尊贵，后泛指富贵人家。
[4] 瓦宅：意同"朱门"。
[5] 诸皮：柴剑虹录文抄作"猪皮"。
[6] 准拟：打算。
[7] 疾作：生病。
[8] 相将：相随，相伴。
[9] 疲羸：疲困劳乏。
[10] 行李：旅程，行程。交妨：甚有妨碍。
[11] 胁胁：通"翕翕"，一开一合的样子。
[12] 殒蹷：死，死亡。
[13] 恓惶：忙碌不安或悲伤的样子。
[14] 橙：当作"镫"，指挂在鞍两边的脚踏。
[15] 麻缰：麻制的缰绳。
[16] 鞦鞍子：蒙有皮革的鞍子。
[17] 形相：端详，细看。
[18] 小刨小刷：很少刮擦、刷拭。

连明至夜[1]。胡不生于王武子之时，必爱能鸣[2]；胡不生于汉灵帝之时，定将充驾[3]；胡不如卫懿公之鹤，犹得乘轩[4]；胡不如曹不兴之蝇，尚蒙图写[5]。若比为龙被醢[6]，为龟被刳[7]，为蛇受戮，为马遭屠，尚得卒于槽下，念汝必保微躯。《书》云：弊盖弗弃，为埋马也；弊帷弗弃，为埋狗也。[8]书既不载埋驴，途乃付于屠者。

汝若来生作人，还来近我。若更为驴，莫驮醋大。出门则路即千里万里，程粮贱无十个五个[9]。向屋檐下寄宿，破箩里盛剉[10]，猛雪里虽行[11]，深泥里虽过。爱把借人，更将牵磨[12]。只解向汝背上吟诗，都不管

---

[1]　趁程：赶路。

[2]　王武子：指西晋王济。必爱能鸣：典出《晋书·王浑传附子济传》，言王济死后，孙楚前来吊唁，"哭毕，向灵床曰：'卿常好我作驴鸣，我为卿之。'体似真声，宾客皆笑。楚顾曰：'诸君不死，而令王济死乎？'"

[3]　定将充驾：一定会用来充当座驾。典出《后汉书·五行志一》："灵帝于宫中西园驾四白驴，躬自操辔，驰驱周旋，以为大乐。于是公卿贵戚转相放效，至乘辎以为骑从，互相侵夺，贾与马齐。"

[4]　卫懿公：名赤，春秋时期卫惠公之子，嗜好养鹤。乘轩：乘车。典出《左传·闵公二年》："冬，十二月，狄人伐卫。卫懿公好鹤，鹤有乘轩者。将战，国人受甲者皆曰：'使鹤！鹤实有禄位，余焉能战？'"

[5]　曹不兴：亦名弗兴，三国时著名画家。图写：描绘。典出《三国志·吴书·陆达传》注引《吴录》："曹不兴善画，权使画屏风，误落笔点素，因就以作蝇。既进御，权以为生蝇，举手弹之。"

[6]　醢（hǎi）：制成肉酱。

[7]　刳（kū）：从中间剖开再挖空。

[8]　弊盖：坏掉的车篷；弗弃：不丢弃；弊帷：坏掉的帷幄。典出《礼记·檀弓下》："仲尼之畜狗死，使子贡埋之，曰：'吾闻之，敝帷不弃，为埋马也。敝盖不弃，为埋狗也。丘也贫，无盖，于其封也，亦予之席，毋使其首陷焉。'"

[9]　程粮：旅途所需的粮食。贱：当作"钱"。

[10]　剉：饲料。

[11]　虽：通"须"，必须。下文"深泥里虽过""打球力虽摊"中之"虽"均同此。

[12]　牵磨：拉磨。

259

汝肠中饥饿。教汝托生之处，凡有数般[1]：莫生官人家，轭驮入长安[2]。莫生军将家，打球力虽摊[3]。莫生陆脚家[4]，终日受皮鞭。莫生和尚家，道汝罪弥天。愿汝生于田舍家[5]，且得共男女一般看[6]。

白话译文

（残缺处略）也曾经我自己走路，让你不驮人而前行，也曾经深深地陷入泥淖之中，也曾经在跳跃沟渠时摔倒。记得我们曾经走在太行山上，遇到一次异常的情况：天色迷离苍茫，道路崎岖坎坷，山上遍布石头，我们在碎石堆中趔趔趄趄，在悬崖之上踉踉跄跄。一直到终于下得山来，还感魂飞魄散，丧胆惊心。我还能回忆起，在扬子江边时，你怎么都不肯上船。我对你又是推，又是托，你一会儿向后，一会儿向前，两只耳朵直竖，四只蹄子蜷曲。于是我让别人在后面用棒子赶你，我自己则在前面牵你。结果烂缰绳一拽就断，把我这穷书生一下子跌翻。你踏碎了船上的铺板，撞坏了船舷，我则弄湿了鞋底，扯破了肩头的衣衫。还被旁边的人大声嘲笑，搞得真是无比寒酸。

我在心底里与你约定，要报答你的恭谨勤勉：等到我功成名就，取得高官厚禄，那时虽然我会拥有良马，也不会把你牵去卖掉。

[1] 数般：几种情况。
[2] 轭：驾车时搁在拉车的牲畜颈上的曲木，此处指套上轭。驮：负载。
[3] 摊：通"瘫"，疲乏，气力用尽。《玉篇·疒部》："瘫，力极也。"
[4] 陆脚：脚指脚夫，陆脚指专门在陆路替人递送书信、搬运物品的脚夫。
[5] 田舍家：原文作"田舍汝家"，汝字衍。田舍家：农家。
[6] 男女：儿女。

我要让你在富贵人家进进出出，在豪门大宅中跳来跃去。我还打算给你购买各种皮料，把已经腐朽烂掉的绳索全都换掉，还要找来新的鞍子给你备上，寻求好的笼头为你戴好。我本打算与你共享荣华富贵，哪料到你在半路上疾病发作！

哎呀呀！道路还那么漫长，我要靠你相伴而往。可你疲惫衰弱到了这种地步，我们的行程变得举步维艰。你胸肋底下气息难畅，眼睛里泪水汪汪。青草虽然鲜嫩，你却一口也吃不下去；豆子虽然很多，你却连尝也不尝。小童子凌晨时分来向我报告，说你昨天夜里已经身亡。你就这样一命呜呼，我则不能不感到悲伤。回想我们数年来一同南北奔波，一同感受着人世的恓恓惶惶，一同变得筋疲力尽，一同迎风冒雪，不畏寒霜。现在你永远告别了木制的脚蹬，再也不用套上那麻编的缰绳。破旧的笼头被抛在墙边，任由风吹雨打；蒙了皮子的鞍子被弃于食槽之下，没有人再去仔细端详。想起来你在牲畜之中，也确实令人惊讶。你生不逢时，偏来到我的家中。在家时我也没怎么为你刷洗，赶路时却让你日以继夜。你为什么不生在王武子的时代，若那样一定有人喜爱你的叫声；你为什么不生于汉灵帝的时候，若那样你一定会成为皇帝的座驾；你为什么不如卫懿公的仙鹤，若那样你还可以乘坐高大的马车；你为什么不如曹不兴笔下的苍蝇，若那样你还能得到画家的垂青。哪怕你像龙被制成肉酱，像龟被剖开挖空，像蛇遭到杀戮，像马被人屠宰，毕竟还能死在食槽之下，想来你小小的身躯必能得以保全。经书有云：破旧的车篷不要丢弃掉，可用它来埋葬马匹；破旧的帷幄不要丢弃掉，可用它来埋葬死狗。经书上既然没有记载埋驴的事情，于是我便在途中把你交给了屠夫。

你如果来世生而为人，请你还是要来与我亲近。如果你再次托生为驴，千万别再驮一个穷酸的书生。那样你一出门就得走千里万里，而旅途所需的粮食却少得极其可怜。要在别人的屋檐下寄宿，饲料则盛在破旧的箩中。即使大雪铺天盖地，你也必须努力前行，即使道路泥泞不堪，你也必须费力通过。他还喜欢把你借于他人，还会让人把你牵去拉磨。他只知道骑在你的背上吟诗，完全不管你饥饿难耐、肚里空空。你如果将来托生，要想想以下几种情形：不要生在当官的人家，那样你就得套上车辖，驮着东西迈步走向长安。不要生在行武的人家，那样你就得被他们骑在身下打球，用尽全身的气力。不要生在替人搬运东西的脚夫人家，那样你终日都会受到皮鞭的鞭打。不要生在做和尚的人家，那样他会说你是因犯下弥天大罪而受到了惩罚。希望你托生在种田的农人家中，那样他们会把你当作自己的儿女一样看待。

品　读

　　这是一篇穷酸的读书人在与自己相依为命的驴子死后，写给它的祭奠文章。可以说，这是一篇奇文，因为作者并非仅仅将驴当作自己的坐骑来写，而是全篇以"汝"称驴，仿佛驴的灵魂正以朋友和知己的姿态站在他的面前，倾听着他的诉说，而他也将自己的全部情感都交付给了这头死去的驴，驴似乎成了他的一面镜子，他在驴的身上，看到了自己。

　　作者首先回忆了他与驴曾经走过的道路以及道路上的种种坎坷，还特别记述了在太行山和扬子江的两次或危险或丢脸的经历，以此来表现人与驴之间的情感联系之密切。接着他许下诺言，"待吾立功立事，有官有爵，虽然好马到来，也不牵汝卖却"，而且要给驴马换上新的装备，让它出入高门，与自己"同受荣华"。

可没想到的是，驴因为积劳成疾，病死在路上。作者在悲伤之余，为驴生在自己家里感到抱歉，因为他没能为它提供好的生活，反而要骑着它夜以继日地赶路。由此，他为驴鸣不平，还举出历史上几个驴和其他动物得到宠遇或推崇的事例，以说明驴的生不逢时。祭文最后一部分，是作者对驴提出的忠告：一是不要再生于自己这样的穷书生家，否则还要继续过苦日子；再则是不要托生于官人家、军将家、替人搬运货物的陆脚家以及将对它进行精神虐待的和尚家，因为那样驴都会受到折磨和压榨。驴最好的命运是托生在田舍家，因为只有善良的农人会把驴当作自己的儿女一样看待。祭文就在这样的殷切嘱咐中结束了，却留给我们很多的不同于读其他文章时的感受。

这篇祭文的行文方式与同类祭文有所不同。除《祭驴文》外，敦煌文献中还存有一些祭祀其他家畜的文书，它们多与佛教的斋会、发愿等有关。如 P.2940《斋琬文一卷》中，列出十类佛教斋愿文，其中第十类为"祐诸畜"，下列"放生""赎生""马死""牛死""驼死""驴死""羊死""犬死""猪死"等条目，可惜此卷残缺，不得见其具体样文。但 S.5637 的祭祀范文集中，留有对马、牛、犬的祭祀范文。如牛：

厥今座前斋主，捧炉启愿所申意者。伏□书大收养之畜，用以代劳，近有一牛遇病殒没之福会也。其牛乃形色殊绝，力用超伦。擎丹毂以雷奔，控梅轩而风跃；蹒危途而往复，驭澡辙以途安。入谷据坂之功，登山足降峰之力；包（刨）野尘而穴地，吼川响以惊天。驰轹居百乘之前，在牧为万群之首。岂直穿衣藻咏，叩角兴歌；履水为江，沾泾成雨。忽以力疲金轭，气绝雕辕。形销汉主之筵，影灭齐军之阵。田单之下，长无热（爇）尾之劳；何敬家中，永绝争桥之用。故以农功虽毕，肇牵之路阙如；物化已彰，河汉之涯沉影。所以设斋轸悼，愿托人形，功德备修，转生天道云云。[1]

结合 S.5637 的几篇祭畜范文，我们大体可以看出祭畜文的格式：先是畜主人以斋主身份表明举办法会是为了死畜设斋祈愿，然后对死去之畜加以表彰，言其作为马、牛或犬的特长，再叹惜它的死亡，最后祝愿它来世托生为人，或是转生天道等。乍一看，《祭驴文》似也遵从了这样的格式，从驴的生平写到它的死亡再写到对它来世的祝愿，但细看时，却发现其中大有不同，而最大的不同，在于人畜间的情感表达的不同。S.5637《祭马文》中写到马与主人的关系，只有一句"恋主比于贤良，识恩同于义公"；《祭犬文》中写犬与主人的关系，只有"犬乃知恩恋主，晓夕卫于门庭；识辨亲疏，出入防于内外"两句，且这两文都只是泛泛而论，没有任何真情实感的传达，而《祭牛文》中甚至没有描写牛与主人间的情感联系。《祭驴文》却将主人与驴的情感关联放在了首位来写。

祭文前段文字残缺较甚，但根据其只字片语大概能推想出驴与主人深厚的渊源。如"山馆里为觅"几字，很可能是在诉说在山间游历时寻找投宿之处的经历。杜甫有《山馆》诗云："南国昼多雾，北风天正寒。路危行木杪，身远宿云端。山鬼吹灯灭，厨人语夜阑。鸡鸣问前馆，世乱敢求安。"宋代余靖亦有《山馆》诗写山间投宿所见景致。这种于穷途末路之时觅食求馆的经历，

---

[1]　黄征、吴伟：《敦煌愿文集》，长沙：岳麓书社，1995 年，第 242 页。

无疑会加深人与驴之间的羁绊。"醉归而冲夜"则写城市街道上的违禁行为，"冲夜"即犯夜。中国古代历朝都有宵禁的规定，唐朝尤其严格，如《唐律疏议》卷二十六《杂律》："诸犯夜者，笞二十；有故者，不坐。闭门鼓后、开门鼓前行者，皆为犯夜。"《祭驴文》的作者显然有些文人的疏狂劲儿，在喝醉了酒后不免无视规矩，很有可能曾因此被巡夜的人拉下驴背，直打得皮开肉绽。当这种情况发生时，能够陪在他身边的，也只有他的驴子。至于"也曾徒步以空驱，也曾深泥里陷倒，也曾跳沟时扑落"等，写的是路途之上的种种狼狈，都是人与驴共同的经历。作者还着重写了两件特别难忘的事。一件发生在他骑驴上太行山时。太行山道路险峻，曹操《苦寒行》云："北上太行山，艰哉何巍巍！羊肠坂诘屈，车轮为之摧。树木何萧瑟，北风声正悲。熊罴对我蹲，虎豹夹路啼。溪谷少人民，雪落何霏霏！"在曹操笔下，太行山巍峨峥嵘，人烟稀少，气候寒冷，羊肠小道会让车轮摧折，还会有熊罴虎豹拦路，真是寸步难行。本来以为这只是诗人的夸张，但《祭驴文》中"天色莽莽荡荡，路遥磽磽罟罟，碎石里欲倒不倒，悬崖处踉踉跄跄。投至下得山来，直得魂飞胆丧"的描写，不仅证实了曹操的话，且实际的情况似乎更加糟糕：一是天色已晚，看不清道路；二是山间道路高低不平，又有许多碎石，走起来一步一个趔趄；三是到处都是悬崖峭壁，一不留神就会堕入万丈深渊。这也就无怪作者说等到下山之后，还惊魂未定。经过这趟命悬一线的旅行，人与驴无疑会变得更加休戚与共。不同于太行山上的危险，作者另一次特别难忘的经历是在扬子江边。当时他与驴要乘船渡江，但无论他怎么折腾，驴就是不肯上船，而且紧张得两耳直竖，四蹄瘫软，他只好自己跑到前面去牵驴，结果"烂缰绳一拽拽断，穷醋大一闪闪翻"，自己跌了个大跟头，场面令人忍俊不禁。好容易上了船之后，驴又跌跌撞撞地踏碎了船上的铺板，撞损了船舷，作者因之弄湿了鞋底，撕破了衣衫，"更被傍人大笑，弄却多少酸寒"。我们似乎可以看到他在众人的笑声中讪讪地缩在驴的身边那困窘至极的样子。总之，无论作者在遇到困厄、艰难、恐惧、尴尬等种种不堪时，都是驴陪在他的身边，所谓患难见真情，由此可见祭文作者与驴之间有着生死与共的深厚情谊。

祭文作者与驴之间的情感，也体现在他内心里对驴许下的"同受荣华"的诺言中。"吾乃私心有约，报汝勤恪：待吾立功立事，有官有爵，虽然好马到来，也不牵汝卖却。"很显然，祭文作者是个骑着驴四处求取功名的潦倒文人，在他的想象中，一旦他能考取功名，获得官职，便可以骑上高头大马，耀武扬威，正所谓"春风得意马蹄疾，一日看尽长安花"（孟郊《登科后》）。但是，困苦时相依为命，富贵后共享荣华，才最能体现情感之深厚，一句"虽然好马到来，也不牵汝卖却"，既有着"苟富贵，勿相忘"的期许，同时又讽刺了多少过河拆桥、背情弃义之人。"遣汝向朱门里出入，瓦宅里跳跃；更拟别买诸皮，换却朽烂绳索，觅新鞍子以备，求好笼头与著"的许诺是未来对驴苦尽甘来的补偿，也衬托出主人现在的潦倒穷困，他的承诺是否有实现的一天未为可知，但他的真心实意却是无可怀疑的。

祭文作者与驴之间的情感，还体现在作者对驴的体恤与愧疚中。作者描写驴在临死之际，"肋底气胁胁，眼中泪汪汪"，似乎读懂了驴的情感：它对主人也有无限的不舍与放心不下。这样的心有灵犀发生在人与畜之间，似乎更加珍贵。作者数次写到驴在自己家中的穷苦遭遇。"念汝畜类之中，实堪惊讶。生不逢时，来于吾舍。在家时则小刨小刷，趁程时则连明至夜。"显然作者对于过去未能细心周到地照顾驴而心怀愧疚，以至于在祭文最后叮嘱它，"若更为驴，莫驮醋大。出门则路即千里万里，程粮贱无十个五个。向屋檐下寄宿，破箩里盛蝍，猛雪里虽行，深泥里虽过。爱把借人，更将牵磨。"这个醋大，正是作者本人的写照。他骑驴而行，动辄走上千里万里，为了赶路，往往日以继夜，可他为驴提供的饮食住宿条件却极其粗劣。在自己不骑时，他还时不时地将驴借给他人骑乘，或是让它去拉磨。"只解向汝背上吟诗，都不管汝肠中饥饿"也是作者自嘲与愧疚的结合。正因如此，虽然驴之死于作者而言是旅途上失去了伙伴与交通工具，带来了诸多的不舍与不便，但"今则长辞木橙，永别麻缰。破笼头抛在墙边，任从风雨；鞦鞍子弃于槽下，更不形相"的表述，也表明他深知这对驴而言反倒是种解脱。不过愈是这样，便愈令人感觉到他对在驴生前没能为它提供富足安逸的生活的惭愧。

祭文作者与驴之间的情感，还体现在作者为驴的鸣不平中。作者表面上说驴"生不逢时，来于吾舍"，似乎是因为他个人的贫穷，才无法给驴提供从物质到精神上的价值肯定。但他这实际是在抨击社会的不公。祭文提到，人一旦能够做官，就有良马可骑，驴子便有可能被取代。在人们普遍的认知中，马似乎总是优于驴的。与驴有关的词汇往往具有贬意，如蹇驴、笨驴、倔驴甚至秃驴等，还有非驴非马、驴唇马嘴、黔驴技穷之类的成语，以及长毛驴备银鞍——有点儿不配、长毛驴驮不起金鞍子——不识抬举等歇后语。而马则不同。S.5637《祭马文》中对马的刻画是："其马乃神踪骏骤，性本最良。色类桃花，目如悬镜，鬃高臆阔，脐小腹平。但骨起而成峰，长肋密其如辫。骋高原以纵辔，状浮云之扬天，驰丰草以飞鞭，等流星之入雾。陵东道而潜响，望北风而长嘶。恋主比于贤良，识恩同于义公。"无论从马的外形、精神状态还是象征意义而言，马都较"更被傍人大笑，弄却多少酸寒"的驴要更引人注目。马英俊高大，有着李白《侠客行》里"银鞍照白马，飒沓如流星"的潇洒，有着岑参《武威送刘单判官赴安西行营便呈高开府》中"马疾过飞鸟，天穷超夕阳"的速度，也有着杜甫《房兵曹胡马诗》中"骁腾有如此，万里可横行"的在战场上冲锋陷阵的作用。从市场价值来看，马的价格通常要比驴贵出不少，例如《太平广记》卷436《畜兽三》中记录了多则人因前世欠债而来生托生为马或驴来偿债的故事，其中"卢从事"条中，马价为七十千，"韦有柔"条中，马价为四十五千，"吴宗嗣"条中，马价为二十万钱；相较之下，"张高"条中，驴价为二万，"东市人"条中，驴价为五千四百文。另唐道宣《续高僧传》记，释志宽"曾用钱一千五百，买驴负经"。可以看出，马与驴的价格相差悬殊。如果因作用不同而价值有所不同，那么也就无所谓公平与否，可是，同是作为骑乘工具，这种价格与待遇的不同便未免引人深思。事实上，正如祭文中所言，驴也曾有过辉煌的时刻。文中用了两则与驴相关的典故："胡不生于王武子之时，必爱能鸣；胡不生于汉灵帝之时，定将充驾。"前一典出自《晋书·王浑传附子济传》，言王济死后，孙楚前来吊唁，"哭毕，向灵床曰：'卿常好我作驴鸣，我为卿作之。'体似真声，宾客皆笑。"后一典出自《后汉书·五行志一》："灵帝于宫中西园驾四白驴，躬自操辔，驰驱周旋，以为大乐。于是公卿贵戚转相放效，至乘辎以为骑从，互相侵夺，贾与马齐。"前者是魏晋风度的体现，后者反映的是驴才从西域传至中国后不久因汉灵帝的喜爱而受到达官贵人追捧的世风。既然驴有得到名士尊重、价格与马不相上下的时候，就说明《祭驴文》的时代，人们对驴有扒高踩低之嫌。《唐才子传》记，李白游华阴，在县令开门办案之时，乘醉跨驴经过。门宰大怒，将其捉至庭下，问他是什么人，竟敢如此无礼。李白供状不书姓名，只说："曾令龙巾拭吐，御手调羹，贵妃捧砚，力士脱靴。天子殿前尚容走马，华阴县里不得骑驴？"这则故事也从侧面说明了驴在庸众心目中的地位的低贱。事实上，这种拿马与驴比较的情况反映了社会阶层的差异，祭文作者为驴鸣不平，就是在为自己鸣不平。

祭文作者与驴之间的情感，也体现在作者对驴的祝愿中。除了叮嘱它"汝若来生作人，还来近我。若更为驴，莫驮醋大教汝托生之处，凡有数般：莫生官人家，轭驮入长安。莫生军将家，打球力虽摊。莫生陆脚家，终日受皮鞭。莫生和尚家，道汝罪弥天。"这种祝愿与一般祭畜文的内容有极大的不同。如前面提及的《祭马文》的结尾是："惟愿永离三途，长辞八难。觐慈尊而穷本性，闻政（正）法以稽无生，共圆实相之姿，等会真如之境。顿超六道，早登不二之门。因越四生，速德（得）龙花之道。"《祭牛文》的结尾是："所以设斋轸悼，愿托人形；功德备修，转生天道。"而S.4081 中有关"畜"的发愿文是："惟愿永舍无明，长辞瘖哑；断傍生之恶趣，受胜果于人、天。永离三途，长辞八苦；观慈尊而穷本性，闻正法已契无〔生〕。……转前生之重障，消见在之深痾；拾恶趣口（之）劣身，获天堂之胜果。"[1] 所有这些祭文，都从佛教的六道轮回之说出发，认为生为畜牲是三途八难之一，是一种倚傍人生存的"恶趣"，而愿它们来世托生为人，或是永生天上。这种口吻，是将人凌驾于畜之上，看似善意的祝愿，实际上是种屈尊俯就的教训。但《祭驴文》的作者完全把驴放在与自己平等的地位上，从驴的角度出发去为它做出选择。其中，莫生官人家和以为他人搬运货物为业的陆脚家都好理解，其他两者需要略作

---

[1]　黄征、吴伟：《敦煌愿文集》，长沙：岳麓书社，1995 年，第 175 页。

说明。所谓"莫生军将家，打球力虽摊"反映了唐朝驴鞠的风气。所谓驴鞠，就是骑驴打球。《旧唐书·郭英乂传》记：英乂"又颇恣狂荡，聚女人骑驴击球，制钿驴鞍及诸服用，皆侈靡装饰，日费数万，以为笑乐。"《新唐书·敬宗本纪》记，敬宗于宝历二年（826）"甲子，观驴鞠、角牴于三殿"。这都说明，唐代盛行驴鞠之风。有人认为驴鞠是专为唐代贵妇而设[1]，但从《祭驴文》来看，在当时，行伍之人骑驴打球乃是常事，也正因为如此，作者才嘱咐自己的驴不能生在军将家。至于"莫生和尚家，道汝罪弥天"，正是前面《祭马文》等反映的内容，即佛教认生而为畜是前世罪孽之果，非弥天之罪无以致，因而他们对待牲畜的态度，往往并非佛教宣扬的众生平等，而会对它们施以精神虐待。显然《祭驴文》的作者虽相信来世，却并非真正意义上的佛教徒，甚至对和尚等持不屑或批评态度。作者最后说："愿汝生于田舍家，且得共男女一般看"，也说明在作者眼中，官人、军将、陆脚以及和尚，都是农人的对立面，具有压迫性和剥削性，而农人虽地位较低，却能平和公正地对待家畜，爱之如子，是人间真正的善良之所在，自己的驴只有托生在农家，他才最终能放下心来。这种出于对社会现实的了解而为驴的来生细加选择的做法，充分体现了祭文作者对自己的驴的一番深情厚意，虽不一定如农人那样将之视同儿女，却也待之若知己。

《祭驴文》之所以是奇文，还在于作者的自嘲精神。他在文中两次以"醋大"自谓，一见于在扬子江上，"烂缰绳一拽拽断，穷醋大一闪闪翻"，写自己因缰绳拉断而被摔了个四脚朝天的窘态；一见于最后对驴的叮嘱："汝若来生作人，还来近我。若更

[1] 胡耀武、胡松梅、杨军凯：《驴鞠：唐代贵妇打球骑的是驴》，《光明日报》，2021年02月28日，第12版。

为驴，莫驮醋大。"意思是如果驴在来世托生为人的话，希望两人可以成为亲近之人，但如果还是为驴的话，就别再来他这个穷书生家了。"醋大"，又作"措大"，通常指代的是落魄贫寒还有点酸腐的读书人。初唐张鷟的《朝野佥载》说："江陵号衣冠薮泽，人言琵琶多于饭甑，措大多于鲫鱼。"晚唐李匡乂的《资暇集》提到过"醋大"一词的几个来源，其中一个跟驴有关，说的是过去有个士人，贫居新郑之郊，常用驴驮着醋在城里四处叫卖，新郑人于是指着他的醋驮称他为醋大，其中不乏嘲笑之意。李匡乂评论说，自己并不同意这个说法，认为"醋，宜作'措'，正言其能举措大事而已"。但他的这种看法似乎并不怎么流行。在《祭驴文》中，作者用"穷醋大"自谓，显然是有嘲讽意的。他在文中除了通过驴的生活来说明自己的贫穷之外，还有一处特别能体现身为"醋大"的自己的穷酸。他在驴死之后，一方面表现自己的悲痛，为其鸣不平，一方面又把死驴卖给了屠夫，并且引经据典地为自己的行为找借口："《书》云：弊盖弗弃，为埋马也；弊帷弗弃，为埋狗也。书既不载埋驴，途乃付于屠者。"首先，《书》按照惯例通常是指《尚书》，但此典并非出自《尚书》，而是出自《礼记·檀弓下》；其次，其引用的句子前后颠倒。《礼记》原文为："仲尼之畜狗死，使子贡埋之，曰：'吾闻之也，敝帷不弃，为埋马也。敝盖不弃，为埋狗也。丘也贫，无盖，于其封也，亦予之席，毋使其首陷焉。'"孔子养的狗死了，让子贡去埋葬，因为贫穷，没有旧的车篷，只好给子贡一张席子，不让他把狗直接埋在土中。这段本是表现圣人之仁德的内容，只因为里面没有提到埋驴，倒成了作者把死去的驴卖给屠夫的借口。这正是一个"穷醋大"的所为：一方面想用死去的驴换点钱财，一方面又想保全酸文人的面子，强行给自己的行为找点依据。这举动看似可笑，实则辛酸，如果不是穷，作者何至于将视同知己的伙伴交到屠夫手上？所以他对此也是惭愧的，故在前面才会说："若比为龙被醢，为龟被刳，为蛇受戮，为马遭屠，尚得卒于槽下，念汝必保微躯。"其言外之意是，自己把驴卖给屠夫，比将龙剁为肉酱、把龟剖肚挖心、把蛇陈尸于众、把马送去屠宰都更加不堪，足见他内心的挣扎与不得不进行的自我开解。

　　实际上，作者的自嘲态度不仅是针对个人的，他说醋大"只解向汝背上吟诗，都不管汝肠中饥饿"，实际上也是对所有处于穷困之中的文人群体的戏谑。在唐代，诗人与驴经常共同出镜，如李纯甫《灞陵风雪》说："蹇驴驮著尽诗仙，短策长鞭似有缘。政在灞陵风雪里，管是襄阳孟浩然。"杜甫自述："骑驴十三载，旅食京华春。朝扣富儿门，暮随肥马尘。残杯与冷炙，到处潜悲辛。"（《奉赠韦左丞丈二十二韵》）"诗鬼"李贺"恒从小奚奴，骑距驴，背一古破锦囊，遇有所得，即书投囊中"（李商隐《李长吉小传》）；苦吟的贾岛也是在骑着驴走在长安大街上时冲撞了京兆尹刘栖楚（一说韩愈）的车驾，这才有了"推敲"一词的诞生（辛文房《唐才子传》）。这些驴背上的诗人大多不得志：孟浩然白衣终身；杜甫两次参加科举不第，献赋或请托的路子也未走通，虽然短暂地做过左拾遗的八品官，最终还是在贫困之中不得不"漂泊西南天地间"；李贺虽得韩愈赏识，却因人嫉妒而无法参加进士考试，仕途失意，英年早逝；贾岛更是穷苦一生，屡试不第，苦吟成了他生命的标签。这些人虽然活着时穷困潦倒，死后却都在历史上留下了卓越的诗名，竟使他们坐下的驴也跟着被载入了史册。《祭驴文》的作者也是其中的一分子，所以他在说驴生不逢时、为驴鸣不平时，实际上是在为自己和与他命运相同的驴背诗人们鸣不平；他向往驴得到宠遇的时代，实际上是在期望怀才不遇的他们能够得到明君的重用。如此说来，《祭驴文》的作者之所以能够将驴视为知己，并为驴的死亡而哀悼不已，正是借他人之酒杯浇自己之块垒，对自己以及"穷醋大"们的未来感到绝望罢了。

美学家朱光潜曾说，文章只有三种，"最上乘的是自言自语，其次是向一个人说话，再其次是向许多人说话"[1]。《祭驴文》以驴为一个倾吐对象，对着它说话，最接近"向一个人说话"的文章，这种文章的可贵，是接近于良朋话旧、私房娓语、随笔写来、任意而谈，用不着装腔作势、拿腔拿调，常常充满一种天知地知、你知我知的默契和理解，主打的品格是情感的真实与真挚。绘画大师黄胄善画驴，而且也喜爱驴，他曾称赞驴"平生历尽坎坷路，不向人间诉不平"，意思是说驴在活着时常常历经苦难，但它们从来都默默忍受，从不抱怨这世间的不公。但是，驴虽不言，自有知己。《祭驴文》的作者因与驴之间有着同病相怜、休戚与共的精神关联，写下了这篇感人肺腑的祭文，它看似有些滑稽，实则他对于驴的体恤与痛惜都无比真诚，使千年之后的我们也能感同身受。

---

[1]　朱光潜：《一封公开信——给〈天地人〉编辑者徐先生》，《天地人》创刊号，1936 年 3 月 1 日。

长安辞四首 [1]

青山烂，黄河枯：敦煌文书里的纸短情长

天长地阔杳难分，中国众生不可闻。

长安帝德承恩报，万国归投拜圣君 [2]。

汉家法用令章新 [3]，四方取则玉华吟 [4]。

文章绎络如流水，白马驮经即自临 [5]。

故来行险远寻求 [6]，谁谓明君不暂留。

修身不避关山苦，学问仍须度百秋。

谁知此地却回还，泪下沾衣不觉斑。

愿身死作中华鬼，来生得见五台山。

---

[1] 写本编号为 S.540、P.3644 等，此据任半塘《敦煌歌辞总编》卷三迻录（上海：上海古籍出版社，1987 年，第 885 页）。任注："此组四辞内容涉及梵僧驮经来唐求学，欲瞻礼五台山；其写本又兼备有伦敦及列宁格勒两地之藏，讹字不同，争论甚多，较为重要，不可忽视。"饶宗颐推断其作年为初盛唐间。

[2] 归投：归顺，投拜。

[3] 汉家：汉朝，此处借指唐朝。唐·杜甫《兵车行》："汉家山东二百州。"法用：法度，制度。令章：辞令典章。

[4] 取则：取作准则、规范。玉华：美玉之光华。

[5] 白马驮经：相传佛教于汉朝初次传入中国时，由一匹白马驮经而来。《汉法本内传》与北魏杨衒之《洛阳伽蓝记》卷四："白马寺，汉明帝所立也，佛入中国之始。寺在西阳门外三里御道南。帝梦金神，长丈六，项背日月光明。金神号曰佛。遣使向西域求之，乃得经像焉。时白马负经而来，因以为名。"

[6] 行险：走危险的路，做冒险的事。

白话译文

天地辽阔，浩瀚无际，中国的百姓仍然遥遥不见，杳不可闻。长安城里的皇帝德行圆满，得到仁恩的回报，周边各国均来归顺，拜见圣德之君。

中原王朝的典章制度令人耳目一新，辞令文章如美玉之光华，吟咏起来感动人心，四面八方的国度都取为准则。文章如流水般络绎不绝地创作出来，白马也驮着佛经不请自临。

所以我不顾危险，从远方而来，寻找学习的机会，只是谁能想到那圣明的君主并未让我多作停留。我要努力提高品德修养，不害怕翻越关山的困苦，而我的学问仍然要终身精进，不能有丝毫的放松。

谁想到我已来到了这里，却还是不得返身回去，不由我潸然泪下，衣服上留下斑斑泪痕。但愿我死后能托生为中华之鬼，这样来生我便能够去佛教圣地五台拜谒。

品　读

这四首《长安辞》，以联章体的形式，讲述了一个域外之人来到唐代长安求学游历、最后憾恨而归的经历，并表达了来世能托生在中华之地以求有机会崇礼佛教圣地五台山的愿望，从这个愿望来看，此人的身份很有可能是僧人。作者对于中华之地的赞颂与向往、对自己的信仰的执着与坚守等，都在辞中得到充分的表达。

　　第一首讲述这位僧人不远万里长途跋涉前往中国的历程。"天长地阔杳难分，中国众生不可闻"，点明他前进的方向在中国，只不过在一望无垠的辽阔天地间，他的身影显得那么孤独与渺小。他不知道走了多久，不知道经历了多少艰难险阻，可中国似乎仍然遥不可及，他不由想道：什么时候才能到达中国，见到中国的芸芸众生呢？但毫无疑问，他会继续走下去的，因为"长安帝德承恩报，万国归投拜圣君"，中国的都城是他向往的地方，那里的君主德行兼备，所以被四方钦慕，有万国来投。值得注意的是辞中出现的"中国"这个概念。"中国"一词在距今三千多年前的周初就已出现，如1963年在陕西省宝鸡市贾村出土的西周早期青铜器"何尊"上就有"武王既克大邑商，则廷告于天曰：余其宅兹中国，自兹乂民"的铭文，意为武王打败了庞大的商国，就在庙里祭告上天说：我要住在这天下的中央，由此统治民众。这里，"中国"是个方位概念。到汉代，中国开始成为中原王朝的非正式代称，如《史记·大宛列传》记载："天子既闻大宛及大夏、安息之属皆大国，多奇物，土著，颇与中国同业。"即以大宛等西域诸国与中国对称。又《史记·天官书》云："五星分天之中，积于东方，中国利；积于西方，外国用（兵）者利。"也是将位于东方的"中国"与位于西方的"外国"对举；1995年在新疆和田地区民丰县尼雅遗址一处古墓中发现的汉代织锦护臂上亦有"五星出东方利中国"字样。不过，这些都是中原汉王朝的自谓，我们很难看到异国之人对"中国"这个概念的认同。但是，本辞中出现了"中国"一词，则弥补了这样一个缺憾，说明在唐代，在周边各国的心目中，"中国"是唐王朝的代称，这也意味着它们承认自己为边藩的事实。彼时的唐王朝正处于中国封建王朝发展的鼎盛阶段，确实有"万国归投"的号召力，王维《和贾舍人早朝大明宫之作》即云："九天阊阖开宫殿，万国衣冠拜冕旒。"又敦煌有《感皇恩》词四首，其一曰：

> 四海天下及诸州，皆言今岁永无忧。长图欢宴在高楼。寰海内，束手愿归投。　朱紫尽风流。殿前卿相对，列诸侯，叫呼万岁愿千秋。皆乐业，鼓腹满田畴。

其四云：

> 万邦无事减戈铤，四夷来稽首。玉阶前，龙楼凤阙喜云连，人争唱，福祚比金璇。　八水对三川，升平人道泰。帝泽鲜，修文罢武竞题篇。从此后，愿皇帝寿如山。

这两首《感皇恩》都是为皇帝歌功颂德之作，其中都表现了寰海之内的万邦四夷俱来"归投""稽首"的盛况，虽未免夸张，却并非全无凭据。据史载，唐代前来长安朝觐、留学、进行学术交流和经济贸易的国家和地区达三百多个，唐朝为此设有专门的外交部门鸿胪寺，又有四方馆等机构专门接待外国使者，"凡四方夷狄君长朝见者，辨其等位，以宾待之"。《唐会要》卷一百记："圣历三年三月六日敕，东至高丽国，南至真腊国，西至波斯、吐蕃，及坚昆都督府，北至契丹、突厥珠揭，并为入蕃，以外为绝域。其使应给料各依式。"也就是说，周边各国的外国使节来唐聘问所需资粮等，唐朝都会依照不同的等级予以提供。总之，各国有前来"拜圣君"的愿望，唐王朝也有接待大量来宾的能力，真是威仪赫赫，具有强大的文化辐射能力。

第二首辞写中国文化制度等对周边各国的吸引力和影响力。"汉家法用令章新，四方取则玉华吟"说的是唐朝的典章制度堪为众国之楷模。这句话并非虚言。如位于朝鲜半岛的新罗，其中央官制即仿照唐朝，都城平壤也依照长安布局设计。唐贞观九年（646），日本以唐朝律令制度为蓝本进行了著名的"大化改新"，开始向封建社会过渡。日本人空海根据汉字草书创制了日文"平假名"，留学生吉备吉真根据汉字楷书创制了日文"片假名"，从此，日本开始有了自己的文字。唐朝高僧鉴真东渡日本，在奈良的东大寺建坛授法，又主持建造了招提寺，在传授佛法的同时，把唐朝的建筑艺术和医学也介绍到了日本。另唐代丝绸之路也极为兴盛，它东起长安，经中亚国家、阿富汗、伊朗、伊拉克、叙利亚等而达地中海，以罗马为终点，被认为是连结亚欧大陆的古代东西方文明的交汇之路。"文章络绎如流水，白马驮经即自临"两句则写了唐朝文化之繁盛，以及它对外国文化尤其是佛教文化的吸取与借鉴。众所周知，唐朝诗人辈出，单就盛唐这数十年间而言，便既有李白、杜甫这两位被闻一多先生誉为中国诗歌史上的双子星座的伟大诗人，又有以创作山水田园诗歌而举世闻名的王维、孟浩然等，以及以创作边塞诗歌而扬名天下的高适、岑参等。唐诗洪钟大吕，气象万千，纵横捭阖，气势雄浑，成为中国文学史上的一座高峰。散文方面，前有张说、苏颋这样的"燕许大手笔"，后有位列唐宋八大家之首的韩愈、柳宗元，为后世留下了众多脍炙人口的优秀作品。小说方面，唐传奇是中国文言小说走向成熟的代表，兼具"史才""诗笔"和"议论"，成为别具特色的叙事体裁作品。而敦煌藏经洞中发现的讲经文、因缘、变文、诗话、词话、曲子词等作品，则代表了民间文学的大发展。"白马驮经"用了汉代佛教传入中国的典故。《汉法本内传》与北魏杨衒之《洛阳伽蓝记》卷四记："白马寺，汉明帝所立也，佛入中国之始。寺在西阳门外三里御道南。帝梦金神，长丈六，项背日月光明。金神号曰佛。遣使向西域求之，乃得经像焉。时白马负经而来，因以为名。"虽然此记载多少带有神话色彩，但自汉唐以来佛教一直在中原得到传扬则是事实。尤其是到了唐代，玄奘法师于贞观三年（629）从长安出发，西行印度求法，十七年后回到长安，带回梵文佛经657部，之后更带领弟子潜心翻译佛教典籍，先后译出大小乘经论共75部1335卷。他还曾把《老子》和《大乘起信论》译为梵文，传入印度，又将入印路途见闻撰写《大唐西域记》12卷，记述了西行求法所历西域110国，是研究古代印度、中亚、南亚以及佛教史不可或缺的重要史料。唐代的敦煌作为"华戎所交一都会"，对于佛教的弘扬与传播也作出了巨大贡献。唐朝有如此辉煌灿烂的文化，怎能不赢得周边各国各民族的尊重与向往？

于是第三首辞讲述了作者来到中国的经历。"故来行险远寻求"，与前两首辞相印证，说明虽然前来中国的旅途充满艰辛，却挡不住他渴望体验、学习中国文化的热情；"谁谓明君不暂留"则表明，他虽然来到了中国，但停留的时间却不像他希望的那么长。这里，我们便不能不说说在唐代长安的留学生们。唐朝的中央学府是国学、太学，在这里就学的学生除了唐朝本国的世家子弟外，还有各国的留学生。《唐会要》卷三五"学校"条记："高丽、百济、新罗、高昌、吐蕃诸国酋长，亦遣子弟请入国学，于是国学之内，八千余人，国学之盛，近古未有。"王谠《唐语林》卷五记："太学诸生三千员，新罗、日本诸国，皆遣子入朝就业。"

由此可见，唐代长安接收的外国留学生人数众多。以日本为例，"据木宫泰彦《日中文化交流史》所制作的从公元 653 年至 893 年的《遣唐学生、学问僧一览表》，共有 138 人，其中的留学僧、随从僧竟达 105 人，占全体人数的 76%"[1]。这里特别值得注意的是留学僧这一群体。"留学僧有两种，一是学问僧，一般学习一二年，最多至五年；二是还学僧，后称请益僧，对佛学已经有所造诣，为在某一方面向中国学僧求教而来华的，在正常情况下应随遣唐使的船只回去。例如日本天台宗祖最澄（767～822）和真言宗祖空海（774～835）同时来华，但前者是还学僧，在中国仅八个月，而后者是留学僧，在华两年"[2]。从下一首辞中"来生得见五台山"句可知，《长安辞》作者以得见佛教圣地五台山为自己的人生理想，我们由此大致可判断他的身份是位僧侣，而且很有可能就是位日本的留学僧。"修身不避关山苦，学问仍须度百秋"，说明作者的求学经历和目标：无论如何艰苦，无论花多么长的时间，他都要以最大的努力来修身进学。这种坚韧的精神，体现了作者对知识的渴望，以及对中国文化的无比推崇。

第四首抒发了作者不得不离去的遗憾："谁知此地却回还，泪下沾衣不觉斑。"他怀着热烈的向往而来，必定希望能够长久地濡染于中华文化之中，因为他前面已经说过，"学问仍须度百秋"，显然有终身在中国进学的愿望。但前一首中他已说"谁谓明君不暂留"，此处又说"谁知此地却回还"，都表明出于种种意想不到的原因，他不得不违愿离开。上文已经提及，日本留学僧有学问僧和还学僧（请益僧）两种，其中还学僧在中国的时间较短，仅数月就得回国，而学问僧在中国停留的时间较长，一般可

---

[1]　杨曾文：《隋唐时期的日本留学僧》，《世界宗教研究》1997 年第 2 期，第 40 页。
[2]　同上，第 41 页。

留一二年，除非有特殊情况，否则最长也只能停留五年。即使辞作者是位日本的学问僧，相对于他"学问仍须度百秋"的想法而言，这样的时间仍显得过于短暂，况且由"明君不暂留"句判断，他在中国停留的时间是非常短的。这种外国留学生或留学僧来了中国却不得不很快就离开的例子在唐代并不鲜见。例如日本僧人圆仁838年以请益僧的身份随遣唐使入唐，到达扬州后未能得到朝廷批准进入长安，便转而申请上天台山，也没有得到唐朝批准，不得不跟随遣唐使回国。不过不甘心的他在回国之时，逃过了唐朝官吏的监视，没有登上回国的大船，从而滞留于唐朝十年之久，并于840年到达五台山，且最终写下了《入唐求法巡礼记》这部反映唐代佛教发展状况的宝贵文献。只可惜本辞的作者没有圆仁这般侥幸，他不得不离去，也因此洒下了不舍的眼泪。"愿身死作中华鬼，来生得见五台山"则是他为弥补其遗憾而发下的誓愿：既然今生不能在中国长居，那么死后也希望能够在中国做鬼，这样他来生便可托生为中国人，从而实现自己前往五台山拜佛的愿望。这里，我们感慨于他对于自己的信仰的坚定不移，也感动于他对于中华文化的执着热爱。

读罢这四首《长安辞》，我们不由为中国古代传统文化的巨大魅力而感到骄傲，也不由会联想到现在，因为中国正处于实现中华民族伟大复兴的中国梦的时代，它的盛世繁华，使百姓获得了和平与安乐，也获得了民族的自信心与自豪感，从而生出无比的爱国热情。相比于辞作者的"愿身死作中华鬼"，中国人则可以热烈地说出"此生无悔入华夏，来世愿在种花（中华）家"的话来，为自己出生在伟大的中国感到幸运。既然如此，我们更应该像《长安辞》的作者那样，坚定自己的信念，坚守自己的信仰，为梦想而不懈地努力，为国家的强大而尽自己的绵薄之力！